크리스천 경영인과 직장인

이 소중한 책을

특별히 _____님께

드립니다.

Christian
Owner
&
Employee

크리스천
경영인과 직장인

조영준 지음

나침반

그래서 크리스천을 지키고 싶어졌다

이 책을 쓰게 된 이유를 한 마디로 요약하면 로마서 12장 2절 말씀으로 표현할 수 있을 것 같다.

"너희는 이 세대를 본받지 말고 오직 마음을 새롭게 함으로 변화를 받아 하나님의 선하시고 기뻐하시고 온전하신 뜻이 무엇인지 분별하도록 하라."

그렇다. 하나님은 분명히 우리에게 이 세대를 본받지 말고 하나님의 뜻을 분별하라고 하셨다.

그런데 지금 우리의 삶은 어떤가.

너무나도 이 세대를 본받고 있지는 않은가.

아니, 사실은 본받고 싶지 않은데 어쩔 수 없이 휩쓸려 가고 있지는 않은가.

적어도 필자 본인은 그렇게 살아가고 있음을 느꼈고 그래서 글을 쓰기로 마음먹게 되었다.

많은 기업들의 인사와 조직 관련 컨설팅 일을 하면서 회사라는 곳을 유심히 들여다보게 되었는데, 회사라는 곳이야 말로 우리가 이 세대를 본받을 수밖에 없게 만드는 곳 중 하나라는 것을 알게 되었다.

주일에 교회에 가서 열심히 기도하고 찬송을 부르고 말씀을 들었다가도 월요일에 피곤한 몸을 이끌고 회사에 들어가는 순간 어제의 믿음은 순식간에 사라지고 이 세대를 본받기에 급급해지고 만다. 회사 간판, 연봉, 주식, 부동산, 자녀교육, 험담(뒷담화), 내 일과 나의 인정, 더 빠른 승진, 술, 골프, 음란, 거짓말, 위선, 자랑 등이 가득한 공간에서 나도 모르게 하나님보다 이 세상을 더 사랑하게 되는 것이다.

마치 어렸을 때 학교에 가면 공부 잘해서 좋은 대학을 가야 성공한 인생이라고 당연하게 속였던 것처럼 직장이라는 공간에서도 수많은 세상적인 가치로 행복한 삶의 기준을 속이고 있다.

가정의 행복, 자녀들의 행복이라는 명분을 가지고 열심히 일을 하고 있지만, 사실 그 안을 들여다보면 본인의 자존심과 욕심이 더 크게 자리 잡고 있을 때가 많다. 그리고 누구에게나 사랑받을 만해야 한다는 말씀을 지킨다는 명목 하에 모든 것을 열심히 하고 있지만, 사실은 가진 것을 나눠주지 못해 예수님을 따르지 못한 부자청년처럼 살아가고 있는 크리스천들도 적지 않을 것이다.

교회 다닌다고, 독실한 기독교 집안이라고 하면서 믿지 않는 사람들과 아무런 차이가 없어 보이는 사람도 많다.

"저 사람은 크리스천이라 달라", "역시 크리스천은 다르긴 하네"라는 말은 회사에서 들을 수 없는 말 중 하나가 되어 버렸다.

그래서 크리스천들을 지키고 싶어졌다.

이 세상에 지지 않도록 응원하고 싶어졌고, 길을 잃고 헤매고 있는 크리스천들을 다시 제자리로 돌아올 수 있게 도와주고 싶어졌다. 그리고 기업을 운영하고 있는 크리스천들에게도 필자의 짧은 경험과 생각을 나누고 싶어졌다.

비록 필자의 신앙과 인사조직 컨설팅 경험이 충분치 않다는 것은 잘 알고 있지만, 나의 작은 경험과 지식이 누군가에게 작은 씨앗이 될 수 있다면 기꺼이 심고 싶다. 그래서 회사를 운영하고, 또 회사 안에서 일을 하고 있는 많은 크리스천들이 마주할 수 있는 여러 상황에서 어떠한 마음으로 말씀을 실천하면 좋을지 필자의 얕은 신앙과 경험으로 조심스럽게 제안을 해보고자 한다.

그래서 궁극적으로는 각자의 자리에서 맛을 잃지 않은 소금이 돼서 직장 안에서 그 맛이 충분히 발휘되기를 바라고, 또 예수님의 사랑이 반사되어 비추는 등불이 되기를 간절히 소망한다.

다만, 혹시 믿지 않는 사람들 중에 회사 안에 있는 크리스천들을 정죄하고 비난하기 위한 마음으로 이 글을 읽고 있는 분이 있다면 더 이상 페이지를 넘기지 말고 조용히 덮어 주기를 부탁드린다.

"나로 말미암아 너희를 욕하고 박해하고 거짓으로 너희를 거슬러 모든 악한 말을 할 때에는 너희에게 복이 있나니 기뻐하고 즐거워하라 하늘에서 너희의 상이 큼이라 너희 전에 있던 선지자들도 이같이 박해하였느니라"(마태복음 5장 11~12절)

- 저자 조영준

2장

크리스천
직장인

목차

1장

크리스천 경영인

Christian Owner

[0-1]
경영의 시작, 오너의 메시지

기업을 경영하다 보면 예상치 못한 위기를 자주 겪게 된다.

불가피한 외부환경의 변화부터 시작해서 시장 점유율 하락, 현금 흐름 악화, 인력 이탈, 내부 운영상 이슈 등 다양한 형태로 위기가 불현듯 찾아온다. 그리고 이러한 위기가 발생하면 보통 측근의 임원들을 먼저 찾는다.

회의를 소집하고, 상황을 보고 받고, 때로는 오너 스스로 고민에 잠기기도 하고, 아니면 위기와 관련되어 보이는 임원을 질책하고 책임을 묻기도 한다. 어떻게든 지금의 힘든 상황을 누군가와 나누고 고민의 무게를 덜어야 마음이 조금이라도 편해지기 때문일 것이다.

1차적인 논의의 시간을 거치고 나서 상황 파악이 어느 정도 이루어지고, 대응 방안이 하나둘씩 만들어지면 이제부터는 구성원들에게 메시지를 던지기 시작한다.

「지금 위기다.」

「긴장해야 한다.」

「극복할 수 있다.」

「힘내자.」

「다 잘 될 것이다.」

이와 같은 메시지를 강조할 것이다. 이 흐름까지는 문제가 없어 보인다. 위기에 대응하는 기업 오너의 자연스러운 단계이지 않을까. 그런데 문제는 그 다음이다. 위기와 관련된 메시지가 구성원들에게 처음 전해질 때는 힘을 가졌다가도 던져진 후에는 '일관성'이라는 험난한 파도를 거쳐야 하기 때문이다. 당장의 위기를 급박하게 대응하기 위해 말을 던지는 것은 쉽지만 그 이후에 오너가 진행할 여러 의사결정 사항들, 특히 조직개편이나 인사발령과 같은 중요한 결정에 있어 앞서 던진 메시지와 일관성을 유지하는 것이 핵심이다.

메시지가 오너의 입에서 나온 이후 일관성의 파도를 잘 타지 못하면, 결국 그 메시지는 바다에 파묻혀 버리게 되고, 대부분의 구성원들에게 신뢰를 잃을 것이며, 이러한 경험은 훗날 위기가 잘 극복되었다 하더라도 기업경영에 있어 평상시 다른 메시지의 무게에도 영향을 미치게 된다. 즉, 오너에 대한 신뢰가 흔들릴 수 있다는 뜻이다.

또한 위기일 때는 "나중에 좋아지면 충분히 보상하겠다. 잘 해주겠다"라는 식의 이야기를 하면서 직원들을 독려하기도 한다. 그런데 정작 위기가 끝나고 정상화가 되면, 언제 그랬냐는 듯이 그 "잘 해주겠다"라는 약속을 잊어버리는 경우도 있는데, 이는 오너에 대한 신뢰를 잃게 만드는 결정적 계기가 된다.

오너 입장에서는 본인에 대한 신뢰를 잃든 말든 신경쓰지 않고, 어차피 내가 월급을 주는 사람이고, 그들 역시 월급을 받기 위해 일하는 것이니 내 마음대로 하겠다고 생각할 수도 있다. 하지만 신뢰를 잃은 오너는 앞으로 계속 끊임없는 배신감과 실망감을 느낄 수 있다는 것 또한 받아 들여야 할 것이다. 기업을 경영하면서 앞으로 계속해서 사람에 대한 부정적 감정과 생각에 사로잡히게 된다고 하면, 과연 본인은 그 길을 고집할 것인가? 특히 크리스천 오너라고 하면 더더욱 이 부분은 유념해서 생각해야 할 것이다.

물론 오너 본인이 했던 말을 100% 지키기는 어려울 것이다.

하지만 직원들 역시 100%의 신뢰를 기대하는 것은 아니다. 적어도 지금까지 공식적으로, 명시적으로 제시했던 중요한 메시지의 절반 정도만 지켜준다면 충분히 신뢰관계를 유지할 수 있을 것이다.

만약 지킬 자신이 없다면 애초에 메시지를 던지지 않는 것이 좋다. 지키지 못할 약속은 하지 않는 것이 차라리 낫다. 직원들도 회사라는 곳에 대해서 어느 정도 받아들이고 일을 하기 때문에 기업경영상 어쩔 수 없는 현실적인 부분도 인정할 것이다.

다만, 메시지의 유무를 떠나서 크리스천 오너라고 하면 반드시 지켜야 할 중심이 있는데, 그것은 바로 '솔선수범'이다. 지금이 위기라면 오너 본인이 위기에 놓인 사람처럼 행동해야 한다.

창의성을 강조할 것이라면 오너 본인이 창의적인 아이디어를 내고, 창의적인 시도를 해야 한다. 수평적 문화를 강조할 것이라면, 오너 본인이 직원들과 수평적으로 소통해야 한다. 이렇게 직접 행동으로 보여주는 것이 백마디 말보다 훨씬 더 효과적이다. 많은 오너들이 이 부분을 간과하기 때문에 메시지의 힘이 떨어지는 것이다.

　구성원들에게 제시하고 싶은 메시지가 있는가? 그렇다면 그 메시지를 제시하기 전에 본인이 먼저 행동으로 충분히 보여주자. 그 후에 메시지를 제시하면 기대 이상의 효과를 거둘 것이다.

　"만일 형제나 자매가 헐벗고 일용할 양식이 없는데 너희 중에 누구든지 그에게 이르되 평안히 가라, 덥게 하라, 배부르게 하라 하며 그 몸에 쓸 것을 주지 아니하면 무슨 유익이 있으리요 이와 같이 행함이 없는 믿음은 그 자체가 죽은 것이라"(야고보서 2장 15~17절)

[O-2]
급여를 준다는 것, 보상심리

　경영을 하다 보면 솔직히 '나가주었으면 하는 사람'도 생기고, '나가지 말아야 할 사람'도 생긴다. 이는 몇 만명을 고용하고 있는 대기업 오너나 3~4명을 고용하고 있는 소기업 오너나 비슷하다.

　일은 별로 진행된 것도 없는데 월급날은 빠르게 돌아오고, 밑 빠진 독에 물 붓는 듯 계속 돈만 나가는 느낌과 불안의 연속, 습관적인 짜증과 분노까지…. 이런 감정들이 하루에도 몇 번씩 왔다 갔다 할 것이다.

그리고 이런 감정이 반복되면 우리 회사의 '비효율적인', '잉여' 부분을 생각하게 되고, 그 부분이 아깝게 여겨지면서 앞에서 말한 '나가주었으면 하는 사람'도 생기게 된다.

'나가주었으면 하는 사람'이 나가는 것은 오너 입장에선 사실 반갑고 마음 편한 일이 될 수 있는데, 만일 '나가지 말아야 할 사람'이 나가겠다고 하거나, 실제로 나갔을 때는 과연 어떻게 해야 될까?

이런 상황을 마주하게 되면 우선 본인에게 회사의 임직원들은 어떤 의미인지부터 생각해 볼 필요가 있다. 나의 성공을 위해 내 돈을 주고 고용한 사람인지, 나의 성취를 위해 필요한 사람인지, 내가 돈을 주었으니 나에게 충성해야 될 사람인지, 여러 의미가 있겠지만, 결국 '오너 본인의 개인적인 목표, 돈에 대한 욕심, 투자에 대한 보상심리'가 복합적으로 담겨져 있을 것이다.

"내가 달성하고 싶은 목표가 있는데 혼자서 할 수는 없고 사람이 필요한데, 사람은 돈이 제일 중요하니 돈을 주고 쓸게. 내가 어렵게 마련한 돈을 줬으니 넌 열심히 일하고, 내 목표를 같이 동의해주고, 열심히 일해야 돼"라는 생각을 갖고 있지는 않은가?

만일 직원에 대한 생각이 이 틀에서 크게 벗어나지 않는다면, 결국 보상심리에서 모든 갈등과 고민이 시작될 가능성이 높다. 그리고 이 보상심리를 잘 다스려야 이별도 잘할 수 있다.

보상심리를 다스리는 방법 중 가장 효과적인 것은 내가 투자했다고 생각하는 돈의 크기, 즉 '얼마인지를 잊는 것'이다. 먼저 직원들 입장에서 보면, 대부분의 사람들은 회사에 채용돼서 실제 출근을 하게 되는 그 순간까지만 '얼마의 가치'가 중요하게 작동한다. 즉, 내가 얼마를 받고 입사하게 됐는지가 중요하지, 실제로 출근을 해서 일을 하기 시작하면 그 얼마의 가치는 점점 무뎌지고, 당연히 받아야 할 돈으로 인식하게 된다.

반대로 고용을 한 오너 입장에선 그 사람이 실제 회사에 들어와서 일을 하기 시작하는 그 순간부터 얼마의 가치가 작동한다.

'이 만큼 돈을 쓸 만한 사람인지, 그 만큼 성과를 잘 내고 있는지'를 계속해서 확인하고, 의심하기도 하고, 또는 만족하기도 한다. 이런 차이가 있기 때문에 오너의 보상심리는 사실 일방적일 수 있고, 실망만 안겨줄 가능성이 높다.

'얼마'를 잊어야 한다.

내가 결정하고 투자하기로 마음먹고, 때론 조금 과하게 투자했다고 생각이 들더라도 결정한 이상 그 '액수'를 잊는 것이 좋다.

실제 성과나 능력을 잘 보여주었는지 여부는 오너 본인이 투자한 돈과 관계없이 그 사람이 담당하고 있는 업무와 역할로만 판단하면 된다.

보상심리가 줄어들면 줄어들수록 피고용된 임원이나 직원이 느끼는 신뢰감은 비례해서 커질 것이다. 어차피 같은 금액이 사용될 것이

라면, 상호간 신뢰의 크기가 커지는 것이 탁월한 결과물을 만들어
낼 가능성을 더 높여주지 않을까? 사람을 값으로 계산하는 만큼 원
하는 결과를 얻기 어려워질 것이다.

"의인의 열매는 생명 나무라 지혜로운 자는 사람을 얻느니라"(잠언 11장 30절)

[O-3]
변화의 시작, 신뢰 회복

　대부분의 오너들은 빠르게 변화하는 시장 흐름에 맞게 내부 조직
도 변화하길 원한다. 그리고 구성원들도 그에 맞게 변화해서 기업의
경쟁력이 뒤처지지 않게 되기를 바란다.
　오너들의 마음에 항상 자리잡고 있는 그 '불안'의 시작은 '언제 망
할지 모른다'는 생각일 것이다. 지금 아무리 사업이 잘 되고 있다 하
더라도 시장의 불확실성이 워낙 커지고 있기 때문에 안심할 수 있는
여지를 주지 않고 있다.
　기업의 조직과 사람의 변화에 있어서 가장 상징적인 메시지라면
바로 "마누라와 자식 빼고 모두 바꿔야 한다"라는 삼성 이건희 회장
의 메시지가 아닐까 싶다. 실제로 강력한 메시지였고, 통했고, 변화

에 성공했다.

지금 시대에는 맞지 않는 방법이라고 누군가는 이야기할지도 모르겠지만, 아직도 기업 오너들에게는 강하게 공감되는 메시지라고 생각한다. 할 수만 있다면 나도 우리 회사를 저렇게 바꿔보고 싶다는 마음이 들지 않을까.

크리스천 오너라면 어떻게 하는 것이 좋을까?

강력한 카리스마적 리더십을 발휘하는 것도, 온유한 리더십을 발휘해서 인내하는 것도, 지식과 지혜를 발휘해서 조직을 개편하고 사람을 배치하는 것도 기대하는 변화의 효과를 거두기엔 충분치 않을 수 있다.

변화의 시작은 자유의지를 가진 구성원들의 자발적인 마음의 변화이다. 그들 스스로 변화하고 싶고, 변화에 동의가 되어야만 진짜 변화가 시작되는 것이다. 그런데 이 자발성에 대해서 많은 오너들이 간과하는 것 같다. 그저 돈을 많이 주면, 조직적으로 위에서 누르면 움직일거라 믿고 있는 오너들이 아직도 너무나 많다고 생각한다. 감히 말하건대, "절대 아니다."

물론 "난 돈 많이 주면 시키는 대로 뭐든지 할거야"라고 말하는 사람도 있겠지만, 그건 자기 자신을 속이는 말일 뿐 효력이 얼마 가지 않을 거라는 걸 본인도 알 것이다. 결국 돈은 상대적인거라서 내가 많이 받아도 옆에 앉은 누군가가 조금 더 많이 받으면 다시 만족하지 못하는 법이다.

그렇다면 크리스천 오너들이 조직과 사람을 변화시키기 위해 어떤 방법을 사용하는 것이 효과적일까. 필자의 생각은 이렇다.

가장 먼저는 내부 구성원들과의 신뢰를 회복해야 된다.

물론 이미 신뢰관계가 잘 구축되어 있는 회사들도 있겠지만, 아마도 대부분은 신뢰가 깨어져 있는 경우가 많을 것이다. 특히 변화를 시도하려고 하는 기업이라면 대체로 신뢰관계가 무너져 있을 가능성이 높다.

그렇다면 신뢰를 회복하기 위해서는 어떻게 해야 할까.

직원들에게 인센티브를 더 준다고, 승진을 시켜준다고, 인사제도를 개편한다고 신뢰가 단숨에 회복되기는 어렵다. 신뢰 회복을 위해 필요한 것은 리더들의 '헌신'과 '희생' 그 행동 자체에 있다. 리더들의 변화된 행동 자체가 메시지가 돼서 구성원들에게 전달되고, 그게 신뢰 회복의 단초가 되는 것이다.

그렇다면 리더들의 '헌신'과 '희생'의 행동은 어떤 행동을 말하는 걸까? **「신뢰 회복을 위한 리더들의 '헌신'과 '희생'의 행동」**을 다음과 같이 정리해 보았다.

❶ 업무적 부담을 더 크게 갖고, 짐을 지는 것
- 소속 구성원들이 자유롭게 일할 수 있도록 업무결과에 대한 책임을 모두 본인이 지는 것(직접 구성원들에게 자주 언급)

- 소속 구성원들이 스스로 결정하기 어려운 것에 계속 관심을 가지고, 빠르게 의사결정을 해주는 것(본인 이해관계는 그만 생각하고)
- 소속 구성원이 부담스러워하는 커뮤니케이션을 대신 해주는 것
- 업무공백이 생겼을 때, 본인이 직접 그 업무를 떠안는 것

❷ 본인의 정치적 욕심, 권력욕을 버리는 것
- 동료 임원, 팀장들을 절대 비난하지 말 것
- 동료 임원, 팀장을 본인보다 더 높이고, 칭찬하고, 경쟁이 있을 때 가급적 양보할 것
- 다른 리더들의 실수와 잘못을 불구경하듯이 보지 않고, 빨리 도와줄 것

❸ 구성원들을 '편애'하지 않는 것. 소위 '라인'을 없앨 것
- 일을 잘하는 사람이고, 승계Succession 해야 되는 후배라고 하더라도 편애하지 말고, 라인을 만들지 말 것
- 마음이 더 가는 사람이 있다고 해도 다른 사람들이 있는 자리에서 표현하지 말 것
- 평가는 냉정하게 하더라도, 피드백은 모두에게 친절하고 진심으로 할 것

❹ 본인의 바쁜 시간을 쪼개 구성원들과 솔직한 대화를 나눌 것
- 회사 생활, 최근 업무, 개인적 고민, 향후 커리어 개발 등에 진심으로 관심을 갖고 필요한 조언을 해주거나 편하게 이야기를 들

어줄 것

❺ 본인의 말과 생각이 맞다고 자신하지 않는 것. 자기 확신을 버릴 것

● 실제 맞는 말이라고 하더라도 이러한 생각과 태도를 강하게 가
지고 있는 리더는 구성원에게 인정받기가 어려울 수 있으므로
겸손한 태도를 유지할 것

● 그럼에도 불구하고 리더 본인의 의견을 관철시켜야 할 때는 솔
직한 표현을 가미해서 전달할 것(예를 들어, '내 생각이 100% 확실한 것
은 아니지만 현재로서는 가장 적합한 방향이라고 생각해')

"너희 중에는 그렇지 않을지니 너희 중에 누구든지 크고자 하는 자는 너희를
섬기는 자가 되고 너희 중에 누구든지 으뜸이 되고자 하는 자는 모든 사람의 종
이 되어야 하리라"(마가복음 10장 43~44절)

[O-4]
주인 없는 회사처럼. 주인 행세

기업의 유형을 구분한다고 했을 때 가장 우선되는 기준 중 하나가
바로 '오너회사인지 아닌지'일 것이다. 기업의 규모가 아무리 커도 오

너인 회사는 그 나름의 특징이 있다. 흔히 주인이 있는 회사냐 아니냐로 이야기하기도 한다. 문제는 분명히 오너가 있는 회사임에도 불구하고 주인없는 회사처럼 운영될 때 발생한다. 그리고 크리스천 오너들에게 이 문제를 언급하고 싶다.

온유하고 선한 리더십도 좋지만 권위를 잃어버린 온유와 선함은 적어도 회사 내에서는 잘 통하지 않을 수 있기 때문이다. 오너 입장에선 각 부서들끼리, 임원들끼리, 사람들끼리 서로 협력해서 시너지도 내고, 때론 건강한 경쟁도 해서 탁월한 성과나 실적도 내기를 바라겠지만 실상은 그렇지 않을 때가 많고, 특히 임원들 간에, 팀장들 간에 정치적 싸움이 자리잡고 있을 때가 많다.

이런 현상을 조직의 어쩔 수 없는 한 부분으로 생각할 수도 있지만 그냥 방치해서는 안 된다. 이 현상을 어디까지 허용하고 방치하느냐에 따라 그 조직의 문화가 결정되고, 결국 오너에 대한 권위까지도 연결되기 때문이다.

필자가 생각하는 **「절대 허용하지 말아야 할 케이스」**는 다음과 같다.

❶ 스스로 "이 회사는 주인 없는 회사같아"라고 이야기 하는 사람

- 보통 이런 말을 내뱉는 사람은 회사에 굉장히 몰입하고 있거나, 일을 열심히 하고 있거나, 로열티가 있는 사람처럼 보이는 경우가 많다. 마치 본인은 회사를 위해 굉장히 열심히, 헌신적으로 일하는데 오너가 잘 알아주지 않고, 게다가 오너보다 내가 회

사를 더 생각하고 챙기고 있다고 착각하고 있는 사람이다.

이런 사람은 그 사람의 직위, 역량, 성과와 관계없이 교체를 고려해야 한다.

이 한 사람 때문에 오너의 권위가 무너지게 될 수 있기 때문이다. 그 말을 회사에서 직접 내뱉었다는 것은 본인과 가까운 사람들에게는 더욱 강하고 쉽게 언급했을 가능성이 높고, 마치 자신이 오너보다 더 자기 회사처럼 회사를 챙기고 있다고 착각하고 있을 가능성이 높기 때문에 이런 사람들을 특별히 경계할 필요가 있다.

❷ 성희롱 및 추행, 폭행, 금전비리가 있는 관리자(임원, 팀장 등)

● 내가 고용한 사람들이 과연 내가 보지 않는 곳에서도 회사를 위해 진심으로 열심히 일하고, 성과를 내기 원하는가. 그렇다면 이런 이력이 있는 사람을 (할 수만 있다면) 회사에서 즉각 퇴출하는 것이 바람직하다. 심지어 그 사람이 회사에서 가장 중요한 핵심기술, 영업력, 통찰력을 가지고 있는 사람이라고 해도 망설여서는 안 된다. 만일 문제를 일으킨 그 한 사람만 남아 있고 다른 모든 직원들이 퇴사를 해도 사업이 흔들리지 않는다면 모르겠지만, 그렇지 않다면 단호한 의사결정이 필요한 사안이다.

악인을 중용하고 허용하는 것만큼 조직문화를 저해하는 것도 없다. 이를 허용하고 있다면, 오너 본인이 기대하고 있는 회사의 건강한 문화, 분위기도 포기해야 한다.

❸ 소속 직원의 퇴사에 무관심하고 "어쩔 수 없다"라고 말하는 관리자

● 잘 드러나지 않는 유형이다. 그리고 '꼭 내보내야 할 정도의 위험한 사람인가'라는 의문을 가질 수도 있다. 그런데 이런 관리자, 리더들은 조직의 에너지를 굉장히 크게 감소시키고, 구성원들의 자발적 동기를 점점 소멸시키는 사람이기 때문에 오너 입장에선 매우 위험한 사람일 수 있다.

특히 이런 리더들의 특징이 자기합리화에 능하고, 구성원들을 본인의 권력욕과 야심을 위한 수단으로만 여기는 경우가 많기 때문에 더더욱 경계해야 한다.

회사가 그 리더, 관리자에게 직책을 맡긴 것은 그 조직에 속한 사람들도 같이 책임지라는 뜻이 담겨 있다. 소속 직원들 개개인의 성향, 특징, 역량도 알아야 할뿐더러 직원들 간의 관계, 시너지도 챙겨야 하고, 각자의 경력개발과 성장, 비전까지도 고려해야 하는 게 리더가 오너에게서 위임받은 역할이다.

이런 위임을 받은 사람이 구성원의 퇴사에 무관심하다는 것은 위임받은 역할의 상당 부분을 가볍게 여기기 때문이다. 어쩌면 위임받은 역할이라고 생각조차 하지 않을지도 모르겠다.

오너들은 유심히 관찰해야 한다. 어떤 임원이, 어떤 팀장이 소속 직원들의 퇴사에 무관심한지. 그리고 질문을 했을 때 '어쩔 수 없다'는 식으로 이야기하는지 안 하는지.

"악인은 그의 교만한 얼굴로 말하기를 여호와께서 이를 감찰하지 아니하신다 하며 그의 모든 사상에 하나님이 없다 하나이다"(시편 10편 4절)

오너가 인사를 잘할 수 없는 이유

회사에서 직급이나 직위에 관계없이 모든 사람들이 하나같이 이야기하는 것이 있다.

"인사가 만사다."

"인사가 제일 중요하다. 인사를 못해서 이 지경이 됐다."

이런 말을 쉽게 주고받는다. 그런데 그 인사라는 것이 각자가 생각하는 기준, 정의가 다르기 때문에 사실 구체적으로 살펴보면, 서로 다른 이야기를 하고 있을 때가 많다. 하지만 인사에 대한 정의가 각자 다르다고 하더라도, 일반적으로 생각하는 회사에서의 인사 그 자체를 놓고 봤을 때 오너의 판단이 적절하지 못할 때가 많다. 그 이유는 오너 본인의 개인적인 경험에 한정해서 사람들을 판단하기 때문이지 않을까 싶다.

물론 오랜 시간 많은 사람들을 만나며 시행착오를 겪어 왔기 때문에 사람을 보는 눈이 있다고 자부할지도 모르겠다. 하지만 오너라는 위치로 인해서 사람들의 있는 그대로의 모습을 보기 어려운 것 또한 피할 수 없는 불편한 현실이다. 쉽게 말해 오너의 눈과 귀를 가리고 있는 수많은 요소들이 있기 때문에 정보 자체의 순도를 높이기가 어렵다. 그렇다면 실제 현실에서 기업 오너가 인사를 잘하기 어려운 이유를 살펴보자.

대기업이나 중소기업을 막론하고 오너가 본인의 대리인, 관리자를 선임할 때 가장 중요하게 생각하는 것은 바로 '신뢰'일 것이다. 그 사람의 능력이나 인성도 중요하게 보지만, 오너 입장에서는 이 사람이 과연 믿을만한 사람인지, 내 돈과 내 조직을 맡겼을 때 배신하지 않고 잘 챙길 수 있는 사람인지를 먼저 생각하는 경우가 많을 것이다. 여기서부터 오너가 인사를 못하는 이유가 시작된다고 볼 수 있다.

'실력과 인성'보다 '충성과 신뢰'를 우선시한다는 점. 그 지점이 첫 단추를 잘못 꿰고 있는 지점인 것이다.

대리인과 관리자를 선임할 때는 오너 본인에게 충성된 사람이 아니라, 그 역할을 잘 맡을 수 있는 사람을 선택해야 한다.

여기까지 이야기하면, "그건 누구나 아는 이야기지"라고 말할 수 있다. 하지만 오너 스스로 이런 질문을 던져볼 필요가 있다. "나는 어떤 역할이 필요한지 알고 있나?" 기획 임원에게 요구되는 역할은 무엇인지, 인사 임원에게 요구되는 역할은 무엇인지, 재무 임원에게 요구되는 역할은 무엇인지. 회사의 가장 기본이라고 할 수 있는 이 세 가지 기능에 해당되는 임원의 역할이 무엇인지 구체적으로 정의를 내릴 수 없다면 이 이야기는 누구나 아는 이야기라고 보기 어렵다.

필자가 인사와 관련된 분야에서 일을 했기 때문이기도 하고, 사업에 있어 사람을 다루는 역할이 우선적으로 중요하기 때문에 인사 임원의 역할에 대해서 간략히 짚고 넘어가고 싶다. 인사 임원을 잘 선임하면 생각보다 많은 문제를 쉽게 해결할 수 있을지도 모른다. 반대로 인사를 총괄하는 자리에 부적합한 사람을 선임하면 제아무리 업계 최고 수준의 연봉과 복지를 준다고 해도 그 조직의 역량은 서서히 감소될 우려가 있다. 그렇다면 「크리스천 오너들이 특별히 경계해야 할 인사 임원의 특성」은 무엇일까.

첫째, 임직원을 사람 Talent **이 아니라 인건비**Cost **관점으로 바라보는 사람이다.**

인사라는 것은 사람을 다루는 일이기 때문이다. 인건비 관점으로 사람을 해석하는 것은 인사가 아니라 경영관리의 영역으로 볼 수 있다. 두 가지 기능은 분리해서 바라보는 것이 적절하다.

둘째, 본인의 평소 감정이 잘 드러나지 않고, 타인의 감정도 잘 파악하지 못하는 사람이다.

인사는 사람의 감정을 다루는 일이고, 조직 전체의 집단 감정과 시대적인 세대 감정, 그리고 인재 한 명 한 명의 개인감정까지 복합적으로 파악하고 대응할 수 있어야 한다.

셋째, 다른 사람을 습관적으로 비판하는 사람이다.

평소 누가 무엇을 "잘못했다, 부족하다, 문제다"라는 말을 입에 달고 사는 사람이 있다. 보통 이런 사람은 본인의 부족함에 대해서는 잘 인지하지 못하기 때문에 근본적으로 타인과 소통이 어려울 가능성이 높다. 특히 이런 유형의 사람들이 다른 사람을 비판하는 이유는 본인의 콤플렉스를 덮기 위한 목적일 때가 많다. 남을 낮춰야 본인이 올라갈 수 있다고 생각하기 때문이다.

위의 세 가지 특성 중 한 가지라도 강하게 가지고 있는 사람이라면, 적어도 인사 임원을 맡겨서는 안 된다. 사실 어떤 사람을 선임해야 하는지는 어려운 문제지만 적어도 위의 특성을 가진 사람을 피할 수만 있다면 확실한 실패는 막을 수 있을 것이다.

인사 임원이 아닌 다른 임원이나 팀장들도 마찬가지다.

각자의 기능, 자리마다 고유하게 요구되는 기준들이 있기 때문에 그 기준에 부합하거나 또는 부합하지 않는 사람들을 잘 선별해서 배치하는 것이 오너가 고민해야 할 인사의 중요한 영역이다. 각 자리에 필요한 역할과 특성을 깊이 고민하지 않고, 그저 '믿을만한 사람, 스펙 좋은 사람, 나한테 충성하는 사람'이라는 이유만으로 인사를 단행한다면 그 결정이 결국 회사의 인사 실패로 이어지게 될 것이고, 사업에까지 안 좋은 영향을 미치게 될 것이다.

"의인은 자기의 가축의 생명을 돌보나 악인의 긍휼은 잔인이니라"(잠언 12장 10절)

[O-6]
온유함의 경계

많은 크리스천 오너들의 고민 중 하나가 성경 말씀에 여러 번 반복되는 '온유함'의 실천일 것이다. 온유한 자가 땅을 기업으로 받을 것이고, 성령의 9가지 열매에도 온유가 있으며, 고린도전서 13장의 사랑도 온유함을 말씀해 주고 계신다.

하지만 회사를 운영하다 보면 별의별 사람들을 다 만나게 되고, 만족보다는 실망스러운 사람들이 더 많고, 눈에 보이지 않으면 열심히 일하지도 않는 것 같고, 실제로 그런 경우를 목격하는 등 오너 본인은 매월 임직원들의 월급을 주기 위해 쉼 없이 고민하고, 노력하고, 최선을 다하고 있는데 정작 그들의 태도는 못 미더운 때가 훨씬 더 많을 때가 있다.

그런데도 온유함을 지켜내고 실천해야 된다니… 회사의 오너들에게는 여간 부담스러운 말씀이 아닐까 싶다.

물론 성경 말씀에 나오는 온유함이 정확히 어떤 의미인지 구체적으로 정의해서 그것을 기준으로 삼기는 어려울 것이다. 여기서는 온유라는 단어가 주는 직관적인 의미, 즉 '선한 마음과 태도'라고 생각하고 이야기를 이어가고자 한다.

회사를 운영함에 있어 오너의 온유함은 '인내'와 밀접히 연관되어 있어 보인다. 과연 어느 수준까지 오너인 내가 참고 넘어가야 할지가 고민되고, 그래서 주변의 많은 사람들에게 조언을 구하기도 하고, 또 기도도 드리면서 힘겹게 하루하루를 나아가고 있지는 않은가. 필자의 생각엔 오너가 가져야 할 온유함은 인내보다는 '공의'와 더 밀접하게 연결시켜야 하지 않을까 생각한다. 온유함은 오너가 항상 유지해야 할 '마음의 태도'라고 보고, 오너의 '결정과 행동'은 공의에 기초해서 이루어져야 한다고 생각한다.

즉, 마음은 온유하게, 행동은 공의롭게 하는 것이 오너가 지켜나가야 할 가치라고 생각한다. 불의함에 대해서, 불의한 직원에 대해서 마냥 참고 인내할 필요는 없다. 오너의 마음이 지금 어떤 상태인지가 훨씬 더 중요할 것이다. 오너가 봤을 때 불의한 직원, 또는 온유함을 지키기 어려운 직원들은 이런 유형의 사람들일 것이다.

온유함을 지켜내기 어려운 상황

온유함을 지켜내기 어려운 상황을 떠올려 보면,

❶ 일은 잘 못해도 돈을 훔칠 사람으로는 생각하지 않았던 사람이 몰래 돈을 횡령하거나, 뒷돈을 받거나, 부정한 대가성 접대를 받았을 때

❷ 월급이 적다고 해서 어렵게 결정해서 올려줬더니 얼마 지나지 않아 퇴사하고 경쟁사로 갔을 때

❸ 앞에서는 충성된 척하면서 뒤에서는 회사 욕, 오너 욕을 하며

다닌다는 이야기를 들었을 때

❹ 앞에서는 티를 안 내면서 뒤에 가서는 본인이 오너인 것처럼 하고 다닌다는 이야기를 들었을 때

❺ 거짓말을 습관적으로, 너무 쉽게 내뱉을 때

❻ 성과를 잘 내서 전폭적으로 지원해 줬더니, 회사를 따로 차려서 거래처를 빼앗아 갔을 때

❼ 일을 시켰는데 제때 보고를 하지도 않고 뭉개고 있다가 정작 찾았을 때 일이 진행되어 있지 않음을 발견했을 때

❽ 회사 내에서 정치적 입지를 확보하기 위해 오너에 대해 험담을 하고, 본인의 라인을 만들고 다닐 때

❾ 사람들의 연봉 정보를 함부로 노출해서 조직 분위기를 흐리게 만들 때

❿ 고의로 상대방의 감정과 기분을 상하게 만들어서 우수한 인재가 회사를 나가게끔 만드는 관리자를 발견했을 때

케이스들은 더 있겠지만, 위와 같은 경우는 회사라는 곳에서 흔히 발견되는 사람과 관련된 이슈라고 볼 수 있다.

과연 이런 경우에도 회사의 오너들은 온유함을 지킬 수 있을까? 솔직히 쉽지 않을 것이다. 아마 대부분의 오너들은 마음을 많이 쓰게 되고, 화도 많이 날 것이다.

필자는 위와 같은 경우에 지킬 수 있는 온유함은 '해당 사람에 대한 마음의 용서'가 될 것이고, '잠깐의 분노는 있겠지만 하루 이상의

원망을 마음에 담아두지 않는 것'을 의미한다고 생각한다.

그렇게 먼저 마음을 충분히 잘 지켜낸 후에, 침착하고 냉정하게 해당 사람에 대한 조치를 하는 것이 바로 공의로운 처사라고 생각한다.

마음 자체를 지켜내는 것도 쉬운 일이 아니지만, 공의로운 처사를 하는 것 또한 쉽지 않은 일이다. 마음 같아서는 당장 해고를 하거나, 인사발령을 내고 싶지만 지금 당장 사업을 운영하기 위해 필요한 사람이고, 그 사람이 없었을 때 겪게 되는 금전적 피해, 거래관계 피해, 회사 내 관계된 여러 사람들의 동반이탈 등이 우려되면서 망설이게 될지도 모르겠다.

하지만 오너의 온유함은 반드시 공의로운 행동으로 이어져야 한다. 남들이 봤을 때 내가 온유한 사람처럼 보이는 게 중요한 것이 아니라 하나님께서 나를 보셨을 때, 내 마음의 중심을 보셨을 때 내가 온유한 지가 중요하다.

그리고 불의한 일과 사람에 대해서 공의로운 처사가 이어지지 않았을 때, 이를 지켜보고 있는 회사 안의 다른 모든 구성원들에게 매우 안 좋은 메시지를 줄 수 있기 때문에 어렵더라도 즉각적인 의사결정이 필요하다. 가난한 자의 송사라고 해서 공의가 흔들려서는 안 된다. 말씀에도 그렇게 기록되어 있다는 것을 잊어서는 안 될 것이다.

"너는 가난한 자의 송사라고 정의를 굽게 하지 말며"(출애굽기 23장 6절)

[O-7]
승리 후 변심

성경에 나오는 이스라엘 왕들의 역사를 보면, 자주 반복되는 구절이 있다. '누구누구 왕은 누구의 길을 따라 정직히 행하였으나…' 또는 '누구의 길을 따라 악을 행하였고…'와 같은 구절이다.

그런데 안타깝게도 대부분의 왕들은 하나님의 뜻을 따르지 않고 다른 신을 섬기게 되거나, 아니면 처음에는 하나님의 길을 잘 따르다가 나중에 가서 악을 행하게 되었다. 심지어 솔로몬조차도 이러한 과정을 겪었으니 일생을 하나님의 길과 의로 걸어간다는 것이 얼마나 힘든 일이었을까 싶기도 하다.

처음부터 악을 행하는 왕은 논외로 하더라도, 처음에는 정직히 하나님의 뜻을 따라 다스리던 왕들이 하나님의 능력으로 전쟁에 승리하고 풍요로워진 후에 변심하게 되는 죄를 생각하면, 이 시대에 기업을 경영하는 크리스천 오너들에게도 중요한 시사점을 주고 있다. 사업을 추진해 가면서 분명히 기적을 경험했고, 나의 능력이 아니라 하나님께서 하신 일을 두 눈으로 똑똑히 보았고 경험했다. 그런데 승리한 후에 시간이 어느 정도 흐르면, 어느 순간부터 그 은혜를 잊고 내가 이룬 성과로 착각을 하거나, 아니면 이미 이룬 많은 것들을 잃고 싶지 않아서 하나님보다 지금 내가 가진 능력과 자산을 더 믿게 되는 우를 범하게 된다면 이 역시 이스라엘 왕들의 죄와 비슷한 맥락이지 않을까.

여러 힘든 과정을 겪으면서 기업을 일구고, 사업을 확장시키고, 조직과 사람이 많아지면서 오너 본인의 믿음이 어느 곳을 향하고 있는지 수시로 점검해 볼 필요가 있다.

눈앞에 보이는 숫자가 진리라고 믿고 있지는 않은지, 선도 기업들의 사례가 정답이라고 생각하고 있지는 않은지, 그렇게 얻은 본인만의 판단 기준이 기도 가운데 하나님께서 주시는 마음과 말씀보다 앞서고 있지는 않은지 끊임없이 묻고 확인해야 한다.

특히 사업이 잘 되고 있을 때 더욱 유념해서 말씀 가운데 있어야 한다. 일이 잘 풀릴 때 교만의 뿌리가 자라기 시작하기 때문이다. 그 뿌리를 그대로 방치하면 어느 순간 잘라내기 힘들 정도로 크게 자라 있을 것이다.

물론 하나님을 본인의 유산을 나누게 해주는 재판장이나 물건을 나누는 분으로 여기는 것은 경계해야 한다. 사업과 관련된 모든 의사결정에 있어서 하나님께 여쭤보고 기도해야 된다는 의미는 아니다. 중요한 것은 마음의 방향이다.

오너 본인의 마음이 어느 방향으로 가고 있는지 끊임없이 스스로 점검해야 된다는 뜻이다. 본인의 성공 경험과 숫자, 타사 사례 등은 의사결정을 할 때 참고하는 도구일 뿐이다. 그것이 진리라고 믿는 마음이 문제다. 도구는 언제든지 새로운 도구로 교체될 수 있다고 생각해야 한다. 지금 오너 본인이 결정하는 여러 사안들이 하나님 보시기에 정직하고 바른지를 살펴본다면, 그 마음 자체만으로도 하나님이 기뻐하실 것이다.

때로는 현실적인 이유로 정직하지 못한 결정을 할지도 모르겠다. 하지만 그 역시 하나님을 의식하고 있다면 회개의 기도로 이어질 것이고, 그 진심 어린 회개의 기도를 하나님께서 반드시 받아주실 것이라 믿는다. 그렇게 기도가 쌓여간다면, 반드시 길을 열어주실 것이다.

어려울 때는 오히려 믿음이 강해지고 하나님을 찾게 되지만 위기를 극복하고 나면 어느 순간 자신의 성공 경험에 취해 하나님을 잊게 될지 모른다. 그 지점을 경계해야 한다. 승리 후에 마음이 변화되는 그 지점이 진짜 위기의 시작일 지도 모른다.

"기드온이 그 금으로 에봇 하나를 만들어 자기의 성읍 오브라에 두었더니 온 이스라엘이 그것을 음란하게 위하므로 그것이 기드온과 그의 집에 올무가 되니라"(사사기 8장 27절)

[0-8]
관행

　사업을 하다 보면 불현듯 양심의 가책을 느끼게 되는 것 중 하나가 바로 '업계 관행'일 것이다. 이는 사실 조직, 인사와 관련된 HR 영역의 이슈는 아니지만 크리스천 오너들이 현장에서 마주하는 중요한 주제 중 하나이기 때문에 잠시 언급을 하고자 한다.

　원칙에 맞지 않고, 때로는 불법의 영역까지도 넘나들게 되는 업계 관행을 대체 어떻게 바라보고 또 대응해야 될까? 악인들의 꾀를 따르지 않고, 죄인들의 길에 서지 않아야 하는데 그 관행을 따르지 않게 되면 사업 자체를 영위하기가 쉽지 않고, 그러다 보면 결국 피해는 오너와 직원들한테 전해지니 그 또한 바람직하지 않은 것 같고…. 이와 같은 이유로 가치판단이 매우 어려운 경우도 있다.

　그러한 고민을 하고 있고, 또 그 고민을 하나님 앞에 기도로 나아갔을 때, 하나님은 어떻게 바라보실까? 필자도 이 문제에 대해서는 잘 모르겠다. 당연히 의로워야 하고, 원칙을 지켜야 하고, 법을 어기지 말아야 한다고 말씀하실 것 같은데, 만약 그렇게 해서 사업이 어려워지고 많은 사람이 고통을 당하게 되는 상황이 생기더라도 그렇게 말씀하실지는 솔직히 어려운 문제로 보인다.

필자는 '그럼에도 불구하고 관행을 따르는 것이 불법의 영역이라면 따르지 말아야 하는 것이 성경적인 접근이 아닐까'라고 생각한다. 설령 사업이 잘못되더라도 불법을 따르면서까지 사업을 이어가는 것은 사실 하나님 나라와 아무 관련도 없고, 오히려 크리스천 오너라고 하면 더욱 하나님 나라에 반하는 일을 이 땅에서 적극적으로 하겠다는 것밖에 안 된다고 생각한다. 다만 그로 인해 많은 사람의 생계까지 위협이 생길 수 있다고 하면 그때는 어떻게 할 것인가? 그러한 위급한 상황을 전제로 해서 필자의 생각을 몇 가지 적어본다.

그럴 때에는 내일 당장 관행을 중단하는 것이 아니라, **먼저 몇 단계의 과정을 거치는 것이 필요**한데 그 절차는 다음과 같다.

❶ 오너가 직접 임원, 직원 등 회사의 전 구성원들에게 관행의 중단 계획을 알린다.
- 인원이 많은 기업이면 온라인, 영상 등을 활용해도 좋고, 인원이 많지 않으면 직접 모두 모아 놓고 커뮤니케이션을 한다(이메일 등은 지양).

❷ 관행 중단 이유 및 그로 인한 사업적 리스크 Risk**를 충분히 설명한다.**
- 지금 당장 중단하는 것이 아니라 충분한 시간을 두고 중단할 것을 알린다.

- 그 기간 동안 자유롭게 이직을 알아볼 수 있도록 시간적 기회를 준다.
- 다만, 관행 중단을 반대하는 임직원들의 의견, 주장에 대해서는 친절하고 예의 바르게 거절한다.

❸ **오너 본인은 그 유예기간 동안 관행 중단으로 인한 사업적 Risk를 해결할 수 있는 방법을 찾아본다.**
- 다른 사업 아이템을 찾아볼 수도 있고, 같은 시장에서 관행을 따르지 않고 매출/수익을 확보할 수 있는 방법을 찾아본다.
- 도저히 방법을 찾을 수 없을 때는 사업을 어떻게 정리해 갈 것인지 절차를 고민해 본다.

❹ **해당 기간 동안 떠나는 직원들에게 개인적으로 미안함과 감사함을 반드시 표시한다.**

이와 같은 과정을 가져가 보면 어떨까. 물론 필자의 회사도 아니고, 상황을 잘 알지도 못하면서 쉽게 이야기한 것은 아닐까 걱정되는 마음도 크다. 그렇지만 아무리 생각을 하고 고민을 해봐도 크리스천 오너들이 사업의 현장에서 기존 시장의 불법 관행을 계속 따라야 한다는 것을 어쩔 수 없다고 단정 짓기도 어려울뿐더러 신앙생활을 계속 이어가고 깊어질수록 오너 스스로가 굉장히 고통스러워질 가능성이 있다. 그럼에도 불구하고 사업을 포기할 수 없고, 많은 사람들을 위한 행동이라고 스스로 결론을 내렸다면 이런 질문을 자신에게 해보는 것은 어떨까.

"혹시 다른 사람들, 어려운 사람들을 핑계로 내 욕심, 내 의를 채우기 위한 것은 아닌가?"

이렇게 진지하게 스스로에게 먼저 묻고, 하나님께 같은 내용으로 기도해 보는 것은 어떨까. 자신을 먼저 솔직하게 들여다본 후 회개와 함께 하나님께 여쭤본다면 분명 답을 주실 것이다. 단순히 불법적인 관행을 계속할지 말지의 이분법적 결과가 아니라 새로운 대안을 마련해 주실 것으로 생각한다.

"또 주의 종에게 고의로 죄를 짓지 말게 하사 그 죄가 나를 주장하지 못하게 하소서 그리하면 내가 정직하여 큰 죄과에서 벗어나겠나이다 나의 반석이시요 나의 구속자이신 여호와여 내 입의 말과 마음의 묵상이 주님 앞에 열납되기를 원하나이다"(시편 19편 13~14절)

[0-9]
현명한 평가

흔히 평가라 하면 일이나 성과에 대한 평가와 개인의 역량과 관련된 평가로 구분한다. 최근 몇 년 동안 IT, 스타트업 중심으로 보다 창의적인 방식의 평가 모델이 만들어지긴 했지만 개념적으로 보면 성과와 능력, 여전히 이 두 가지 범주로 평가라는 것이 보편적으로 이루어지고 있다. 어떻게 보면 당연한 이야기다.

회사라는 곳은 일을 하는 곳이고, 일을 한다는 것은 기업이 추구하는 성장과 이윤을 위해 성과를 낸다는 것이다. 그리고 그 일과 성과를 잘하기 위해서는 먼저 개인 관점의 능력이 갖춰져야 한다는 뜻이니 개념상 빈틈이 없어 보인다. 하지만 아이러니하게도 국내 주요 기업을 포함해서 대부분의 기업들은 '평가를 잘 못하고 있다', '공정하고 합리적으로 평가하고 있지 못하다'라는 평이 대부분인데 그 이유는 앞에서 언급한 성과와 역량을 객관적으로 측정하기 어렵고, 때로는 성과를 숫자로 평가할 수 있다고는 하나 그 숫자가 개인 혼자의 역량으로 만들어진 것이 아니기 때문에 그 역시 공정성을 담보하기 어려운 것이다.

이렇듯 많은 기업들의 인사관리 체계 자체는 고도화되고 있지만 여전히 합리적이고 공정한 평가는 제자리에 머물고 있는 것이 현실이다.

왜 이 숙제가 풀리지 않고 계속 제자리에 있는 것일까? 어쩌면 그 '합리적'이고 '공정한'이라는 개념 자체에 함정이 있는 것은 아닐까? 합리적이고 공정한 평가라고 하면 누구나 부인할 수 없고, 맞는 개념처럼 보이지만 사실은 그 합리, 공정이라는 것은 단어로 표현할 때만 대표성을 가질 뿐이지 실제 실상을 들여다보면 각자가 생각하는 합리와 공정의 정의가 다르기 때문에 풀리지 않는 숙제가 되는 것은 아닐까.

많은 크리스천 오너들도 이 지점을 먼저 이해하고 접근하는 것이 현명한 평가로 갈 수 있는 지름길일지 모른다. 어쩌면 합리적이고 공정한 평가보다는 구성원들을 '응원'하고 '격려'해줄 수 있는 평가로 관점을 전환해야 될 시기일지도 모른다. 합리와 공정보다는 응원과 격려가 훨씬 더 개념의 모호성이 줄어들기 때문이다.

회사 입장에서는 구성원들이 더 의욕적으로, 자발적으로 열심히 일하고 그 안에서 성취감을 느낄 수 있도록 만들어 주면 충분할지 모른다. 그리고 때로는 좌절하고 힘든 상황이 왔을 때 따뜻하게 위로하고 격려해서 다시 일할 수 있는 힘을 가질 수 있도록 만들어 주면 그것 역시 충분한 방법일 수 있다.

이 두 가지 개념만 잘 이루어줄 수 있다면 그 방법이 평가든, 보상이든, 승진이든 무슨 관계가 있겠는가.

자, 그러면 이제 응원과 격려가 가능한 평가는 무엇인지 구체화시켜보자. 응원과 격려가 가능한 평가를 하려면 가장 먼저 '부담'을 줄여줘야 한다. 보통은 목표라는 것을 주고, 그 목표를 달성하면 좋은 평가를 부여하는 것이 일반적인데, 이 목표와 평가를 분리시키는 것이 가장 먼저 필요하다. 목표를 부여하는 순간부터 부담이 커지고, 자발적 의지는 감소하고, 억지로 성취욕을 강요당하기 때문이다.

목표라는 것은 오너 본인과 경영관리를 담당하는 부서에서만 챙겨도 충분하다. 그것을 각 부서와 개인들에게 명확하게 부여하는 절차가 언뜻 보면 자연스러운 것처럼 보이지만 사실은 부담과 억지 노력을 강요하게 되는 결과로 이어진다. 왜냐하면 대부분의 목표는 회사 관점에서 일방적으로 주어지기 때문이다. 실적과 성과라는 것은 말하지 않아도 이미 알고 있다.

작년에 우리 회사가, 우리 부서가 어떤 실적을 냈는지는 다 알고 있는 사실이다. 그리고 그에 비해서 올해 어느 정도 수준으로 하고 있는지도 모두가 알고 있다. 그렇기 때문에 따로 목표를 부여하지 않더라도 충분히 올해 성과를 평가할 수 있는 것이다.

회사는 현재 실적과 성과가 어떻게 나타나고 있는지 주기적으로 공유만 해주면 된다. 그리고 만일 잘하고 있다면 충분히 칭찬해주고, 못하고 있다면 좌절하지 않도록 위로와 격려를 해주면 된다.

이 과정으로 접근했을 때 비로소 회사는 평가라는 것을 제대로 할 수 있게 된다. 구성원들은 이미 시작과 중간과정에서부터 평가를 다 받아 왔기 때문에 결과적으로 나오는 성적표는 단순히 숫자나 등급에 불과한 것이다. 그리고 그 숫자와 등급은 결과가 나오기 전부터 받아들인 상태이기 때문에 더 이상 공정함과 합리성을 따질 필요가 없다. 목표는 굳이 회사가 일방적으로 내려주지 않더라도 이미 각 조직과 개인들은 알고 있으니, 회사는 방향을 먼저 고민해서 이끌어 주고 계속해서 응원과 격려에 집중하면 되는 것이다.

'100을 달성하려면 120의 목표를 세워야 한다'라는 말을 많이 들었을 것이고, 그렇게 믿고 있는 오너들이 많을 것이다. 회사가 일방적으로 목표를 내려주지 않으면 구성원들은 120의 목표를 세우게 될 텐데, 목표를 일방적으로 내리는 순간 스스로 80~90으로 낮추게 된다면 당신은 어떤 길을 선택할 것인가. 구성원들을 먼저 믿고 맡기는 것이 현명한 평가의 시작이라는 것을 명심했으면 좋겠다.

"지혜로운 여인은 자기 집을 세우되 미련한 여인은 자기 손으로 그것을 허느니라"(잠언 14장 1절)

[O-10]
승진은 과연 필요한가

　이제 우리나라도 과거의 전통적인 직급에서 탈피하는 과정에 있다. 사원부터 시작해서 부장까지 이르는 직급을 폐지하거나 단순화하고 있는데 회사 입장에서는 나쁠 것이 없다. 그만큼 승진의 기회가 줄어드는 것이고, 승진의 기회가 줄어든다는 것은 임금이 올라갈 수 있는 기회가 줄어드는 것이기 때문이다. 하지만 이는 단순히 인건비의 문제가 아니라 직원을 효과적으로 동기부여하고 관리하는 것과도 연결되기 때문에 보다 복합적인 고민이 요구된다.

　사실 직원들 입장에서는 승진이 많은 것이 좋다.
　사원-대리-과장-차장-부장의 일반적인 5단계가 아니라 6단계, 7단계 등 단계가 많아지면 많아질수록 좋다. 그만큼 연봉이 올라갈 수 있고 성장할 수 있는 기회가 많기 때문이다. 하지만 회사 입장에서는 직원들이 하는 일이나 역할이 크게 달라지지 않았는데 일정 연차가 도래했다고 해서, 또는 같은 일이지만 열심히 잘했다고 해서 계속해서 단계를 올리고 연봉을 올려준다는 것이 부담이고, 직원이 많은 회사일수록 그 부담은 눈덩이처럼 불어날 수 있다.
　이러한 고민의 과정 끝에 국내 많은 기업들이 내린 결론은 "미국

등 선진국의 사례를 따라가자"였다. 미국을 비롯한 서구 국가들은 이러한 위계서열식 직급이 아닌 직무나 역할에 따라 레벨을 분류하는 방식이다. 직무나 역할이 변화하지 않으면 제아무리 오랜 기간 회사를 다녔다고 해도 직급은 동일하고, 연봉 역시 큰 변화가 없다. 같은 일을 한다면 그에 합당한 같은 값을 지불해야 한다는 지극히 합리적인 관점에서 나온 방식이다.

다만, 이 방식을 그대로 접목하기 어려웠던 것은 '우리와 정서가 다르다'는 이유에서였다. 우리나라에서 그 방식을 그대로 썼다가는 직원들의 반발이 매우 클 것이고, 많은 인재들이 이탈할 것이고, 그래서 결국 기업을 정상적으로 운영할 수 없을 것이라고 생각했다. 그래서 단번에 직급체계를 개선하지 못하고 눈치를 봐가면서 조금씩 축소하거나 다른 레벨 체계로 변환해서 운영 중인 것이다.

크리스천 오너들에게도 이 고민은 다를 수 없다.

같은 환경에서 같은 구성원들을 대상으로 회사를 관리해야 하기 때문이다. 승진이라는 것에 대해 어떻게 접근하는 것이 좋을지 성경에서 혹시 지혜를 얻을 수는 없을까.

아쉽게도 성경에서는 이 문제에 대해 간접적으로라도 언급하고 있는 내용은 없는 것 같다. 모세가 광야에서 천부장, 백부장을 세우며 그 직분에 따라 역할을 구분했다는 정도의 개념만 있을 뿐 사람들의 성장과 동기부여에 관한 방향은 이 땅의 지식과 지혜로 접근해야 할 주제로 보인다.

다만, 크리스천이라고 하면 이런 접근만은 피해야겠다고 여겨지는 부분은 있다. 그 첫 번째가 위에서 언급한 '인건비 효율성'이다. 인건비 증가를 최소화하기 위해 직급을 없애거나 단순화시키겠다고 하는 단순한 접근은 지양해야 한다. 이는 직원들이 회사를 다니며 얻고자 하는 성장에 대한 욕구, 열심히 일한 것에 대한 보상 등의 가치를 무시할 수 있기 때문이다.

하지만 그렇다고 해서 승진을 가지고 '직원들을 효과적으로 다뤄야겠다'라고 생각하는 것 역시 옳지 않다. 마치 당근을 제시하고 더 열심히, 더 회사를 위해서 헌신하게끔 유도하는 것 또한 부적절한 접근이다. 회사의 이익을 위해 마치 직원들을 도구처럼 생각하는 관점이기 때문이다.

그리고 직급이나 직책을 자칫 잘못 사용하게 되면 사람들을 지위나 권력에 매몰되게 만들 우려도 있다. 가장 이상적인 것은 일을 열심히, 잘한 사람을 선별해서 승진할 수 있도록 하되, 그 승진한 사람이 겸손하게 받아들여서 승진하지 못한 사람을 이전보다 더 열심히 섬길 수 있도록 만드는 것이다. 따라서 승진의 요건을 타인에 대한 '섬김의식'으로 두는 것도 하나의 방법일 수 있다.

물론 그 섬김의식이라는 것을 어떠한 기준으로 판단할 것인지는 방법론적으로 고민이 될 수 있지만, 현재로서는 함께 일한 사람들의 의견을 종합하는 방식으로 접근하는 것이 가장 적절해 보인다. 그리고 일을 잘하면서도 겸손하고 섬김의식이 있는 사람을 선별하려면 해당 팀장이나 임원 등 소속 리더들에게 승진의 결정권한을 최대한 주지 말아야 한다.

소속 리더들에게 승진 결정권이 많은 것이 일반적이나, 그 방법을 유지할 경우 결국 리더 본인의 눈에 합한 사람에게 높은 점수를 줄 가능성이 높기 때문이다. 그렇게 될 경우, 타인이나 아랫사람을 섬기는 겸손한 사람보다는 본인의 이익을 위해 정치적으로 윗사람에게만 잘하는 사람들이 승진 기회를 많이 갖게 될 가능성이 높아진다.

크리스천 오너들이 이 점을 잘 참고한다면 훨씬 더 건강한 승진체계를 만들어 갈 수 있을 것이다. 승진은 필요하다. 구체적으로 몇 번의 승진 기회가 적절하냐고 묻는다면, 직장생활 진입시기 및 정년 등을 고려했을 때 여전히 5~6회의 기회가 적절해 보인다.

하지만 중요한 것은 그 횟수보다 앞에서 언급한 '어떤 기준으로 승진할 것인가'이다. 윗자리로 올라갈수록 아래를 바라보고 더 섬길 수 있는 사람을 선별해야 한다. 그것이 일 자체에 대한 능력만큼 중요하다. 나의 것을 손해 보더라도 남을 위해 기꺼이 헌신하고, 그러면서도 일적인 역량도 우수한 사람에게 먼저 승진의 기회를 준다면 그 조직의 미래가 어떻게 될지 그려지는가? 좋은 사람을 뽑기 위해 많은 돈을 쓰는 것도 투자지만, 승진을 어떻게 운영하는지도 매우 중요한 투자가 될 수 있다.

"아무 일에든지 다툼이나 허영으로 하지 말고 오직 겸손한 마음으로 각각 자기보다 남을 낮게 여기고 각각 자기 일을 돌볼뿐더러 또한 각각 다른 사람들의 일을 돌보아 나의 기쁨을 충만하게 하라"(빌립보서 2장 3~4절)

[O-11]
좋은 사람을 뽑는 방법

시장에 사람은 많지만, 내가 원하는 또는 회사가 원하는 좋은 사람은 너무 적다고 생각되는가? 최근 몇 년 사이에 이런 말을 하는 경영자나 인사담당자가 부쩍 늘어났다. 회사에 분명 사람은 많은데 사업을 위해 필요한 사람은 왠지 적은 것 같고, 그래서 외부에서 뽑자고 하니 괜찮은 사람은 찾기가 어렵다고 말한다. 또한 신중하게 뽑은 사람이었는데 정작 일을 시켜보니 실망스러울 때가 많았다고 하는 경우도 종종 발생한다.

사실 일을 같이 하기 전에는 그 사람이 어떤 사람인지 알기는 어렵다. 채용 과정에서는 워낙 준비된 상태에서 면접이 이루어지기 때문에 제대로 파악하기 어렵다. 크리스천 오너들에게도 동일한 고민이 있을 것이다. 하나님께 기도를 드리고 간절히 구하면 좋은 인연을 연결시켜주실 것으로 믿었는데, 막상 현실에서는 그렇지 않은 경우를 많이 경험하다 보면 좌절과 낙담으로 이어지는 경우도 많았을 것이다.

사람을 뽑는 것은 매우 중요하다.
글로벌 기업인 구글도 인사HR 기능의 90% 이상은 사람을 채용하는 데 투자하고 있다. 면접도 무려 8~9회에 걸쳐 진행한다. 최대한 많은 사람들이 많은 정보를 파악하고 검증하겠다는 뜻이다. 그런데 문제는 구글이라는 회사는 세계적으로 유명한 기업이고, 가장 좋은 처우를 해주는 회사 중 하나이기 때문에 실력 있는 지원자가 이미 많이 준비되어 있다는 것이다. 일반적인 회사들과는 기본적인 조건 자체가 다르기 때문에 같은 방법론으로 접근하는 것은 무리가 있다. 그렇다면 일반적인 회사들은 어떻게 하면 좋은 사람을 뽑을 수 있을까? 특히 크리스천 오너들은 어떤 관점과 방법을 활용하면 좋은 사람을 뽑을 수 있을까?

먼저 기도가 필요한 것은 자명하다.
기도 없이 좋은 사람을 뽑는 것은 우연이거나, 일시적인 현상에 불과하다. 사람을 만나게 해주시고 공동체를 형성하게 해주시는 것은 철저히 기도로부터 시작되는 것이 가장 정확하고 건강한 방법이다.
기도로 시작한 후에 비로소 「인사적인 방법론」을 적용하면 된다.

크리스천 오너들이 사용할 수 있는 **첫 번째 방법론**은 바로 '솔직함'을 파악하는 것이다. 솔직하고 정직한 사람을 알아볼 수 있어야 한다. 그 사람의 학력이나 스펙, 역량을 판단하기 전에 솔직한 사람인지를 1순위로 두어야 한다.
흔히 오너들은 우리 회사나 업종에 관심이 많고, 맡은 일에 열정을 갖고 일할 수 있는 사람을 원한다. 일일이 일을 시키고 관리하지 않아도 스스로 찾아서 하고, 성과를 만들어 낼 수 있는 사람을 원한다.

그렇기 때문에 면접 과정에서도 그러한 면을 발견하고자 많은 노력을 기울이게 되는데 안타깝게도 면접에서는 그 특성을 파악하기 매우 어렵다.

대부분의 지원자들이 이미 그 기준을 알고 있고 어떻게 대답해야 하는지 알고 있으며 어떤 표정과 말투로 이야기해야 하는지 알고 대응하기 때문에 진짜 모습을 알기 어렵다. 오히려 면접 과정에서 이러한 대답을 하는 사람이 더 적합한 사람일 가능성이 높다.

"이전 직장에서는 야근도 너무 많고 월급도 적어서 힘들었는데, 이제는 조금 더 편하게 일할 수 있으면서 돈도 더 받을 수 있는 곳을 찾고 있습니다."

또는 "사실 더 크고 좋은 회사를 가고 싶었는데 다 떨어지는 바람에 지푸라기라도 잡는 심정으로 지원하게 되었습니다"라고 말하는 사람이 더 적합할 수 있다는 뜻이다.

면접에서 지원 동기를 물었을 때 이처럼 대답한다면 조금 당황스러울 수도 있고 기본적인 마인드부터 잘못되었다고 생각할 수 있다. 하지만 이것이 솔직한 대답이고, 있는 그대로의 현실일 가능성이 높다.

실제로 회사에 지원하는 사람의 대부분은 이와 같은 생각을 가지고 지원했는데 이를 누가 더 멋있게 거짓으로 포장하느냐에 따라 채용 여부를 판단했다면 어떨까? 크리스천 오너가 크리스천 기업을 만들고자 하는 곳에 거짓 포장한 사람들로 가득하면 그것이 오너 본인이 원하는 길이었다고 볼 수 있을까?

사업은 잘 될 수 있더라도 그 사업의 과정들에 임기응변의 거짓과 위선이 가득했다면 그것이 오너 본인이 원했던 사업의 길이라고 볼 수 있을까?

그렇지 않다고 본다. 따라서 솔직하고 정직한 사람을 뽑기 위해 노력하는 것이 방법론적으로는 가장 앞에 와야 한다. 솔직함과 정직함을 알아보기 위한 질문은 지원 동기도 좋지만, 지원자 스스로 생각하는 본인의 콤플렉스에 대해서 물어보는 것도 방법이다.

그 다음으로 중요한 것은 '효'다. 부모에 대한 효도의 그 효다.

부모를 얼마나 공경하고 사는 사람인지를 파악하는 것이 둘째로 중요하다. 부모를 공경하는 것과 회사에서 일을 하는 것이 무슨 관계가 있냐고 물을 수도 있겠지만 사실 매우 밀접한 관계를 가지고 있다.

성인이 되어 대학을 졸업하고 사회인이 된 후에 결혼을 하고 가정을 꾸리며 살아가는 일련의 삶의 과정 속에서 부모를 계속 공경하고 효를 다한다는 것이 얼마나 어려운 일인지 알 것이다.

내 앞가림, 나의 배우자와 자녀를 챙기기에도 쉽지 않은 상황에서 부모까지 챙기는 일은 매우 어려운 일 중 하나다. 그렇기 때문에 부모를 공경하는 사람은 그만큼 내적으로 많은 부분이 이미 갖추어진 사람이다. 인생에서 무엇이 가장 중요한 것인지 알고 있는 사람이며,

인내를 알고 있는 사람이고, 은혜에 대한 보답이 무엇인지 이미 내면 가득히 잘 알고 있는 사람이다. 성실함도 당연히 갖추어진 사람일 것이다. 성실함 없이 효도를 행한다는 것은 어렵기 때문이다. 따라서 면접 자리에서 효와 부모에 대한 공경의 이야기를 들어보는 것도 좋은 방법이 될 수 있다.

마지막으로는 '남을 위해 자신을 희생했던 사례'를 묻는 것이다. 아마도 일시적으로 누군가를 도왔던 경험들은 많이 있을 수 있지만 자신을 희생하면서까지 남을 도왔던 경험은 많지 않을 것이다.

설령 있다고 하더라도 대부분 가족을 위한 희생이 많을 것으로 예상된다. 물론 가족을 위한 희생도 중요하지만 이 질문에서 알아보고자 하는 가장 큰 목적은 '친구를 위한 희생과 헌신'이다. 감히 '경쟁공화국'이라고 불릴 만큼 어려서부터 지나친 경쟁 환경에서 살아온 우리들이다. 그런 환경에서 친구를 위해 내 것을 포기했던 경험이 있는 사람은 아주 귀하다. 그 진주같은 경험을 가진 사람을 놓친다는 것은 회사 입장에서는 큰 기회비용일지 모른다.

이렇게 솔직과 정직, 효, 친구를 위한 희생의 세 가지 측면에서 지원자를 알아보고자 한다면 충분히 좋은 사람을 뽑을 수 있을 것이다. 위 세 가지 주제로 면접을 진행했을 때 마음에 감동이 느껴지는 사람이 분명 있을 것이다. 진정성이 없다면 감동은 전해지지 않을 것이니 포장된 거짓 이야기인지 아닌지는 걱정하지 않아도 된다.

하지만 어떤 오너들은 이렇게 질문할지도 모르겠다.

"위 세 가지는 알겠는데, 여기는 회사고 일을 하는 곳인데 일과 관련된 것은 물어보지 않아도 괜찮을까?"라고 말이다. 일과 관련된 경험과 역량은 당연히 중요하다. 하지만 그것은 이미 이력서에 텍스트로 다 쓰여져 있다.

대부분은 이력서만 보아도 일적인 역량이 준비된 사람인지 아닌지 알 수 있다. 다만 이력서에 적힌 경험들이 진짜 본인이 직접 수행한 경험인지 아닌지 알아보는 정도는 가볍게 물어볼 수 있겠다.

하지만 좋은 사람을 뽑고 싶다면 더 깊은 바다로 가서 그물을 던져 보기를 바란다. 그곳에 하나님께서 준비해 주신 귀한 인연이 기다리고 있을 것이다.

"내 계명은 곧 내가 너희를 사랑한 것 같이 너희도 서로 사랑하라 하는 이것이니라 사람이 친구를 위하여 자기 목숨을 버리면 이보다 더 큰 사랑이 없나니"(요한복음 15장 12~13절)

이해할 수 없는 고난과 고통

크리스천이든 아니든 고통과 재난은 똑같이 온다.

크리스천이라고 해서, 하나님이 함께 하시고 보호하신다고 해서 고난과 고통 자체가 오지 않는 것은 아니다. 다만, 크리스천과 아닌 사람의 차이는 고난을 대하는 태도와 자세에 있는 것 같다.

성경에서 고통에 대한 내용을 가장 선명하게 보여주고 있는 책은 단연 '욥기'를 들 수 있는데, 욥은 본인이 당한 고통을 인정하지 못했다. 왜 스스로 이러한 저주를 받아야 하는지 그 이유가 없다고 자기 스스로의 당당함을 주장했다. 그리고 친구들은 "빨리 하나님께 죄를 자복하고 회개하라"라고 계속해서 이야기했다. 그래야 이 저주를 끊을 수 있다고 설득했다. 하지만 욥은 끝까지 자신의 의를 주장하다가 결국 하나님의 그 무한하고 기묘하고 상상조차 할 수 없는 창조와 운용의 원리를 마주하면서 자신의 의를 내려놓았다.

어떻게 보면 욥이 겪은 상황은 오늘날 이 땅의 수많은 크리스천들, 특히 누가 봐도 신실한 믿음을 가지고 예수님의 말씀을 지키며 살아가는 사람들이 이해할 수 없는 고난과 고통을 겪게 됐을 때 보일 수 있는 태도이지 않을까 싶다.

내가 이렇게 말씀을 잘 지키고 믿음 생활을 하며 살고 있는데, 그렇지 않은 수많은 사람들은 너무나 여유롭고 건강하게 잘 살고, 나는 갑자기 고통을 겪게 되니 과연 하나님이 계시는 것은 맞는지, 계신다고 하더라도 나를 지켜주시는지 의심이 가고, 깊은 절망과 우울에 빠지기도 쉬울 것 같다.

그런데 공교롭게도 구약성경의 욥기를 마치고 나면 바로 이어서 나오는 책이 시편이다. 시편은 다윗의 시로 시작되는데, 시편의 많은 주제 역시 환난과 고통 중에 울부짖는 내용으로 쓰여 있다.

물론 욥과 다윗이 처한 고통의 배경과 정도에는 차이가 있을 수 있지만, 두 인물 모두 극한의 고통 가운데 하나님을 생각하고 있었다는 것은 비슷하다. 욥이 처음에 자신의 의를 주장했던 것과 달리, 다윗은 하나님께 도와달라고 울부짖었다. 하나님께서 이렇게 죽어가는 나를 구해주시기를 원한다고 절규에 가까운 외침을 내뱉었던 것이다.

지금 내가 겪고 있는 고통과 고난이 하나님을 신실하게 믿고 따르는 과정에서 발생했을 때 내가 할 수 있는, 또는 내가 해야만 하는 자세와 마음은 다윗과 같아야 하지 않을까. 하나님께서 다윗이 '마음에 합한 자'라고 말씀하신 것은 어찌 보면 그 오랜 시간 동안 고통과 죽음의 두려움 앞에서도 끝까지 하나님을 외면하지 않고, 매달리고 찾았던 그 간절한 마음, 결국 이 모든 어려움을 해결해 주실 수 있는 분은 하나님밖에 없으시다는 것을 마음의 중심에서부터 고백하고 외치는 모습을 하나님께서도 흡족하게 보시지 않을까 생각한다.

  기업을 경영하는 중에, 특히 일이 잘 되어가고 있는 중에, 사업이 잘 되어가는 중에 갑작스런 고통의 순간을 겪게 되면 더 쉽게 좌절할지도 모른다. 게다가 신앙생활도 멈추지 않고 성실하고 진실되게 유지하는 중이었다면 더더욱 좌절과 절망의 크기가 클지도 모른다.
  하지만 그러한 일을 겪었을 때 가장 먼저 해야 할 자세는 '혹시 하나님이 주시는 시그널은 아닐까?'라고 기도 가운데 진지하게 되짚어 보는 것이고, 그다음으로는 '간청과 부르짖음'일 것이다. 하나님께 도와달라고 구해보자. 내가 잘못한 일이 떠오르면 회개하면서 구하고, 떠오르지 않는다면 그냥 도와달라고, 회복시켜달라고 하나님께 간절히 구하자. 다른 것은 생각하지 말고 이 두 가지 절차만 지켜보면 어떨까.

  필자 개인적으로는 욥기에 이어 다윗의 시편이 나온 것은 어떻게 보면 우리가 가졌으면 하는 고통에 대한 자세와 마음을 가르쳐 주고 싶으셨던 것은 아닐까…라고 생각했다.
  아무 생각하지 않고 간절히 하나님께 구하고 매달렸을 때, 그리고 기도 응답이 이루어졌을 때 그때 내 마음에 심겨진 믿음의 씨앗도 크게 발아하지 않을까.

"내가 고통 중에 여호와께 부르짖었더니 여호와께서 응답하시고 나를 넓은 곳에 세우셨도다 여호와는 내 편이시라 내가 두려워하지 아니하리니 사람이 내게 어찌할까"(시편 118편 5∼6절)

[O-13]
나를 닮은 사람을 편애

기업 오너라면 이런 말을 자주할지도 모른다.

"믿을만한 사람이 없네."

"사람은 이렇게 많은데 쓸만한 사람이 없어."

"저 사람들도 결국 속으로 딴 생각하고 있겠지."

평소 아래 임원들이나 팀장들, 직원들을 보며 이런 불신의 마음을 상당 부분 가지고 있을 수도 있다. 회사를 창업하거나 이어 받아 오랜 기간 많은 사람들을 만나오면서 그들의 거짓된 충성, 위선을 수도 없이 봐왔을테고, 때로는 배신도 당하면서 점점 사람에 대한 믿음은 줄어들게 되었을지 모른다. 그 과정에서 오너 스스로 경험통계가 쌓이게 되고, '이런 사람은 이럴 것이다'라는 나름의 굳건한 로직logic도 만들어져 있을 것이다.

문제는 이러한 로직이 만들어지는 과정에서 오너 스스로도 모르게 작용하는 원리가 하나 있다고 보는데 그건 바로 '나를 닮은 사람을 편애'한다는 것이다. 오너 스스로는 능력에 따라, 성과에 따라 합리적이고 냉정하게 인사를 한다고 생각할 수 있지만 그 마음의 기저에는 그 사람이 나와 얼마나 닮은 사람인지에 따라 친밀감과 신뢰가 생기게 되고 심지어 작은 실수나 실패에 대해서도 닮은 사람을 대하는 태도와 그렇지 않은 사람에 대한 태도가 달라지는 경우도 있다.

사람에 대한 신뢰가 점점 없어지는 가운데 반대급부로 늘어나게 되는건 '자기 확신'이고, 그러한 자기 확신의 크기가 커져가는 과정에서 자기와 닮은 사람에게 본능적으로 끌리게 되는 것이다.

사실 본인과 닮은 사람을 선호하는 것은 문제될 것이 없다. 오히려 나를 닮았기 때문에 나의 경영대리인으로 역할을 더 잘 수행해낼 수 있다고 생각할 수도 있다.

하지만 크리스천 오너들은 이 지점을 굉장히 조심해야 한다고 본다. 닮은 사람을 편애하기 시작하면 그게 단순히 1~2명 특정 임원, 팀장에 대한 이야기로 시작될지 몰라도 결국 그 회사 전체적인 조직 문화에도 영향을 미치게 되기 때문이다.

그 남다른 애정을 주는 1~2명의 사람은 그다음에 어떻게 하겠는가? 다시 그 아래 1~2명을 편애하게 되고, 그 사람이 다시 편애를 하게 돼서 결국 라인이라는 것이 만들어지고, '우리 회사는 어떤 사람이 인정 받아' 라는 암묵적인 메시지가 조직 전반적으로 확산, 정착되는 것이다.

오히려 나를 닮지 않은 사람이지만 성실하고 일을 잘하면 그런 사람들을 더 중용할 수 있어야 조직문화가 다양성을 근거로 건강하게 자리 잡을 수 있다. 나의 권위에 도전하더라도 그 사람이 가진 능력과 진정성을 볼 수 있어야 한다. 사람을 외모로 보지 않고 마음의 중심을 보시는 하나님의 시각처럼 겉으로 보여지는 모습에 마음이 흔들려서 그릇된 판단을 해서는 안 된다.

그들이 오너 본인을 닮아가길 바라는 마음으로 리더십을 발휘하지 말고, 그들이 보기에 오너에게서 그리스도인의 모습이 보여질 수 있도록 해야 한다. 단순한 인애나 보편적 사랑을 의미하는 것은 아니다. 가난한 자의 송사라고 해서 그릇 판단하지 말라는 하나님의 말씀도 있으셨던 것처럼 모든 의사결정은 냉정하고 의롭게 하되, 나와 닮은 사람이라고 해서 마음을 뺏기고 편애하지 말아야 한다는 의미다. 한 명에 대한 편애가 조직 전체에 대한 낙수효과로 이어질 수 있다는 것을 명심해야 한다.

"여호와께서 사무엘에게 이르시되 그의 용모와 키를 보지 말라 내가 이미 그를 버렸노라 내가 보는 것은 사람과 같지 아니하니 사람은 외모를 보거니와 나 여호와는 중심을 보느니라 하시더라"(사무엘상 16장 7절)

[O-14]
나태해진 조직을 변화시키기

기업 오너들 입장에서 가장 곤란하고 답답한 일 중 하나가 바로 '느슨해진 분위기', '나태해진 문화'일 것이다. 정확히 콕 짚어서 어떤 점이 문제라고 이야기할 수는 없지만, 전반적인 회사 분위기에서 긴장이 느껴지지 않을 때 괜한 근심이 쌓이게 된다. 그리고 어떻게 하면 직원들이 바짝 정신을 차리고 업무에 집중하고 성과를 내게 할 수 있을까 궁리를 하게 된다.

회의시간에 목소리를 높이기도 하고, 조직을 개편하기도 하고, 여러 제도를 건드리기도 하는 등 긴장감을 부여하기 위해 많은 노력을 기울이게 된다. 하지만 쉽지 않은 일이다. 사실 직원들은 오너의 여러 조치에 대해 민감하게 반응할 수는 있지만, 나태해지고 느슨해진 근본적인 이유를 건드려 주지 못하면 겉치레로 끝날 가능성이 높고, 오너 앞에서만 긴장한 척을 할 가능성도 높다.

그렇다면 「조직을 느슨하게 만든 근본적인 이유」는 무엇일까?

첫째, 오너 자신의 긴장 상태가 영향을 준다.

오너 본인이 지금 사업적으로 얼마나 위기에 놓여 있고, 간절한지에 따라 그 상태가 그대로 구성원들에게 전달된다. 하지만 만일 오너 본인이 여유롭고 편안하다고 하면 어쩔 수 없이 그 분위기는 조직에도 전달될 수밖에 없다. 그렇기 때문에 1차적으로는 오너 스스로 자신의 최근 마음 상태를 돌이켜 봐야 한다. 해외출장, 지방출장 등을 명목으로 회사를 자주 비웠는가(사실 대부분은 여가 목적). 그렇다면 조직은 당연히 느슨해질 수밖에 없다.

둘째, 나는 분명 지금 굉장히 걱정되고, 사업에 집중하고 있는데 조직은 그렇지 않다? 그럴 때는 1차적으로 본인의 최측근에 있는 임원을 돌아봐야 한다. 임원이 어떻게 하고 있는지를 보는 것이 아니라, '내가 지금 그 임원을 어떻게 대하고 있는지'를 봐야 한다. 혹시 오래된 관계나 말못할 사정 때문에 그 임원에게 과한 선대를 하고 있지는 않은지. 아니면 성격상 그 임원에게 아쉬운 소리를 하기 어려워서 오랫동안 꾹 참고 있는지를 돌아볼 필요가 있다.

이것이 왜 조직의 나태함과 연결되는지는 사실 정확히 증명하기는 어렵다. 하지만 오너가 아래 임원의 눈치를 보고 있다는 사실 자체가 조직에 주는 메시지는 분명 존재한다. 첫 번째 사례에서도 언급했지만 오너의 마음이 구성원들에게 전달되는 것이 자연스러운 흐름인데, 그 흐름을 막는 원인 중 하나가 오너의 권위가 흔들릴 때일 것이다. 즉, 오너가 고용된 누군가의 눈치를 본다는 사실 자체가 오너의 긴장감이 전달되는 것을 가로막을 수 있다는 사실을 알았으면 한다.

셋째, 위의 두 번째 이유도 아니라면 그 다음 생각할 수 있는 원인은

'사업 자체가 쉽게 순항 중'이기 때문일 수도 있다. 내가 별다른 노력을 기울이지 않아도 사업구조가 돈을 잘 벌게끔 만들어져 있다면 그 자체만으로 조직은 자연스럽게 느슨해질 수밖에 없을 것이다. 물론 그 돈을 벌고 있는 최전선의 담당자들과 임원들은 매일을 전쟁처럼 살고 있을 수도 있지만, 나머지 대부분의 조직과 구성원들은 편안히 일과시간을 흘러가게 두고 있을지도 모른다.

넷째, 오너 본인이 새로운 사업 기회를 만들어 내지 못했기 때문일 수도 있다. 기존 사업을 운영하는 것만으로도 충분한 수익이 나고 있고, 그렇기 때문에 새로운 사업으로의 도전을 꺼려하고, 말로는 신규 사업을 해야 한다고 하지만 정작 각 조직에서 기획안을 올리면 가능성보다는 리스크를 더 부각해서 피드백을 주게 되면 결국 조직은 앞뒤가 막힌 공간에서 살아남기 위해 호흡을 작게, 조심히 가져갈 수밖에 없을 것이다. 새로운 물길을 터주지 못하지는 않았는지 돌이켜 볼 필요가 있다.

다섯째, 조직과 구성원들의 경험이 지나치게 반복적이고 정형화돼서 그 루틴에 완전히 적응해 버렸기 때문일 수도 있다. 비슷한 일의 반복, 비슷한 문제의 연속, 비슷한 해결 방법, 비슷한 성과 등 구성원들에게 변화를 주기보다는 안정적인 체계를 성실하게 잘 운영해주길 바라는 오너의 마음이 그들에게 안정감을 만들어 주었을지도 모른다.

사람은 익숙해진다. 그리고 학습이 돼서 숙달되면 그 세계가 굉장히 편안해진다. 내가 특별히 고민하고 노력하지 않아도 해오던 것만큼 익숙하게 수행하면 문제 없이 월급이 나오는 직장. 그 전반적인 체계가 얼마나 매력적이고 편안하게 느껴질까. 그 순간부터 직원들은 변하지 않으려고 하고, 본인 자리를 뺏기지 않으려고 할 것이며, 경쟁자를 험담할지도 모르고, 계속 그 자리에 있고 싶어할 것이다. 그때부터 긴장은 사라지고, 그들 간의 정치적 긴장감만 커질 뿐이다.

조직이 나태해지는 이유는 이것 외에도 훨씬 더 많이 존재할 것이다. 하지만 만약 위의 사례 중에 해당된다고 생각되는 지점이 있다면 당장 그 원인부터 해결해 보길 바란다. 그 원인을 해결하면 시간의 흐름에 따라 조직은 자연스럽게 변화해 갈 것이다. 그런데 다른 네 가지 방법은 크리스천 오너들이라고 해서 특별히 다를 것은 없겠지만, 마지막 다섯 번째의 이유라고 한다면 그때는 크리스천다운 모습으로 접근해서 문제를 해결할 필요가 있다.

자기 이익 중심의 정치적 개인들을 변화시켜야 하기 때문에 그 방법론에 있어서는 고민이 될 수밖에 없다. 마음에 들지 않는다고 무턱대고 몰아낼 수도 없는 노릇이기 때문이다.

오히려 구성원들과 개별적으로 한 명씩 한 명씩 만나보는 것은 어떨까? 티타임도 좋고, 식사도 좋고, 산책도 좋다. 직원이 너무 많은가? 그렇다면 틈틈히 선별해서 만나면 된다. 사람을 변화시킬 수 있는 것은 언제나 사랑뿐이다. 오너가 직원들을 사랑하는 방법은 단순히 돈이 아니다. 한 명, 한 명에 대한 관심 그 자체일지도 모른다. 그렇게 30분, 1시간 정도의 시간을 나눴던 직원들에게는 특별한 기억으로 남을 것이다. 그리고 그 짧지만 평범하지 않았던 시간이 그들에게 다시 활력을 만들어 주는 연료가 될지도 모른다. 나태해진 조직을 변화시키기 위해서 오너가 먼저 부지런하게 직원들의 자리로 찾아가 보자. 그들을 변화시킬 수 있는 열쇠는 오너 자신의 시간과 관심일지도 모른다.

"게으른 자는 마음으로 원하여도 얻지 못하나 부지런한 자의 마음은 풍족함을 얻느니라"(잠언 13장 4절)

[O-15]
숫자에 대한 착각

기업을 경영함에 있어 가장 많이 사용하는 말 중 하나가 바로 '숫자는 거짓말 안해'일 것이다. 숫자로 이야기하라는 메시지는 경영활동 전반에서 가장 확실한 진리 중 하나로 여겨지기까지 한다.

오너 입장에서도 아래 임원이나 직원들과 숫자로 커뮤니케이션하는 것이 가장 명확하고 쉽다. 물론 그 숫자가 나오게 된 어쩔 수 없는 배경이야 듣긴 하겠지만, 그것 역시 상대방이 숫자가 가장 명확한 커뮤니케이션 수단이라는 것을 동의하고 있기 때문에 가능한 것이다.

숫자로 커뮤니케이션하겠다는 의미는 쉽게 이야기하면 돈을 벌면 보상하고 칭찬하되, 돈을 못 벌면 다그치고 조여가겠다는 뜻이다. 그리고 그 숫자는 철저히 결과 중심이다. 결국 얼마의 매출과 이익이 발생했는지만이 중요하다.

하지만 크리스천 오너들에게는 먼저 이 숫자가 단순히 결과만으로 보여지지 않길 바란다. 숫자 너머에 있는 많은 배경들을 볼 수 있어야 하나님 앞에서 떳떳한 경영자가 될 수 있다고 생각한다.

지금 보이는 그 숫자에 얼마나 많은 부정과 거짓이 있었는지, 그 숫자로 인해 부당하게 상처를 받은 회사나 사람은 없었는지를 더 깊이 지켜볼 수 있어야 한다.

물론 기업의 경영활동이라는 것이 기본적으로 시장의 무한경쟁 가운데 이루어지고, 우리 기업에 있는 많은 종사자들의 생활과 삶도 걸려 있는 문제이기 때문에 이미 벌어지고 있는 일부의 부정과 거짓을 모두 없애기는 어려울 수도 있을 것 같다. 하지만 알고 있는 문제라면, 지금부터라도 아주 조금씩이라도 그 부분을 없애기 위한 노력을 시작해야 한다. 그 마음 자세 자체가 하나님 앞에서 중요하다고 생각한다.

첫째, 크리스천 오너들이 숫자를 신앙처럼 믿지 않기를 바란다.

지금 보고 있는 숫자는 과거의 결과로 나타난 잠시의 '점'이다. 지금 보는 숫자는 앞으로의 미래가 아니고 지나간 과거일 뿐인데 마치 그것이 나의 밝은 앞날 또는 불안한 내일을 예비하듯이 믿고 매몰되지 않았으면 한다.

지금 오너 자신이 해야 할 일은 숫자를 만들어 내기 위해 지금 내가 무엇을 해야 하는지 깨닫는 것이며, 알게 되었으면 그것을 실행하는 것뿐이다. 숫자를 만들어 내는 방법은 오너 자신이 알고 있기 때문에 숫자를 주도할 수 있는 권한도 오너 자신에게 있다. 그러기 위해서는 먼저 숫자를 맹신하는 그 마음부터 버려야 한다. 지금 보이는 그 숫자는 앞으로의 미래에 대해 아무 것도 할 수 없는 그것이다.

둘째, 숫자와 사람을 혼동하지 않아야 한다.

흔히 오너들 입장에서 아래 임원들이나 팀장들, 직원들을 지켜보면 저 사람은 얼마를 만들어 내는 사람, 저 사람은 얼마밖에 못 만들어 내는 사람, 이렇게 숫자를 가지고 사람을 판단하게 되는 경우가 많다.

오너 본인이 직접 월급을 준다고 생각하다 보니 내가 준 월급에 비해 저 사람이 만들어 내는 경제적 가치가 얼마인지 자연스럽게 계산이 되는 것이다. 그리고 그게 장사고, 사업이라고 말한다.

물론 세상에 있는 많은 믿지 않는 오너들은 그렇게 생각할 수 있고 이것이 자연스럽게 보이기도 한다. 하지만 크리스천들은 그러지 말아야 한다. 누가 하나님의 형상을 단순히 돈으로 환산해서 여기라고 했는가. 가이사의 것은 가이사에게, 하나님의 것은 하나님에게 드리라고 하셨던 예수님의 말씀도 있지 않은가.

사람은 하나님이 지으신 만물의 영장인데 누가 감히 돈으로 그 사람을 치환한단 말인가. 이것은 크리스천 오너들이 특히 더 조심해야 할 마음의 영역이라고 생각한다. 그 사람의 연봉이나 성과급을 책정하고 지급하는 것은 합리적 판단에 의해 제도를 만들고 그것에 따라 지급하면 된다.

가령 똑같이 10억의 매출을 달성한 A와 B가 있다고 하자.

그런데 A의 연봉은 1억이고, B의 연봉은 5천만원이라고 하면 그때 오너는 어떻게 할 것인가? A에게 1억이나 주기가 아깝다고 생각할 것인지, 아니면 B의 연봉을 올려줘야겠다고 생각할 것인지. 필자가 생각하는 크리스천 오너들의 생각은 "A와 B 모두 훌륭하다. 둘 모두에게 합당한 보상을 해야겠다"였으면 좋겠다. 그렇게 접근하는 것이 성경적인 마음이라고 생각한다.

숫자를 보고 불안해하고, 숫자를 보고 안심하는, 그렇게 하루, 한 달, 1년, 10년을 살아가는 크리스천들이 되지 않았으면 한다. 그 숫자가 나에게 보여줄 수 있는 길은 아무 것도 없다. 그저 지금 숫자를 만들고 지키기 위한 방법이 무엇인지만 고민하고 바로 실행에 옮기는 것만 생각했으면 한다. 많은 크리스천 오너들이 숫자에 억눌리거나 지지 않았으면 좋겠다.

"오랜 후에 그 종들의 주인이 돌아와 결산할새 다섯 달란트 받았던 자는 다섯 달란트를 더 가지고 와서 이르되 주인이여 내게 다섯 달란트를 주셨는데 보소서 내가 또 다섯 달란트를 남겼나이다 그 주인이 이르되 잘하였도다 착하고 충성된 종아 네가 적은 일에 충성하였으매 내가 많은 것을 내게 맡기리니 네 주인의 즐거움에 참여할지어다 하고 두 달란트 받았던 자도 와서 이르되 주인이여 내게 두 달란트를 주셨는데 보소서 내가 또 두 달란트를 남겼나이다 그 주인이 이르되 잘하였도다 착하고 충성된 종아 네가 적은 일에 충성하였으매 내가 많은 것을 네게 맡기리니 네 주인의 즐거움에 참여할지어다 하고"(마태복음 25장 19~23절)

[O-16]
스타에 대한 질투

기업에서 오너로서의 역할과 CEO로서의 역할은 엄연히 차이가 있다. 전자는 대주주인 기업의 소유인이고, 후자는 말 그대로 경영을 책임지고 지휘하는 사람이다. 하지만 오너들이 직접 CEO 역할을 하는 경우가 많고, 또 대기업이나 중견기업의 경우엔 법인의 대표이사 CEO는 별도로 두고 오너 본인은 회장 또는 의장 등의 포지션으로 상위 의사결정자 역할을 하는 경우도 있다. 가급적 법적인 책임에서는 한발 물러서면서 실질적인 경영권은 행사하겠다는 의도가 담겨져 있는 경우도 있는 것 같다.

그런데 어떤 경우라고 하더라도 오너 경영의 핵심을 관철하는 원리 중 하나는, '내꺼'라는 것이다. '이 회사는 내 것이라는 소유의식, 권위의식'이 있는 것이다. 그렇기 때문에 전문경영인을 선임해서 경영을 하는 경우, 또는 오너 본인이 CEO로서 직접 경영을 하는 경우 모두 그 아래 다른 대리인들이 오너보다 더 주목을 받거나, 구성원들에게 존경을 받게 되면 오너도 사람인지라 시기와 질투가 생길 수 있을 것이다. 본인이 이미 증명한 성과가 많고 대다수 구성원들이 잘 따르기 때문일 것이다.

이런 경우에 크리스천 오너들은 어떻게 할 것인가?

믿지 않는 오너들이라면 대부분 기회를 봐서 내보낼 구실을 찾을 수도 있고 조직개편을 통해서 애매한 포지션으로 이동시킬 수도 있을 것이다. 회사 경영보다 본인의 권위, 감정이 더 중요하다는 의미일지도 모르겠다. 크리스천 오너들은 부디 이런 행보를 보이지 않았으면 한다.

오너들의 시기와 질투하면 대표적으로 떠오르는 관계가 바로 사울과 다윗이다. 사울의 일생이 위에서 언급한 오너들의 그릇된 결정과 너무나 닮지 않았는가. 지금 특정 누군가에 대해 굉장히 거슬리는 마음이 들고 있는데, 그 사람이 만들어 내고 있는 실적과 성과로 인해 어떻게 할 수 없어서 고민이라면 일단 본인이 사울의 길을 걷기 시작했다고 보면 될 것이다.

기업은 영리활동을 하는 곳이다.

불법을 저지르지 않고 적법한 절차에 따라 많은 매출과 이익을 내면 기업이 할 수 있는 가장 본질을 이뤄낸 것이다. 그 본질을 잘 이뤄가고 있는 누군가가 있으면 오너는 그 사람을 믿고 응원해줘야 한다. 본인보다 더 주목을 받는다고 해서, 또 본인보다 구성원들의 존경과 사랑을 더 받고 있다고 해서 그를 배척하고 미워하는 것은 크리스천으로서 절대 옳지 않다.

　오히려 오너 본인이 그 사람의 경영역량을 방해하고 있는 것은 아닌지를 점검해야 한다. 만약 방해가 된다고 여겨지면 잠시 한발 물러서서 그 사람이 어디까지 성과를 낼 수 있는지 충분한 기회를 주고 지원해 줄 필요가 있다.

　그렇게 스타에 대한 예우를 해주는 것이 크리스천다운 모습이라고 생각한다.

　"사랑은 오래 참고 사랑은 온유하며 시기하지 아니하며 사랑은 자랑하지 아니하며 교만하지 아니하며"(고린도전서 13장 4절)

[O-17]
용서

　배신감은 아마도 기업 오너들이 한평생 기업을 일궈 가면서 임원, 직원들에게 느끼는 가장 핵심적인 감정 중 하나가 아닐까 싶다. 창업 당시 함께 했던 동료부터 시작해서 수많은 직원들과 임원들까지 그 상처의 크기는 쉽게 판단하기 어려울 정도로 깊을 것이다. 분명히 믿었던 사람이었고, 나에게 받았던 은혜를 생각하면 도저히 나에게 이럴 수가 없었을 텐데 어떻게 그런 행동을 할 수 있었을지 시간이 많이 흐른 뒤에도 도무지 이해가 되지 않는 경우도 있다.

　그리고 그런 경험이 한두번 쌓이게 되면 어느 순간부터는 오너 스스로 마음의 문을 닫게 된다. 더 이상 사람을 믿지 않게 되는 것이다. 어쩌면 그렇기 때문에 우리나라의 많은 기업들이 결국 자녀를 경영 일선에 등장시키는 것이 아닐까 싶다.

　특히 크리스천 오너들은 더 힘들지도 모른다.

　성경 말씀에서 워낙 용서가 강조되고 있고, 예수님도 "일곱 번을 일흔 번까지 용서하라"라고 말씀하시지 않았는가. 그렇기 때문에 더욱 의무감을 가질 수밖에 없는 것이 크리스천들의 숙명이기도 하다.

　예배를 드리며, 또는 기도를 하면서 용서의 마음이 생기고 치유가 됐다 싶으면서도 예상치 못한 순간에 불쑥 그때의 감정과 억울함, 배신감들이 튀어나오면서 지금 함께하고 있는 사람을 색안경 끼고 대하게 되기도 한다. 하지만 그래도 다시 시도해야 된다.

말씀에 굳이 용서를 언급하시면서 일곱 번을 일흔 번까지라는 숫자로 표현하신 것은 이유가 있다고 생각한다. 그만큼 한 번에 해결되지 않기 때문일지도 모른다. 그러니 마음이 흔들리고 화가 올라올 때는 다시 입술로 용서의 기도를 드려 보는 것도 좋을 것 같다. 그렇게 했을 때 공의의 하나님께서 비로소 나의 억울함과 그들의 불의함을 갚아주시지 않겠는가. 심판은 주님께 달려 있고 종된 나는 예수님 말씀에 순종할 뿐이다.

하지만 용서의 문제가 여기서 끝은 아니다.

오너 본인이 경험한 배신의 사건들이 현재 구성원들을 대하는 나의 마음에도 영향을 주고 있기 때문이다. 과거 경험으로 인해 지금 사람들에게 마음을 닫고 신뢰하지 않고, 그들 역시 예전의 그 사람들처럼 언젠가 나를 배신할 수도 있다는 생각에 안전장치를 만들려고 할지도 모른다.

보통 그런 안전장치는 회사의 규정, 인사제도, 조직개편, 업무분장 등을 통해 만들어 간다. 좋은 방법이다. 제도와 규정을 통해 구성원들의 예상치 못한 불의한 행동들에 대해 일부는 대비할 수 있을 것이다. 더 이상 내가 신경을 많이 쓰지 않아도 회사가 시스템에 의해 잘 돌아갈 수 있도록 만드는 것이 많은 오너들의 바람일 것이다. 문제가 있는 사람이 있다면 시스템에 의해 자연히 적발, 검증되고 조치되는 구조를 원할 것이다. 그것 역시 좋다. 오너 본인이 더 사업에 집중할 수 있도록 해줄 것이다.

다만, 크리스천 오너라고 하면 여기가 끝은 아닐 것 같다.

바로 사람을 대하는 오너 본인의 마음이 어떤 상태인지 그것이 핵심이다. 내가 직원들을 어떠한 대상으로 바라보고, 대하는지가 중요하다. 나의 사업을 위해, 나의 성공을 위해 내가 주는 월급을 받고 기꺼이 성실하게 일해야 하는 사람으로만 대하고 있지는 않은지 돌이켜 볼 필요가 있다. 그들을 온전히 인격적으로 대하고 바라보고 있는지, 내가 사랑을 실천해야 할 이웃으로 대하고 있는지, 그들이 일상에서 경험하는 그리스도인의 모습을 오너 본인이 보여주고 있는지. 이를 실천하는 것이 어쩌면 더 본질에 가까울지도 모른다. 회사 따로 하나님 따로가 아니기 때문이다.

하나님이 지금 그 사람들을 만나게 해주셨을거라는 생각은 안 해봤는가? 왜 나의 사업체에 이 사람들을 오게 해주셨을까? 회사는 일을 하고 이윤을 창출하는 곳이지만, 그 과정에서 말씀을 실천해야 하는 것도 크리스천 오너가 지켜야 할 중요한 사명이라고 생각한다.

용서는 내가 해야 할 몫이고, 심판은 하나님께 있다는 것을 꼭 명심했으면 한다. 그리고 혹여나 나에게 배신감과 상처를 줬던 그 사람들의 안 좋은 소식이 나중에 들리더라도 속으로 통쾌하게 여기지는 말았으면 한다. 나의 어려운 용서에 대한 응답과 하나님의 공의로운 일하심에 대해 감사하고, 그들을 불쌍히 여기자.

만일 그들이 용서를 구하고 돌아오고 싶다고 해도 반드시 받아 줄 필요는 없다. 오히려 그런 사람을 받아주게 되면 지금 있는 구성원들의 조직 분위기에 좋지 않은 영향을 줄 수 있기 때문에 그런 방식으로 용서를 할 필요는 없을 것 같다. 긍휼의 마음으로 그들을 더 이상 원망하지 않는다고, 앞으로 다른 곳에서 성실하게 일하면서 잘 성장하길 바라는 응원만 해줘도 충분할 것이다.

배신에 대해 입술로 죄를 짓지 말고, 입술로 기꺼이 용서하는 크리스천이 되기를 바란다.

"그 때에 베드로가 나아와 이르되 주여 형제가 내게 죄를 범하면 몇 번이나 용서하여 주리이까 일곱 번까지 하오리이까 예수께서 이르시되 네게 이르노니 일곱 번뿐 아니라 일곱 번을 일흔 번까지라도 할지니라"(마태복음 18장 21~22절)

[O-18]
사죄

아마 기업 오너들 중에서 임원이나 직원들에게 잘못한 것에 대해 미안한 마음을 갖고 직접 사죄하는 경우는 거의 없을 것이다.

공식적인 신년사나 기념사 등에서 "그간 힘든 환경에서도 고생해 준 여러분들에게 고맙고 미안한 마음이 있습니다" 정도의 표현은 간혹 있을 수 있지만, 오너 본인이 구체적으로 특정 사안에 대해서 구성원들에게 미안한 마음을 전달하는 경우는 별로 없는 것 같다.

대체로 보면, 오너 본인이 직접 월급을 주고 있다고 생각하고 있기 때문에 잘 해준 것이 훨씬 많지, 잘못한 게 있더라도 미안한 마음까지는 잘 안 드는 것도 분명 있을 것이다. 오너 본인이 무엇을 잘못한 게 있나 싶을 정도로 아예 무감각한 경우도 많을지 모른다.

그런데 사실 **「오너들은 은연중에 많은 잘못」**을 범하게 된다.

첫 번째 잘못은, '인격적 무시'다.

사람을 피고용인, 돈을 줘야 하는 대상으로 바라보기 때문에 기본적으로 우위에 있는 관점에서 대하게 된다. 그러다 보니, 회사 안에서 회의 시간이나 또는 사석에서 상대방을 무시하는 듯한 말투와 행동으로 대하기도 한다. 아니면 직접 앞에서는 하지 않더라도 본인의 가족이나 지인들과의 자리에서 회사에 있는 임원이나 직원들을 무시하고 인격적으로 모독하는 말을 쉽게 내뱉기도 한다. 이러한 행동이 오너가 구성원들에게 하는 가장 중요한 잘못이다.

두 번째 잘못은, '속이는 일'이다.

회사를 경영하다 보면 여러 어려운 상황에 직면할 때가 많은데 그럴 때 임직원들에게 공수표를 던질 때가 있다.

"이번에 이것만 잘 넘기면 보상해주겠다."

"조금만 참고 잘 버텨서 상황 나아지면 다갚아 주겠다."

"지금 회사에서 충분히 긍정적인 방향으로 검토하고 있으니 조금만 기다려 달라."

이런 식의 달콤한 말들로 희망고문을 할 때가 있는데 문제는 이런 말을 내뱉은 이후에 약속을 지키지 않는 것이다. 상황이 나아졌음에도 불구하고 "그만큼은 아니다, 아직은 충분치 않다"라는 식으로 피해가면서 마치 계약서 조항에 명시되어 있지 않으니 아쉽지만 어쩔 수 없다는 식으로 나올 때가 있다. 이렇게 거짓 희망고문으로 약속을 지키지 않는 것이 두 번째 잘못이다.

세 번째 잘못은, '고의적으로 퇴사를 유도'하는 비겁한 행동이다.

우리나라는 노동법상 고용을 강하게 보장하다 보니 기업 입장에서 직원을 내보내는 것이 미국이나 서방국가들처럼 자유롭지 못하다. 기업의 재무상태가 굉장히 위태롭거나, 또는 해당 직원이 회사규정을 위반하거나 지속적인 저성과를 보였을 경우 등 특정 조건이 성립해야 하는데 단순히 마음에 들지 않아서, 또는 소위 인건비가 아까워서 직원을 내보내고자 고의적으로 조치를 할 때가 있다. 흔히 조직개편을 활용하거나 부서간 전배 등을 통해 그 사람이 견디기 힘든 환경을 만들 수 있고, 그렇지 않으면 아예 업무에서 배제해서 모욕감, 수치심을 느끼게 할 때도 있다. 오너 본인이 직접 지시를 하는 경우는 많지 않겠지만 간접적으로 누군가를 시켜서 그런 조치를 하게 조장할 때가 있다. 이것이 세 번째 큰 잘못이다.

만약 위 세 가지 중 하나라도 해당되는 잘못이 떠오른다면, 그리고 본인이 크리스천이라면 지금 당장 사죄할 준비를 해야 한다. 당사자 또는 사람들에게 어느 시점에서, 어떤 방법으로 사과할지 고민해야 한다. 그리고 생각이 정리됐으면 행동으로 옮겨야 한다. 사죄하면 본인의 권위가 너무 떨어지는 것처럼 느껴지는가. 아니면 내가 그동안 많은 돈을 지급하면서 잘 살 수 있게 만들어 줬는데 굳이 사과까지 해야 되나라는 생각이 드는가.

만약 그런 이유때문에 사죄를 하지 않고 묻어두면 그 묻어둔 죄가 언제 드러나겠는가. 크리스천이라면 당연히 알고 있을 것이다. 물론 용기가 필요한 일이겠지만 그래도 사죄를 하게 되면 그 이후 얻게 될 신뢰와 구성원들의 자발적인 몰입은 놀랍게 늘어날 것이다. 그리고 그 결과 기업의 성과로도 분명 높아질 것이다.

"그러므로 악인들은 심판을 견디지 못하며 죄인들이 의인들의 모임에 들지

못하리로다 무릇 의인들의 길은 여호와께서 인정하시나 악인들의 길은 망하리
로다"(시편 1편 5~6절)

[O-19]
기업문화를 바꾸는 방법

많은 기업 오너들이 회사의 문화, 일하는 방식을 바꾸고 싶어 한
다. 일하는 문화를 바꾸고 싶어하는 이유는 '더 집중해서 일하고', '사
업에 도움이 되는 핵심적인 일'을 하고, '보다 새롭고 창의적인 일'을
하기 바라는 마음에서 비롯된 경우가 많다.

오너 본인이 직접 보고 있지 않은 시간과 공간에서도 책임감을 갖
고 열심히 일하기를 바라는 마음이 기본적으로 깔려 있지 않을까
싶다.

하지만 기존의 기업문화, 조직문화를 바꾸는 것은 굉장히 어려운
일이다. 회사도 하나의 사회나 다름없기 때문에 지금의 사회가 만들
어진 과거의 수많은 히스토리들이 있고, 그 히스토리들이 지금의 문
화가 만들어지는데 영향을 미쳤기 때문에 그것을 짧은 기간에 혁신
적으로 바꾸는 것은 불가능한 일일지도 모른다. 또한 대부분의 오너

들은 기본적으로 직원들에 대한 불신의 마음도 가지고 있다. 무언가를 잘 해주거나 편하게 해주면 머지 않아 본인들의 당연한 권리로 여기고 더 많은 것을 요구하게 될 것이라고 생각하기 때문에 쉽사리 호의를 베풀기도 어렵다.

그럼에도 불구하고 기업문화를 바꾸는 것은 회사의 생존, 사업의 성패와도 연결될 수 있기 때문에 포기할 수 없는 과제다. 몇 마디 말로 통찰력 있는 대안을 제시하기는 어렵겠지만, 필자의 그간 경험을 통해 **「크리스천 오너들이 기업문화를 바꿀 수 있는 방법」**을 제안해 보고자 한다.

첫째, 우선 가장 중요한 것은 '자유와 자발성'이다.

구성원들에게 자유를 줘야 한다. 그들 스스로 생각하고 움직일 수 있도록 자율권을 주는 것이 출발이다. 간혹 사람을 믿지 못하기 때문에 많은 제도와 규정을 만들고, 또 그 규정을 악용할 것을 대비해서 더 세부적인 기준을 만드는 등의 과정을 밟아가는 기업들이 많다. 이런 접근을 하는 회사는 통제력은 높아질 수 있겠지만, 오너 본인이 원하는 기업문화로는 변화할 수 없을 것이다. 하나님이 선악과를 만드신 이유도 다른 무엇보다 우리에게 '자유'를 주셨다는 명확한 증거라고 생각한다.

사람은 본인 의지에 의해 자발적으로 행동했을 때 집중력도 높아지고, 본인이 가진 잠재력도 발휘할 수 있다. 누가 시켜서 억지로 하는 일이 되어 버리면 그때부턴 회사가 원하는 가장 적당한 수준을 본인 스스로 찾아서 거기에 맞추려고 하기 때문에 중간수준으로 수렴하게 될 것이다.

크리스천들은 특히 구성원들에게 자율권을 주는 것을 잊지 말았으면 한다. 우선은 믿고 맡겨보자. 만일 자유를 오용해서 불법을 저지르거나, 큰 실수를 하게 되면 그때 단호하게 대처하면 된다. 오너 본인뿐만 아니라, 회사 안에서 임원이나 팀장 등 리더 역할을 수행하고 있는 사람들 중에서도 특별히 구성원들의 자유를 억압하거나 심하게 통제하는 사람이 있으면 조치를 해야 한다.

둘째, '사람을 아끼는 진정성'이 있어야 한다.

오너들은 대체로 직원들과 거리감이 있다. 작은 회사든 큰 회사든 비슷하다. 아무래도 오너가 직원들에게 해줄 수 있는 최선의 역할은 월급을 주는 것이라고 생각하고, 그 외에 신경 쓸 것들은 최소화하거나, 아니면 사업에 신경 쓸 일이 많아 직원들을 생각할 여유가 없기 때문일 수도 있다. 그렇게 시간이 흐르다 보면, 오너와 직원 간의 관계라는 것은 금전적 관계로만 정의되고 오너에게 직원들은 '비용'으로 인식되기 시작한다.

그런데 오너가 직원들을 비용으로 인식하는 순간부터 기업문화는 바뀌지 않는다고 생각한다. 그때부터는 회사가 경영관리의 원리로 돌아가기 때문에 그 안의 문화적 생명력은 점점 사라지게 된다. 문화를 바꾸기 위해서는 직원을 비용이 아니라 소중한 '인격체'로 대해야 한다. 그때부터 비로소 직원들도 회사가 필요한 방향으로 변해야겠다는 자발적 동의를 하기 시작하면서 회사가 제시한 방향대로 잘 따라줄 것이다.

물론 모든 직원들이 움직이지는 않을 것이다. 하지만 기업은 대다수의 구성원들이 움직이기 시작하면 그때 기업문화가 바뀌기 때문에 고의적으로 악한 마음으로 저항하고 반발하는 구성원들은 자연히 설 자리가 없어질 것이다.

셋째, '경쟁 대상을 명확히 정의'해야 한다.

시장 환경은 냉정한 경쟁 환경이다. 그리고 기업은 그 치열한 경쟁 환경에서 살아남아야 한다. 그렇기 때문에 기업문화도 바꾸려고 하는 것이 아닌가. 그렇다면 우리가 경쟁해야 하는 대상이 누구인지 명확히 정의하는 것부터 시작해야 한다. 대부분의 구성원들은 알고 있다. 우리 회사의 경쟁 대상이 어디인지를 모르는 직원들은 거의 없을 것이다.

그런데 회사라는 곳을 잘 들여다보면, 사람들이 경쟁하고 있는 대상이 시장의 다른 회사가 아니라 우리 회사 안에서, 그리고 같은 팀 내에서 있는 것처럼 행동한다는 것이다. 조직장들은 한정된 임원자리를 놓고 수많은 정치적 싸움을 도모하고, 또 일반 직원들도 먼저 승진하기 위해서, 더 많은 연봉과 성과급을 받기 위해서 동료들과 경쟁한다.

어차피 회사는 정글이고, 거기서 살아남는 자만이 많은 것을 성취할 수 있다고 생각하는가. 믿지 않는 오너라면 그렇게 생각해도 전혀 문제가 되지 않는다. 다만, 크리스천 오너라면 그 접근은 위험할 수밖에 없다. 사람들간의 미움과 다툼을 조장하고, 방관하는 자가 되기 때문이다. 그리고 반드시 그 방법이 기업의 성패를 결정하는 원리도 아니다.

오히려 회사가 상대하는 경쟁 대상을 구성원들이 모두 명확히 이해하고 그 경쟁 상대를 이기기 위해 열심히 일하고 노력하는 것이 더 사업적으로 성공하는 길이지 않을까. 조직역량이 결집되는 것만큼 파워풀한 방법은 없을 것이다. 내부 구성원들이 나눠지고 쪼개지지 않도록 최선을 다해야 한다. 하나로 뭉치고 결집할 수 있는 방법을 고민하는 것이 크리스천 오너의 역할이라고 생각한다.

위의 방법들이 너무 이상적이라고 생각되는가?
비현실적인 방법이라서 감히 도전해 볼 생각조차 들지 않는다면, 지금 경영하고 있는 회사의 기업문화가 바뀌는 것 또한 비현실적인 이야기일지도 모른다.

"그러므로 무엇이든지 남에게 대접을 받고자 하는 대로 너희도 남을 대접하라 이것이 율법이요 선지자니라 좁은 문으로 들어가라 멸망으로 인도하는 문은 크고 그 길이 넓어 그리로 들어가는 자가 많고 생명으로 인도하는 문은 좁고 길이 협착하여 찾는 자가 적음이라"(마태복음 7장 12~14절)

[O-20]
권한 위임의 두려움

기업 오너들의 삶은 그야말로 배신의 역사이지 않을까 싶다.

기업을 일궈온 과정에서 겪은 수많은 사람들의 배신을 경험하며 살아왔을 것으로 감히 예상해 본다. 그렇기 때문에 권한 위임이라는 것도 말은 좋지만 막상 시행하려고 하면 어디까지 위임을 해야 하는지 선뜻 확신이 서지 않고, 오너 본인의 체력이 닿는 한 최대한 직접 챙기고 싶은 마음이 클 것이다. 몸은 힘들지언정 차라리 그렇게 하는 것이 마음이 더 편하기 때문일 것이다.

하지만 회사가 커지고 사람이 많아지다 보면 물리적으로 커버할 수 있는 범위를 넘어서게 되니 어느 순간부터는 어쩔 수 없이 권한을 위임해야 하는 시점이 올 것이다. 그렇게 물리적인 범위를 넘어서지 않았다면 가급적 오너 본인이 직접 많은 부분을 챙기는 것이 바람직할 수도 있다. 아무리 맛집이라도 주인이 자리를 비우면 맛이 떨어지고 손님이 줄어들게 마련이기 때문이다.

크리스천 오너들도 당연히 이와 비슷한 고민을 하고 있을 것이다. 사람은 잘 못 믿겠고, 그런데 다 챙길 수는 없으니 누군가에게 맡기긴 해야겠고… 이런 이슈를 해결하기 위해서는 오너 본인이 일단 위임을 해놓고 계속 보고를 받는 것이다. 주간회의, 월간회의 등을 직접 주관해서 임원, 팀장들에게 정기적으로 계속 보고를 받고, 또 오너 본인의 생각을 전달하는 등의 회의와 보고의 연속이 되는 것이다.

사실 연속된 회의와 보고는 권한 위임이 아니다. 말은 위임했으니 자유롭게 하라고 하지만 회의와 보고가 계속되는 한 그것은 관리이고 통제일 뿐이다. 이 개념부터 명확히 해야 한다. 제도적으로 결재권을 부여했다고 해서 권한 위임이 된 게 아니라, 매일/매주/매월 보고가 없어져야 실질적인 권한 위임이 된 것이다.

하지만 보고를 아예 없앨 수는 없다.

사업과 일의 진척도는 알고 있어야 하기 때문이다. 문제는 방법과 형식이다.

그 대안으로 첫 번째 필요한 것은 임원과 조직장들이 다같이 모여서 하는 회의 대신 개별적인 정기 미팅이 효과적이다. 그래야 담당 임원이나 팀장도 부담이 적고, 일의 진척도 관련해서 또는 발생되는 이슈에 대해서 더 솔직하고 투명하게 이야기할 수 있기 때문이다. 권한 위임의 실제화는 여기서부터 출발한다. 오너 본인도 훨씬 더 정확한 정보를 알게 될 것이다.

그다음 필요한 것은 권한을 위임받은 임원과 팀장의 성과가 부진하거나 능력이 부족하거나 부정한 일을 저질러서 교체를 해야겠다고 판단했을 때는 가급적 오너 본인이 그 중간단계를 잠시라도 직접 관할하는 것이 효과적이다. 즉각 해당 인원을 다른 사람으로 대체하는 것이 아니라 바꾸기 전에 오너 본인이 직접 관할하면서 새로운 사람을 찾는 것이 좋다. 그래야 그다음 사람이 왔을 때 본인이 위임받은 권한을 올바르게 사용할 수 있고, 함부로 부정한 일을 저지르지 못할 것이다. 자유를 주되 본인 스스로 일정 부분 긴장감을 가질 수 있도록 만드는 것이 효과적인 권한 위임의 방식이 된다.

'위임 - 불신 - 통제 - 교체'로 이어지는 악순환의 고리를 크리스천 오너들은 반복하지 않았으면 한다. 사람을 믿지 못하고, 사람 때문에 상처받고, 사람을 미워하고 원망하게 되는 고통의 자리가 되지 않기를 바란다. 그 대신 '위임 - 신뢰 - 개별 체크 - 부진/부정 시 본인 담당 - 대체자 물색'이라는 조금 더 긍정적이고 적극적인 형태의 선순환 고리를 만들어 보는 것은 어떨까.

대리인을 믿지 못하는 오너의 모습은 비단 해당 임원이나 팀장에게만 영향을 미치는 것이 아니라, 조직 내 모든 리더들에게 영향을 미치게 되고, 그렇게 전달된 메시지는 직원들에게까지 전달돼서 결국 회사의 조직문화를 결정하게 된다. 굉장히 위험한 나비효과가 되는 것이다.

위임을 했으면 믿고 맡기고 자유롭게 일할 수 있도록 기회를 줘야 한다. 가끔씩 피하고 숨을 수 있는 기회도 주고, 또 누군가 성과를 잘 내고 있다고 하면 더 많은 성과를 내도록 몰아붙이지 말고 적당히 쉴 수 있도록 조치도 취해야 한다. 일을 잘하고 성과를 잘 내는 사람일수록 쉬는 법을 모르기 때문이다. 권한 위임은 단순히 오너가 가진 권한을 일부 내려주는 개념으로 끝나는 것이 아니라, 그 사람이 내가 준 권한을 잘 사용할 수 있도록 배려해주고 사랑하는 것까지 포함된다. 배려와 사랑이 포함되지 않은 권한 위임은 성과를 잘 내는 사람이든, 못 내는 사람이든 그 기한이 오래가지 않을 것이다.

마지막으로 권한 위임에서 조심해야 할 것은 위임을 받은 사람이 '주인 행세'를 하는 것이다. 어떻게 보면 권한 위임에서 가장 위험한 지점이 바로 여기다.

성경 말씀에도 포도원 농부들의 비유가 있지 않은가(마태복음 21장 33~39절). 주인이 하인들에게 맡겨 놓고 잠시 떠난 포도원에 수확할 소출을 거두기 위해 사람을 보냈더니 때리고 쫓아냈던 그 비유 말이다. 물론 예수님을 거부했던 당시 유대인들을 지칭해서 말씀하신 내용이지만, 회사라는 곳에서도 빈번히 발생하는 문제다. 분명 믿고 맡겨 놨는데 언제부터인가 본인이 마치 주인인 마냥 행세를 하는 경우가 있다.

이런 본분을 잊은 사람은 빠르게 교체해야 한다.

설사 그 사람이 많은 성과를 내는데 기여하고 있다 하더라도 즉각 교체해야 한다. 물론 오너 입장에서 어떤 수준을 주인 행세로 보는지에는 각자의 차이가 있을 수 있다. 하지만 크리스천이라고 해서 이 부분을 간과해서는 안 된다.

이러한 대리인들은 쉽게 말하면 '회사 안의 회사를 만드는' 사람이기 때문이다. 분명히 본인도 월급을 받고 일하는 임원이나 팀장임에도 불구하고 본인이 그 월급을 받아서 회사 안에서 본인의 회사를 만들고 있는 것이나 다름이 없게 된다. 그렇기 때문에 빠른 교체가 필요한 것이다. 장차 그 사람이 미치게 될 조직문화적인 문제나 갈등, 또는 사업적인 문제(경쟁사로 이직 또는 회사 고객이나 정보를 가지고 창업)로 이어질 수 있다. 권한 위임 후에 특히 예민하게 관찰해야 하는 사항이다.

과거의 트라우마같은 경험들 때문에 다시 누군가에게 권한을 위임한다는 것이 두렵고 불편할 수 있다. 하지만 그것이 새로운 사람에 대한 불신과 의심으로 시작되지 않았으면 한다.

대리인들은 알고 있다. 오너가 지금 나를 믿고 있는지 아니면 의심하고 있는지. 의심하고 있다는 것을 알게 되면 그 사람의 최대한의 능력치가 발휘될 수 없다. 또 다시 배신과 실망을 할지도 모른다. 그렇더라도 새로운 사람에겐 신뢰와 배려, 사랑의 마음으로 믿고 맡겨 보는 것이 어떨까.

위에서 말한 몇 가지 중요한 포인트만 신경써서 체크해 본다면 큰 위험없이 이끌어 나갈 수 있을 것이다.

"너는 또 온 백성 가운데서 능력 있는 사람들 곧 하나님을 두려워하며 진실하며 불의한 이익을 미워하는 자를 살펴서 백성 위에 세워 천부장과 백부장과 오십부장과 십부장을 삼아 그들이 때를 따라 백성을 재판하게 하라 큰 일은 모두 네게 가져갈 것이요 작은 일은 모두 그들이 스스로 재판할 것이니 그리하면 그들이 너와 함께 담당할 것인즉 일이 네게 쉬우리라"(출애굽기 18장 21~22절)

[O-21]
권위

그야말로 지금은 '권위의 해체' 시대다. 불과 10~20년 전만 해도 당연하다고 여겨지던 많은 권위가 그 자리를 잃고 있다. 특히 우리나라는 그 양상이 더욱 두드러져 보인다. 아무래도 유교문화, 군사정권의 역사라는 특수성을 가지고 있기 때문일지도 모르겠다.

대통령을 비롯한 정치, 행정 리더들의 권위부터 가장의 권위, 선생님들의 권위 등 우리 사회 곳곳에서 근간을 이루고 있던 많은 권위들이 해체되고 있다. 그리고 기업 역시 마찬가지다. 회사 오너의 권위를 비롯해서 임원, 팀장 등 리더들의 권위가 예전과는 확연히 달라졌다. 시대적 흐름에 기인한 것이기 때문에 이런 권위의 해체 현상을 억지로 막기는 어려울 것이다. 가끔 대세를 거슬러서 본인의 권위를 강하게 보존하려다가 많은 갈등이 초래되고, 사고가 발생하는 경우도 종종 있다.

이는 크리스천 오너들에게도 중요한 고민거리이다.

우리나라는 권위에 상처를 받은 경험이 워낙 많다 보니 권위라는 말을 부정적으로 보는 경향도 있는데 사실 권위 자체는 전혀 문제될 것이 없고, 오히려 필요하고 중요한 가치를 지니는 것이다. 권위는 반드시 있어야 한다. 그래야 사회나 가정, 기업이 바로 설 수가 있다.

권위주의라고 하는 것이 잘못된 것이지 권위 자체는 우리가 잘 보존해야 할 가치다.

회사를 경영하고 이끌어 가고 있는 크리스천들도 권위를 바로 세우고 유지해야 조직이 안정적으로 운영될 수 있다. 권위주의가 되지 않으면서 권위를 잘 유지하는 것이 크리스천 오너들의 당면 과제라고 볼 수 있다.

그렇다면 권위주의를 피하면서 「권위를 잘 세울 수 있는 방법」은 무엇이 있을까?

첫째, 오너의 권위는 '단호한 의사결정'에서 시작한다.

수많은 의사결정을 해야 되는 자리가 바로 오너의 자리다. 작은 일에서부터 사업적으로 큰 투자의 결정까지 많은 결정을 해야 되는 것이 오너의 숙명인데, 그 의사결정의 자리에서 단호함을 보여주지 못하면 권위가 만들어지지 않는다.

그 결정이 맞고 틀리고는 중요하지 않다. 비록 잘못된 의사결정이더라도 임원들 앞에서, 직원들이 보는 앞에서 과감하게 의사결정하는 모습을 보여줄 때 권위라는 것이 만들어 진다. 왜냐하면 권위라는 것은 오너 본인이 만드는 것이 아니라, 권위에 따르는 사람들이 자발적으로 '동의'해야 만들어지는 것이기 때문이다.

그리고 오너가 의사결정의 자리에서 과감함을 보여줬을 때 구성원들은 비로소 자신이 가진 동의의 카드를 오너에게 제시하게 된다. 섭게 말해 구성원들은 본래부터 그 모습을 기대하고 있었던 것이다. 기대하고 있던 모습을 보여줬을 때 자연스럽게 동의가 되고 그때부터 권위는 세워지게 된다.

둘째, '메시지를 남발하지 말아야' 한다.

오너는 임원들과 회의할 때도 많고, 신년사나 기념사 등 공식적인 메시지를 전달할 때도 있다. 또는 사적인 식사 자리나 티타임에서 구성원들과 이야기를 나누게 될 때도 있을 것이다. 그런 자리에서 '앞으로 어떻게 해야 된다. 무엇이 문제다'라는 식의 방향 제시, 문제 제기와 관련된 메시지를 최대한 자제해야 한다. 격의없고 자유롭게 소통한다고 하면서 수많은 메시지를 남발하게 되면 그 횟수만큼 권위가 반감된다는 것을 알아야 한다.

생각보다 구성원들은 오너의 말에 집중하고 있다. 왜냐하면 오너가 이야기하는 포인트가 내가 하는 일의 방향이 될 가능성이 높고, 그 방향을 잘 캐치해야 내가 회사에서 인정받을 수 있다는 것을 반사적으로 인지하기 때문이다.

그런데 그 메시지의 양이 많아지다 보면 일관성을 놓치게 되는 지점이 발생하게 되고, 그러다 보면 어떤 메시지를 따라야 맞게 일하고 맞게 행동하는지가 헷갈리기 때문에 어느 순간부터 흘려 듣게 된다. 오너의 말을 흘려 듣는다는 것 자체가 권위를 잃어버리고 있다는 명확한 증거이기 때문에 말을 아끼고 조심해야 한다. 하고 싶은 말이 있어도 참고 또 참고 있다가 가장 중요한 타이밍에 핵심적인 메시지로 요약해서 전달해야 한다. 이 방법을 잘 활용하는 오너가 권위를 갖게 될 것이다.

셋째, 권위를 만들 수 있는 방법은 '충신을 잘 챙겨줘야' 한다.

오너를 위해서 진심으로 노력하고 헌신했던 사람을 잘 챙겨야 한다. 비록 그 사람이 사업 초창기 때부터 함께한 사람이라 회사가 커진 지금 시점에서는 능력도 부족하고 스펙도 부족해서 냉정한 시각으로 보면 밀려나야 정상이더라도 특별히 잘 챙겨야 한다.

앞에서도 말했지만 권위가 생기는 것은 구성원들의 자발적인 동의에 의해서 만들어지는 것이다. 비록 지금 능력은 부족해 보이지만 오너를 위해서 온전히 헌신했던 사람에 대해서 오너가 보여주는 모습이 구성원들에게 어떻게 전달될 것인지 생각해 보라. 능력 없어도 정치만 잘하면 성공할 수 있는 것으로 보고 비난하고 폄하할 것이라고 생각되는가. 물론 그렇게 말하는 사람도 있을 것이다. 하지만 그렇게 말하는 사람은 그 어떤 것을 해주더라도 오너에게 권위의 동의를 해주지 않을 사람이다. 그러니 그런 사람들의 비난과 폄하하는 것을 굳이 신경 쓰지 않아도 좋다. 다만, 대다수의 사람들에게는 오너의 그 모습이 '신뢰와 안정감'으로 느껴질 것이다. '우리 회사의 오너는 노력을 기억하는구나, 사람을 아낄 줄 아는구나'라고 생각할 것이다. 그러면서 자연스럽게 동의의 카드를 제시할 것이다.

권위를 얻길 바란다. 특히 크리스천 오너들은 각자의 회사에서 구성원들에게 권위를 얻고 현명하게 기업을 이끌어 가길 바란다. 권위가 올바르게 잘 서있게 되면 그 기업은 위기를 극복하는 것도 훨씬 수월할 것이고, 새로운 사업을 시작할 때도 훨씬 더 추진력을 가질 수 있을 것이다. 그리고 오너 본인이 힘들고 어려울 때 구성원들의 진심어린 응원과 사랑도 이어질 것이다.

"왕의 말은 권능이 있나니 누가 그에게 이르기를 왕께서 무엇을 하시나이까 할 수 있으랴"(전도서 8장 4절)

[O-22]
믿을 수 있는 사람

흔히 「믿을 수 있는 사람이라고 하면 보통 세 가지 캐릭터」로 분류된다.
❶ 거짓말 안 할 사람
❷ 나(오너)의 치부를 알고도 발설하지 않을 사람
❸ 믿고 일을 맡길 수 있는 사람

오너들은 이 세 가지 유형의 사람들을 모두 믿을 수 있는 사람으로 생각할 것이다. 가장 좋은 것은 위 세 가지 요소를 모두 갖춘 사람이 있는 것이고, 세 가지를 못 갖춘다면 적어도 한 가지는 확실하게 갖췄으면 하고 바랄 것이다.

하지만 애석하게도 현실에서는 세 가지 중 한 가지도 갖추지 못한 사람이 너무도 많다. 그렇기 때문에 오너들이 평소에 "믿을 수 있는 사람이 없다"라고 입버릇처럼 말하게 되는 것이다.

회사 안에 믿을 수 있는 사람을 많이 만들 수 있는 방법은 없을까. 특히 크리스천 오너들이 참고할 만한 Tip은 없을까.

첫째, 거짓말 안 할 사람을 많이 만들 수 있는 방법은, 오너 본인이 명분을 만들기 위해 포장하지 말아야 한다는 것이다.

오너는 기본적으로 사용자 마인드를 가지고 있다. 그렇기 때문에 회사에 소속된 임원이나 직원들을 오너 본인이 통제하고 장악하고 싶어한다. 그리고 그 통제와 장악의 수단으로 많은 '메시지'를 만들어 낸다.

메시지를 만들어서 구성원들에게 전달하고 방향을 제시하는 것 자체는 좋은 방법이지만 문제는 해당 메시지를 만들어 내는 과정에 있다. 사용자로서 피고용인을 원하는 방향대로 이끌기 위해서 메시지를 억지로 포장하는 경우가 많다는 것이다.

예를 들어, 우리 회사는 앞으로 수평적 문화를 구축하겠다고 선포하면서도 실제로는 연공질서를 무너뜨리기 겁나서 제도를 혁신적으로 바꾸지 못하는 것과 같다.

속으로는 인건비를 절감하기 위해 제도를 개편하면서도 겉으로는 성과주의를 강화하겠다고 말한다. 이런 것처럼 겉으로 드러나는 대의적 명분은 그럴 듯하게 좋은 말로 포장하면서 정작 속으로는 딴생각을 품고 있을 때가 많다. 오너의 거짓말이 조직 내에 전파되는 순간이다.

만약 이런 경험을 가지고 있는 오너가 있다면, 그 조직에 거짓말 안 하는 사람이 많아지길 기대하면 안 된다. 이미 본인부터 대형 플랜카드에 거짓말을 써서 회사 대문에 걸어 놓았는데 그걸 보는 사람들이 정직하길 바라는 것은 모순이다. 오히려 반대로 명분을 만들기 위해 거짓 포장하지 말고 솔직하게 말해보자.

사실 인건비가 부담돼서 절감하고자 한다고. 이익은 여유있게 나고 있는 것은 사실이지만, 앞으로 투자가 필요할 수도 있고 예상치 못한 환경변화에 대응하려면 여유자금을 준비해야 하니 조금만 이해해 달라고. 이런 식으로 더 투명하고 솔직하게 구성원들에게 이야기를 해보자. 아니면 더 적나라하게 오너 본인의 이익을 더 많이 확보하고 싶어서 구조를 바꾸고 싶다고. 그렇게 솔직한 메시지를 전할 때 오히려 조직도 정직해질 것이다.

둘째, 나의 치부를 알고도 발설하지 않을 사람을 많이 만들려면, 구성원들에게 은혜를 끼쳐야 한다.

월급을 많이 준다고 해서, 성과급을 많이 준다고 해서 은혜를 끼치는 것이 아니다. 오히려 그것은 은혜와는 거리가 멀다. 본인 스스로 열심히 성실하게 일해서 받은 급여와 보너스를 왜 오너가 은혜를 끼친거라고 생각하는가. 그것은 너무나도 큰 착각이다. 만일 급전이 필요한 직원에게 가불을 해주거나, 집안에 문제가 생긴 직원에게 개인적으로 돈을 빌려주거나 한다면 그것은 은혜가 될 수 있지만 정상적인 회사 생활 내에서 이루어지는 노동과 보상 간의 관계는 은혜와는 상관이 없다.

연봉도 많이 올려주고 인센티브도 많이 줬다고 해서 특별한 은혜를 베풀었다고 생각했다면 빨리 그 생각을 접어야 한다. 사실 오너 입장에서 특정 누군가에게, 그리고 다수의 직원들에게 은혜를 끼친다는 건 어려운 일이다. 일상의 접점이 다르고, '1:절대다수'의 관계이기 때문이다. 그렇기 때문에 조직 전체적으로 접근할 수 있는 은혜가 필요하다.

오너가 조직 전체적으로 은혜를 끼칠 수 있는 방법은 단 한 가지뿐이다. '가족'이다. 회사 임직원들의 가족에게 잘해야 한다는 뜻이다. 가족에게 잘하는 방법은 기술적으로 여러 가지가 있다. 부모님의 생신을 챙길 수도 있고, 배우자나 자녀의 생일을 챙길 수도 있다. 또는 부모님이나 배우자, 자녀의 건강을 특별하게 챙길 수도 있고, 가끔씩 서프라이즈 식의 이유 없는 선물을 하는 방법도 있을 것이다.

그렇게 가족들을 진심으로 챙기는 마음을 전해보자.
회사를 가족같은 공동체로 만들려고 하지 말고, 회사 구성원들의 가족들이 회사를 가깝고 고맙게 느낄 수 있도록 만드는 것이 진정 가족같은 회사가 되는 길일지도 모른다.

셋째, 일을 믿고 맡길 수 있는 사람들을 많이 만드는 방법은 사실 쉽지 않다. 개인 역량의 문제이기 때문이다. 전문성을 충분히 가지고 있고, 거기에 응용할 수 있는 인사이트insight까지 갖춘 상태에서 태도적으로도 성실함을 갖추고 있어야 일을 믿고 맡길 수 있는 사람이 되는 것인데, 이는 오너 본인이 통제 불가능한 영역이라 확실한 방법은 없어 보인다.

그나마 오너가 할 수 있는 방법은 일을 믿고 맡길 수 있는 사람들이 많아질 수 있는 구조를 만드는 것인데 이는 조직구조와 보고라인을 통해서 간접적으로 가능하다. 우선 현재 회사에 일을 믿고 맡길 수 있는 사람이 누구인지 잘 떠올려 보자. 임원부터 말단 직원까지 모두 포함해서 생각해 보자.

그다음 그 사람들이 지금 어떤 조직에서 누구와 함께 일하고 있으며, 그 사람이 보고하는 라인이 어떻게 되는지 살펴보자. 만일 그 사람이 임원이면 오너 본인과 해당 임원 사이에 다른 임원이 있는지 확인해 보고, 만일 그 사람이 팀장이면 그 사람과 오너 본인 사이에 어떤 임원이 있는지 확인해 보자. 일반 직원이라면 해당 직원이 속한 조직에 선배들이 누가 있으며, 팀장은 누구인지 살펴보자.

여기까지 확인이 됐으면 이제부터는 그 사람의 보고라인들을 최대한 없애줘야 한다. 임원은 쉽게 해결할 수 있을 것이고, 팀장도 회사의 규모마다 차이는 있겠지만 중견기업 정도의 규모까지는 중간의 임원레벨 없이 오너 본인에게 직보할 수 있는 체계로 만들 수 있을 것이다. 대기업인 경우는 조직구조보다는 개인적인 컨택을 통해 해당 팀장과 직접 커뮤니케이션 하는 기회를 종종 만들어 보는 것이 좋겠다. 일반 직원일 경우는 조금 복잡한데 가급적 작은 팀이라도 별도 팀을 만들어서 해당 직원을 팀장으로 선임하는 것이 적합해 보인다.

이렇게 기존의 믿을 수 있는 사람들의 보고라인을 최대한 오너와 가깝게 만들어 주고, 그 사이 중간층을 없애 주는 것이 효과적이다. 이는 믿을 수 있는 사람을 유지하고 육성할 수 있는 방법이 될 것이다.

이렇게 조직을 운영하게 되면 다른 구성원들에게도 간접적인 메시지가 된다. 특히 신입직원이나 아직 경력이 오래 되지 않은 젊은 직원들에게 하나의 성장 비전이 될 수 있다. 어느 정도 시간이 흐른 뒤에는 생각했던 것보다 일을 믿고 맡길 수 있는 사람들이 훨씬 많아졌을지도 모른다. 이렇게 접근하는 방식이 구성원들에게 자유를 주는 동시에 책임을 부여할 수 있는 방법이다. 그래서 스스로 성취하고 성장하고자 하는 자발성을 만들어 낼 수 있는 효과적인 방법이라고 생각한다.

정리해 보면, 회사에 믿을 수 있는 사람들을 많이 만들 수 있는 방법은 오너 스스로 거짓말과 위선을 하지 말아야 하며, 구성원들의 가족을 사랑할 수 있어야 하며, 이미 믿고 있는 사람에게 자유와 책임을 부여하는 것이라고 볼 수 있다. 크리스천 오너들에게 하나님이 붙여 주신 좋은 사람들, 믿을 수 있는 사람들이 많아지길 소망한다.

"그가 빛 가운데 계신 것 같이 우리도 빛 가운데 행하면 우리가 서로 사귐이 있고 그 아들 예수의 피가 우리를 모든 죄에서 깨끗하게 하실 것이요 만일 우리가 죄가 없다고 말하면 스스로 속이고 또 진리가 우리 속에 있지 아니할 것이요 만일 우리가 우리 죄를 자백하면 그는 미쁘시고 의로우사 우리 죄를 사하시며 우리를 모든 불의에서 깨끗하게 하실 것이요"(요한1서 1장 7~9절)

[O-23]
자발적으로 일하는 문화

오너 입장에서 회사 임직원들이 알아서 자발적으로 일하는 것만큼 마음 편한 일도 없을 것이다. 군이 말하지 않아도 그들 스스로 무엇이 필요한지 깨닫고 어떻게 일해야 하는지 고민해서 일을 한다면 참 감사하게 느껴질 것이다.

하지만 현실에서는 보기 힘든 모습이다.

어떻게든 지시를 해야 하고, 진행 여부를 체크해야 하고, 문제가 생긴 부분에 대해서는 지적을 해야만 일이 굴러가는 것이 현실이다. 그렇기 때문에 오너의 머릿속은 일 생각으로 가득 차는 것이다. 심지어 쉬고 있는 동안에도 일 생각이 머리에서 떠나질 않는다. 내가 챙기지 않으면 무언가 구멍이 생길 것 같은 불안감 때문이다.

하나님이 일주일에 하루는 안식일로 주시고 그날만큼은 하나님께 예배하고 본인 스스로도 몸과 마음의 휴식을 가지며 거룩하게 보내라고 말씀하셨는데, 마음속에서 일 생각이 떠나지 않는다는 것은 분명 문제가 있다.

회사를 경영하기 위해 하나님의 말씀을 어긴다는 것은 무언가 잘못된 것이 분명하다. 심지어 이는 십계명의 4계명이기도 하다. 오너 스스로 편안한 삶을 살기 위해서가 아니라 하나님의 말씀을 지키기 위해서 회사의 일하는 문화를 바꿔야 한다. 특히 자발적으로 일하는 문화를 만들어야만 문제를 해결할 수 있다. 그렇다면 크리스천 오너들이 자발적으로 일하는 문화를 만들 수 있는 방법은 무엇일까.

흔히들 생각하는 방법은 회사의 평가보상제도를 개편해서 더 열심히 일하고 좋은 성과를 내면 많은 보상을 가져갈 수 있도록 만들겠다는 접근인데 이는 완벽히 틀린 방식이다. 강제로 제도화해서 구성원들을 그 방향으로 끌고 가는 데는 효과가 있을지 모르나 자발적으로 일하는 문화를 만들 수 있는 방법은 아니다. 그다음으로 생각하는 방법은 일하는 시간도 자유롭게, 근무공간도 자율적으로 운영해서 최대한 유연한 구조를 만드는 접근인데 이 역시 자발적인 문화를 만드는 데 직접적인 영향을 주지 못한다.

자발적으로 일하는 문화를 만들기 위해 가장 중요한 것은 '재미'다. 재미가 있어야 하는 것이다. 회사 일이 어떻게 재미가 있을 수 있냐고 반문할 수도 있겠지만 안타깝게도 그런 말을 하는 사람은 자발적인 문화를 한 번도 경험하지 못한 사람일 것이다.

물론 사람의 자발성은 의무감과 목적의식에서 비롯될 수도 있다. 하지만 회사라는 특수한 공간에서 발생되는 자발성은 반드시 재미가 수반되어야 한다. 구성원들 스스로가 어떤 포인트에서 그 재미를 찾을지는 사람마다 다르겠지만, 어떤 형태로든지 재미를 찾게 해주어야 자발성을 갖게 되는 것이다.

돈으로 접근하면 안 된다.

여기서 이야기하는 재미는 돈을 버는 재미를 의미한 것이 아니다. 돈을 이용해서 재미를 느끼게 해주는 방식은 크리스천들이 해서는 안 되는 방식이다. 승진이나 팀장 자리를 주는 등의 방식 역시 마찬가지다. 구성원들의 탐욕을 이용해서 접근하는 방식은 옳지 않다.

그렇다면 크리스천들은 어떤 방식으로 「**구성원들에게 일하는 재미를 느끼게 만들어 줄 것**」인가?

우선은 각자가 '잘하는 것'을 찾아줘야 한다.

사람마다 강점은 각기 다르다. 회사의 채용시스템을 통해 선별했다고는 하지만 막상 일을 시켜보면 그것은 또 다른 문제다. 물론 채용 단계에서 그 사람이 잘하는 특질을 발견하고 그 특질이 담당하는 일과 관련이 있다는 것을 확인할 수만 있다면 가장 좋을 것이다.

하지만 채용 과정에서 이를 명확히 확인하기는 어렵기 때문에 일을 하면서 발견해 가는 것이 조금 더 현실적인 방법이라고 할 수 있다. 구성원 각자가 회사 일과 관련해서 어떠한 부분에 자신 있어 하고, 또 어떠한 부분은 자신 없어 하는지를 알아야 한다. 쉽게 말해 어떤 부분에서 더 편한 마음을 갖고 있고, 어떤 부분은 부담스러워하는지 알아보자.

그렇게 각자의 특질을 조사한 후에 현재 담당하고 있는 일의 특성과 매칭을 시키면 개인의 강약점이 현재 수행하고 있는 일의 속성과 얼마나 잘 맞고 있는지를 확인할 수 있다. 그다음 고민은 개인의 특질과 일의 속성 간의 관계는 파악했지만, 잘 맞지 않는 인원들에게 배정할 수 있는 일이 마땅치 않을 때이다.

대부분의 기업들은 인력을 여유있게 활용하지 않고 필요한 곳에 최적화해서 운영하기 때문에 당연히 매칭되지 않은 인원들이 생길 수밖에 없다. 우선 가장 좋은 방법은 이런 인원들은 별도 조직을 편성해서라도 그들의 강점에 맞는 일을 부여하는 것이 좋다. 기존 조직에서 빼주는 것이 본인을 위해서, 그리고 본래 그 조직에서 특질이 맞아 일을 잘하고 있는 사람들을 위해서도 좋기 때문이다. 일하는 재미를 부여하기 위해서는 이처럼 근본적인 부분부터 바로 잡아줘야 한다.

그다음 필요한 것은 '여유'를 줘야 한다.

재미를 느끼면 자발적인 동기가 생기는 것은 맞지만 지속성을 가질 수 있는지는 또 다른 문제이기 때문이다. 여유를 주는 것은 매일 정시에 퇴근할 수 있는 '칼퇴'를 의미하는 것은 아니다. 휴가를 많이 부여하는 것도 아니다. 일을 하는 개인들이 심리적으로 편안함을 느낄 수 있는 여유여야 한다. 물리적인 시간의 문제도 물론 있겠지만 더 중요한 것은 '기다려주는 여유'가 필요하다. 성과를 내는 방식은 사람마다 차이가 있다. 마치 학교 다닐 때 벼락치기를 잘하는 사람과 미리 준비해서 공부하는 사람의 차이가 있듯이 회사의 일도 마찬가지다.

흔히들 "강하게 압박하고 타이트하게 일정을 부여해야 좋은 성과가 나올 수 있다"라고 말한다. 그것이 사람이 낼 수 있는 최대한의 능력치를 끌어낼 수 있는 방법이라고 하지만 한편으로는 그러한 방식은 폭력적이기도 하다. 크리스천들이 폭력적인 방법을 사용하는 것은 옳지 않다. 최선을 다한다는 것은 오로지 각자 스스로가 자발적으로 선택한 최선이어야 한다. 따라서 일의 경과를 타이트하게 정해 놓아야 할 때를 제외하고 평소에는 어느 정도 여유있게 기다려주고, 진행 경과를 부드럽게 체크해 주는 방식이 효과적이다.

마지막으로 필요한 것은 '성과를 기억해 주는' 것이다.

보통 회사에서는 단기적인 성과에 대해서 칭찬도 많이 하고 보상도 한다. 올해 성과를 잘 낸 사람, 이번 프로젝트에서 일을 잘한 사람

등 항상 '올해, 이번에'를 기준으로 성과를 피드백 한다. 하지만 사람의 자발성을 이끌어 내기 위해서는 이러한 즉각적인 피드백만으로는 부족하다. 물론 일시적인 성취감, 만족감을 부여하기에 좋은 방법인 것은 맞지만, 단기적인 피드백은 오히려 그다음 해, 다음 프로젝트에 부담을 주게 돼서 '강제화된 자발성'을 만들어 낼 가능성이 높다. 따라서 진정한 의미의 자발성을 만들어 내기 위해서는 과거의 성과를 기억해서 피드백 해보자.

그것도 한두 번이 아니라 그 임원, 직원을 마주하게 됐을 때마다 가볍게 건네는 것도 효과적이다. '3년 전 그 성과', '예전에 그 일 해냈을 때'처럼 사람들의 기억에서 희미해진 여러 성과에 대해서 기억해주자. 그래야 그 사람은 지금 하고 있는 힘든 일들도 잠시 스쳐가는 일이 아니라 오래 기억될 업적으로 믿음이 생기게 되고, 그 믿음이 자발적인 의욕과 에너지를 만들어 낼 것이다.

똑같은 잣대로 정죄하지 않고, 조금 더 여유있게 기다려주고, 오래도록 기억해주는 것. 이 세 가지가 잘 실천될 수 있는 조직은 자발성이 생기지 않을 수가 없다. 그리고 어쩌면 '하나님이 우리를 생각해주시는 방법과 비슷하지 않을까'라는 생각도 든다.

"우리가 몸의 덜 귀히 여기는 그것들을 더욱 귀한 것들로 입혀 주며 우리의 아름답지 못한 지체는 더욱 아름다운 것을 얻느니라 그런즉 우리의 아름다운 지체는 그럴 필요가 없느니라 오직 하나님이 몸을 고르게 하여 부족한 지체에게 귀중함을 더하사 몸 가운데서 분쟁이 없고 오직 여러 지체가 서로 같이 돌보게 하셨느니라"(고린도전서 12장 23~25절)

[O–24]

겁쟁이를 만들지 말 것

기업 오너들의 딜레마가 있다.

임원이나 직원들이 오너 본인의 눈치를 보고 알아서 잘 해주길 바라는 마음과, 일에 있어서는 눈치 보지 않고 추진력 있게 실행해 주길 바라는 마음이 공존하는 것이다. 겉으로는 눈치 보지 말고 사업과 일에만 신경쓰라고 말을 하지만, 실제로 눈치를 안 보고 행동하면 이를 좋게 볼 오너는 많지 않을 것이다.

지적이 많아지고 좋지 않은 피드백들이 쌓일수록 점점 더 눈치를 많이 보게 되고, 그 덕분에 오너의 심기를 건드리는 횟수가 줄어들어 마치 평화가 찾아온 듯한 착각이 들기도 한다. 오너가 듣고 싶은 이야기만 하는 것, 그것이 눈치 보고 일하는 구성원들의 최종 결과물이다. 혼나지 않기 위해, 승진하기 위해, 해고되지 않기 위해 끊임없이 노력한 결과인 것이다. 이 상태가 심화되면 임원, 팀장들의 조직문화는 '겁쟁이 문화'가 되어 있을 것이다.

잘하는 것보다는 문제가 생기지 않는 것이 좋고, 깨지는 것보다는 무난하게 넘어가는 것이 성공으로 여겨지는 문화가 된다. 하지만 이런 조직에서도 일부는 사업에 별 지장이 없는 경우도 있다. 시장에서 독과점 형태로 운영하고 있는 사업이거나, 관리만 잘하고 문제만 없이 유지하더라도 일정 수준의 실적은 나올 수 있는 전통사업인 경우다.

그러한 기업에서는 겁쟁이 문화라고 하는 것이 반드시 문제로 이어지진 않을 것이다. 다만, 혹여나 시장환경이 변하고, 사회환경이 변해서 사업에도 직접적인 영향을 주기 시작했을 때는 아마도 빠르게 침몰할 가능성이 높다. 겁쟁이들을 하루 아침에 주도적인 사람들로 바꿀 수는 없기 때문이다.

변화를 원하는 크리스천 오너라면 겁쟁이 문화를 민감하게 짚고 넘어갈 필요가 있다. 겁쟁이 임원 한 명이 미치는 영향력이 생각보다 매우 크기 때문이다. 하나님 말씀에서도 "사람을 두려워하면 올무에 걸리게 된다"(잠언 29장 25절)라고 하셨는데, 오너 본인이 많은 임원과 직원들로 하여금 사람을 두려워하게 만들고 있다면 무엇인가 잘못된 방향이지 않을까? 게다가 겁쟁이 문화에서는 새로운 환경으로의 변화가 더욱 어려워지니 사업적으로도 위험요소를 키우고 있는 것이다.

꼼꼼하게 체크하고, 준비하는 문화를 만드는 것과 겁쟁이 문화는 엄연히 차이가 있다. 겁쟁이 문화가 문제인 것은 혼나지 않기 위해 '거짓말'을 하거나 '사실을 조작'하기 때문이다. 최대한 문제가 없는 것처럼 보이기 위해 포장을 하는 기술만 는다.

그렇다면 「겁쟁이 문화를 만들지 않기 위해 오너가 챙겨야 할 것」은 무엇일까?

첫째, 필요한 것을 보고 받는 자리에서 항상 긍정적인 상황과 부정적인 상황을 모두 보고하라고 지시하는 것이다.

안건에 대해 진행상황을 보고 받는 경우가 대부분일텐데, 그 진행상황에 대해서 있는 그대로 보고를 받지 말고, 잘 되고 있는 것과 문제가 있는 것을 항상 같이 포함해서 보고하라고 지시하는 것이다. 일을 진행하는 과정에서 문제가 없을 수는 없다. 그러니 일을 하는 사람들에게 양쪽의 상황을 모두 보고하게끔 만드는 것이 효과적이다. 대부분 겁쟁이가 만들어지는 이유는 문제를 감추려고 하다 보니 생기는 법이다.

"특별한 문제는 없습니다"와 같은 말이 나오지 않도록 해야 한다. 특별한 문제는 주관적인 판단인 것이고, 문제는 작든 크든 문제다. 구성원들에게 문제가 발생하는 것은 자연스러운 일이라는 것을 인식시킬 필요가 있다.

둘째, 공개적인 자리에서 특정 임원이나 팀장을 혼내지 말아야 한다.
회의나 보고 자리에서 일을 잘못했다고 해서 크게 나무라거나 빈정대는 말을 해서는 안 된다. 그것이 단지 그 사람에게만 해당되는 지적이 아니라, 그 자리에 참석한 모두에게 적용되는 메시지이기 때문이다. "나도 저런 취급을 받을 수 있다"라고 생각하지 않게 만들어야 한다. 다만, 문제가 있거나 지적을 해야 할 사람이 있다면 해당 자리 이후에 따로 불러서 피드백을 주는 것이 좋다.

셋째, 매년 또는 반기 단위로 '의미있는 실패'에 대해서 포상하거나 칭찬하는 자리를 만드는 것이 좋다. 추진했던 일들 중에 새롭고 창의적인 일이었거나 도전적인 일이었는데 결과가 좋지 못했던 일이 있다면 그중에 일부를 선별해서 격려하는 자리가 필요하다. '우리 회사는 단지 결과만 가지고 판단하지 않는다'라는 메시지를 강하게 줄 필요가 있다.

모든 결과는 과정을 통해 만들어진다. 과정없이 만들어지는 성과란 없다. 그런데도 우리나라 대부분의 기업들은 "프로는 결과로 말한다"라는 허울 좋은 명분을 가지고 결과만 평가하는 경우가 대부분이다. 이렇게 되면, 여전히 극소수의 인재들만 만들어질 뿐 전반적인 조직역량은 상승되기 어렵고, 그 안에서 겁쟁이들만 많이 만들어질 뿐이다. 따라서 의미가 있는 실패에 대해서도 칭찬과 보상이 필요하다. 그래야 대부분의 구성원들이 두려움을 극복하고 과감하게 도전하고 실행할 것이다.

지금 오너 본인의 앞에 앉아 있는 사람들이 겁쟁이인지 아닌지 판별하기는 어렵다. 오너 앞에서는 당당히 자신있는 사람처럼 보이지만 뒤돌아서 본인 조직으로 돌아갔을 때는 그 당당하게 보이는 모습을 유지하기 위해 수없이 많은 겁을 내며 소속 구성원들을 소모적으로 지치게 만들고 있을지도 모른다. 하지만 지금 함께하고 있는 사람들이 겁쟁이인지 아닌지를 판별하기 위해 알아보려는 노력은 하지 않았으면 좋겠다. 그러한 행동 자체가 또다른 겁쟁이를 만들어 낼 수 있기 때문이다. 우선은 지금 있는 사람들을 신뢰하고, 변화시키기 위해 노력해보자. 시간이 조금 걸릴지도 모르겠지만, 일관성 있게 추진해 간다면 어느 순간 조직의 에너지가 많이 올라와 있음을 느낄 것이다.

"너는 여호수아에게 명령하고 그를 담대하게 하며 그를 강하게 하라 그는 이 백성을 거느리고 건너가서 네가 볼 땅을 그들이 기업으로 얻게 하리라 하셨느니라"(신명기 3장 28절)

[O-25]
재개발과 신도시개발

회사의 전반적인 문화나 분위기를 쇄신하기 위해 기업 오너나 경영자들이 선택하는 방법 중 하나가 바로 '인사혁신'이다.

인사혁신은 넓게 보면 조직의 구조를 개편하거나 임원인사를 단행해서 인적 쇄신을 도모하는 것도 포함되고, 좁게 보면 회사의 인사제도나 규정을 개편하는 것을 의미한다. 하지만 지금까지 직간접적인 사례를 통틀어 봤을 때, 인사혁신을 통해 진정한 의미의 변화를 달성한 경우는 많지 않았던 것 같다. 더 솔직히 말하자면 거의 없었다고 해도 과언이 아니다. 인사혁신이라는 것은 그만큼 어려운 일이다.

그런데 이러한 혁신이 성공하지 못하는 중요한 이유 중 하나가 바로 혁신의 '출발'에 있음을 알 수 있다. 기대하는 효과는 신도시개발이면서 사실상 접근하는 방식은 재개발, 리모델링에 그치고 있기 때문에 충분한 효과를 거두지 못하는 경우가 많다. 기존 조직에 너무 큰 혼란을 주지 않을지 걱정되고, 괜히 건드렸다가 일 잘하고 있던 사람들에게까지 피해를 주지 않을까 우려돼서 과감한 결정을 하지 못하는 것이다.

사실 개편의 효과는 그 누구도 장담할 수 없기 때문이다. 만일 신도시개발의 효과를 기대하면서 혁신을 추진하려고 하는 오너가 있다면 반드시 이를 기억해야 한다. 재개발이나 리모델링으로는 결단코 효과를 얻지 못할 것이고, 불필요한 비용만 낭비할 가능성이 높다는 것을. 게다가 혁신을 한다고 표방해 놓고, 큰 변화를 추진하지 못하면 마치 양치기 소년의 거짓말처럼 조직 구성원들에게 그릇된 학습효과만 주게 된다. 추후에 정작 변화를 추진하고자 할 때 이미 구성원들은 회사를 신뢰하지 않아서 변화의 효과를 얻지 못할 것이다.

그렇다면 현명하게 신도시개발을 하는 방법은 무엇일까?

특히 크리스천 오너들이 고민해 볼 수 있는 혁신의 방법은 무엇이 있을까? 우리나라는 특히 노동법에서 법률로 규정하고 있는 기준이 있기 때문에 인사와 관련된 규정을 개편할 때 반드시 과반 이상의 직원 동의를 받아야 한다. 불이익변경이라는 조항이 있어서 회사가 혹시나 직원들에게 불리한 형태로 규정을 변경하지 않도록 보호해 주는 규정이다. 따라서 회사 입장에서는 무작정 새로운 판을 마음대로 그릴 수도 없는 노릇이다. 보통은 기업들이 인건비를 유지하거나 줄이기 위해서 제도를 개편하는 경우도 많기 때문에 그런 접근으로 혁신을 시도한다면 답을 찾기 어려울 것이다.

설령 답을 찾았다고 해도 직원들의 동의를 구하지 못할 것이다. 따라서 인사를 혁신한다는 것은 하나의 '투자'라고 생각해야 한다. 신도시개발을 위해서는 막대한 자금이 투입되어야 하는 것처럼 초기 투자비용은 반드시 발생한다. 만일 계획대로 잘 건설된다면 추후에 더 많은 부가가치를 창출할 수 있을테니 손해보는 일만은 아니다.

투자할 마음까지 정해졌다면, 그다음은 빈 땅에 새로운 그림을 그리기 시작하는 것이다. 지금 현재의 상태를 생각하지 말고, 아무 것도 없는 들판에 새로운 도시를 건설한다고 생각하고 오너 본인이 생각하는 그림을 그려보자. 어떠한 조직의 모습부터 시작해서 어떤 사람들, 어떤 인사제도 등 본인이 생각하는 이상적인 그림을 하나씩 차근히 그려보자.

그림이 어느 정도 그려졌다면 이제 회사 안에서 공간을 찾아보자.

신도시를 건설하기 위한 땅이 필요하다. 신규사업이면 가장 좋겠지만 지금 딱히 신규사업을 추진하고 있지 않다면, '기획 또는 연구조직'으로 조직을 신설하자. 먼저 새로운 역할을 부여하는 조직을 만들어 놓고, 그 조직에 대해서 구성원 전체에게 알리자. 이 조직은 앞으로 무엇을 하는 조직이고, 여기에 있는 구성원들은 어떠한 처우, 어떠한 제도를 적용받게 될 것인지 친절하게 설명한다. 그다음 자발적인 지원을 받는다. 각 조직별로 신청자를 받는 것이 아니라 눈치보지 않고 지원할 수 있도록 길을 열어주는 것이 좋다.

혁신은 이렇게 새로운 땅에 새로운 그림을 먼저 그려놓고, 원하는 사람들이 자발적으로 옮겨 올 수 있도록 하는 방법이 가장 효과적이다. 그리고 새로운 신도시가 성공케이스로 효과를 거두게 되면, 그 조직의 운영 방식은 자연스럽게 기존 조직으로 흘러 들어갈 것이다. 이렇듯 인사혁신의 방법은 투자와 새로운 그림, 그리고 자발적 이동, 확산이라는 흐름으로 접근했을 때 가장 큰 효과를 거둘 수 있을 것이다.

'열심히 일 잘하면 돈 많이 줄게', '돈 많이 벌어오면 그만큼 보상할게'와 같은 조건부적 혁신 방법론은 크리스천들에게는 왠지 어울리지 않아 보인다. 항상 우리를 위해 좋은 것을 준비해 놓으시고, 우리의 자발적인 선택을 존중해 주시는 하나님의 사랑처럼 크리스천 기업인들도 구성원들에게 좋은 것을 준비해 주고, 선택을 존중해 주는 형태로 변화를 추진해 갔으면 하는 바람이다. 그렇게 했을 때 생각지 못한 놀라운 변화가 나타날 것이다.

"여호수아가 그들에게 이르되 네가 큰 민족이 되므로 에브라임 산지가 네게 너무 좁을진대 브리스 족속과 르바임 족속의 땅 삼림에 올라가서 스스로 개척하라 하니라"(여호수아 17장 15절)

[O-26]

2000년 역사와 현재의 온 세상

필자는 역사를 잘 모른다.

그나마 학창시절 시험을 위해 암기과목으로 외워서 시험을 보는 수준이었을 뿐 대학에 들어간 후부터는 크게 관심을 가져본 적이 없다. 그렇기 때문에 이 주제를 가지고 글을 쓰고자 했을 때 망설였다. '혹여 사실과 다른 이야기를 하게 되지는 않을까'라는 걱정이 들었다. 하지만 역사적 사실을 구체적으로 고증하고자 하는 목적이 아니라, 큰 흐름을 보며 필자가 생각한 지극히 주관적인 의견을 공유하기 위해 적어보고자 한다. 그래서 혹여나 역사 전문가가 보기에 동의하기 어려운 부분이 있다면 너그럽게 이해해 주기를 바란다.

생각의 발단이 된 것은 **첫째, 바로 현재가 2024년이라는 점이었다.**
2024년. 믿지 않는 사람들도 알고 있는, 바로 예수님 탄생A.D. 이후

2024년을 의미한다.

기원전B.C. 역시 예수님 이전 시대로 역사의 해를 규정하고 있다. 시간을 규정함에 있어 가장 중요한 기준인 연도를 예수님 탄생으로 정하고 있다는 것과 그것이 2000여 년이 지난 지금까지도 유효하고 앞으로도 아마 계속될 것 같다는 점이다.

둘째는 안식일이다.

물론 종교가 다른 일부 국가에서는 토요일이나 또는 다른 날을 휴일로 정하고 있는 경우도 있지만, 국제 표준은 일요일을 휴일로 정하고 있다. 이 역시 하나님이 정하신 안식일을 기준으로 해서 만들어진 휴일이다.

2000여 년 전 이스라엘이라는 아주 작은 나라에서 일어난 예수님의 공생애 3년 기간, 그리고 예수님의 제자들로부터 시작된 복음의 역사가 2000여 년이 지난 지금 전 세계 1/3의 인구가 믿게 되었고, 역사의 표준으로 운영되고 있다는 사실이 갑자기 너무 신기하게 느껴졌다.

역사 전문가들은 기독교가 당시 세계의 최강국이었던 로마의 국교로 인정되면서 정치, 사회의 원칙들에까지 영향을 미쳤다고 말할 수도 있겠다. 그렇다면, 당시 기득권에 의해 3년 만에 처참히 짓밟혔던 예수님과 그의 제자들의 삶이 어떻게 당시 전 세계의 가장 큰 권력 국가에서 국교로 인정될 수 있었겠는가? 그것조차도 신기한 일이 아닌가.

'운 좋게', '우연히'라고 말하기에는 그 시작점이 너무나 작았고, 그 이후 2000년 넘게 너무나 많은 시간이 흘렀으며, 너무나 많은 사람들이 믿고 따르고 있다.

'그러한 결과가 어떻게 만들어질 수 있었을까'를 생각하면, 분명한 '체험'이 있었기 때문에 가능했을 것이다.

예수님의 부활과 승천 이후 2000여 년이 지난 지금 시점까지 각 시대를 살았던 그리스도인들은 각자의 삶에서 확실한 체험을 했을 것이다. 믿을 수밖에 없는 그 강력한 경험이 한 사람의 인생에서 믿음으로 잘 보존되었고, 그 믿음이 다시 그다음 세대에게 전달됐을 것이고, 다음 세대 역시 본인의 삶에서 강한 체험을 했기 때문에 중도 포기하지 않고 이어달리기 바톤을 다음 세대에게 전해줬을 것이다.

단순히 교리로만 존재하는 종교였다면 전파되는 민족이나 국가가 한정적이었을텐데, 지금 전 세계에 예수님을 믿는 민족과 국가는 굉장히 다양하다.

그런 차원에서 2024년 현재는 어떠한가?

어느 국가, 어느 민족이 말씀을 강력하게 체험하고 있고, 복음의 이어달리기를 하고 있는가?

18세기부터 20세기까지는 유럽과 미국 선교사분들이 주도해서 그 바톤을 곳곳에 전해주었고, 21세기부터는 대한민국이 그 바톤을 또 곳곳에 전해주고 있는 상황이다. 그렇다면 2024년 지금은 어떠한가. 혹시 그 열기가 전 세계적으로 식어가고 있는 것은 아닐까하는 걱정도 든다.

이미 복음의 최전선에서 목숨을 걸고 예수님을 전하고 있는 선교사분들과 일평생 선교사역을 마치고 우리나라에 돌아온 노장의 선교사분들에 대해서 우리는 지금 얼마나 관심을 가지고 있는가?

전쟁영웅들은 그나마 국가에서 유공자로 인정해주고 대우해준다고 하지만 복음의 전선에서 생명을 걸었고, 또 지금 걸고 있는 사역자들에 대해서 우리 크리스천들은 무엇을 했는가? 물론 각 교회, 공동체 안에서 충분한 응원과 위로와 지원을 받고 있을 것이다. 필자의 개인적인 생각이기 때문에 곳곳의 사랑과 헌신을 단정지어 말한다는 것이 너무나 위험한 일인 것도 알고 있다.

하지만 만일 하나님께서 아무 것도 없던 우리 민족에게 예수 그리스도의 사랑과 축복을 전해주셨고, 오늘날 이렇게 안전하고 풍요로운 나라가 될 수 있도록 만들어 주셨는데 그에 비해서 우리나라, 우리 민족이 선교사분들에 대해 가지고 있는 관점과 대우는 너무 초라한 것은 아닐까라는 생각이 들었다.

지금 만일 크리스천 가정의 자녀가 선교사가 되어 저 멀리 아프리카로 가겠다고 하면 허락할 부모가 몇이나 되겠는가. 또는 그 자녀가 선교사로 가겠다고 마음먹고 주변 친구들에게 알렸을 때, 선교사가 되고자 하는 그 친구를 바라보는 생각과 감정은 무엇일까. 내가 할 수 없는 위대한 일을 한다는 것에 대한 존경과 칭찬과 전폭적인 지원이 있어야 맞는 것 아닐까.

그것이 그리스도 안에서 진정한 공동체라고 볼 수 있지 않을까. 그리고 그 역사가 잘 이어졌을 때 지금 2024년의 대한민국 선교사분들은 충분히 존경받을만 하고, 명예롭지 않을까. 나 자신의 용기 없음에 부끄러움을 느끼는 것이 아니라, 마음의 중심에서 선교사분들에 대한 관심과 사랑이 부족했음을 부끄러워 해야 한다.

2000여 년 넘게 이어져 온 복음의 역사가 앞으로 어떻게 이어질지 잠시 생각해 보는 시간이 되었으면 좋겠다. 지금 각자가 알고 있는 선교와 복음의 흐름을 앞으로의 시간으로 쭉 늘여 보면, 그렇게 앞으로 100년, 200년을 예상해 보면(예수님의 재림 전이라면) 2100년, 2200년의 전 세계는 어떠한 신앙의 지도가 그려져 있을까 사람마다 예상되는 그림은 다르겠지만, 적어도 지금 흐름이 계속된다면 더 밝은 빛이 기대되지 않는 것은 필자만의 생각일까. 하나님이 우리 민족에게 맡겨주신 사명이 분명 있을 것이라고 믿는다.

"누구든지 등불을 켜서 그릇으로 덮거나 평상 아래에 두지 아니하고 등경 이에 두나니 이는 들어가는 자들로 그 빛을 보게 하려 함이라"(누가복음 8장 16절)

[O-27]
능력 있는 리더가 클 수 없는 이유

필자는 예전에 기업 오너의 진짜 마음이 무엇일지 궁금했던 적이 있다. '아래 임원들 중에 능력 있는 사람들이 많아서 성과도 잘 내고, 사업을 잘 이끌어 가길 원하는 것일까? 아니면 사업을 잘 이끌어 가는 것도 중요하지만, 그것보다는 오너 본인의 말을 잘 듣고, 감정적으로 기분을 잘 맞춰주는 사람을 더 선호하는 것일까?'하는 궁금증이었다. 사실 아직까지 그 궁금증은 해결되지 않았다.

이 궁금증을 갖게 된 배경은 간단하다.

회사에는 일 잘하는 팀장들도 많고, 능력 있는 직원들도 꽤 많은데 왜 임원으로 올라가면 능력 있는 사람은 드물고, 정치적 술수에 능한 사람이 대부분이며, 저런 사람이 어떻게 이런 큰 기업의 임원이 됐을까 싶을 정도로 이상한 현상이 종종 관찰됐기 때문이다.

만일 오너 자신이 위에서 언급한 것처럼 일이나 능력보다는 오너의 말을 잘 듣는 사람을 선호해서 임원으로 선임한 것이라면 자연스러운 결과겠지만, 혹시 그런 목적이 아니라 경영의 대리인으로서 능력 있는 리더를 임원으로 선임한 것이라면 분명 무엇인가 잘못된 부분이 발생한 것이다.

특히 크리스천 오너들이 이 현상을 경험하고 있다면, 빠른 조치가 필요해 보인다. 이 구조를 그대로 방치할 경우, 그 조직의 더 나은 미래를 기대하기는 어렵다. 사업 자체가 안정적이라 문제가 즉시 표면화되지 않을 수 있지만 조직역량과 기업문화는 서서히 침몰해 가고 있는 중이라고 봐도 무방할 것이다. 이 문제를 해결하기 위해서는 우선 이러한 문제가 발생하게 된 원인부터 살펴볼 필요가 있다.

가장 많이 발생하는 원인은 바로 '무능한 사람들의 정치적 카르텔'에서 비롯될 때가 많다. 조직은 보이지 않는 관계의 연결고리로 짜여져 있다. 지금 현재 대표이사부터 실무 선임자 정도까지 각 개인들마다 본인이 엮여 있는 관계의 고리라는 것이 있다.

그런데 그 연결관계가 대부분 '친분관계'로 이루어지다 보니 업무능력과는 별개로 형성된다. 오히려 업무능력은 사람 간의 연결관계를 만들어 주지 못한다. 일을 잘하는 사람은 나의 능력이 탁월하니, 그 능력을 발휘해서 인정을 받으면 된다고 생각하고, 당연히 그것이 합리적이라고 생각하는 반면, 능력이 부족한 사람은 부족한 능력을 가지고 경쟁에서 이겨야 하기 때문에 친분관계를 토대로 만든 인적 연결고리에 의지하게 된다. 그리고 그렇게 무능한 사람들이 만들어 낸 연결고리는 집단의 힘을 만들어 내고, 집단의 힘은 개인화된 능력자들을 하나둘씩 공격하게 된다. 그래야 본인들이 경쟁에서 이길 수 있기 때문이다.

무분별하게 능력을 깎아내리는 험담부터 시작해서 그 사람의 평소 행동들 중 트집 잡을 것이 생기면 확대 재생산해서 조직 내에 널리 전파한다. 그리고 그것이 의사결정권을 가지고 있는 상위임원이나 오너에게까지 들릴 수 있도록 끊임없이 노력한다. 워낙 조직적으로 촘촘히 연결되어 있기 때문에 정보를 퍼트리고 재생산하는 주체들이 곳곳에 포진되어 있다.

이렇게 조직 안에서 능력은 있지만 정치적이지 않은 건강한 사람들이 조금씩 배제가 되기 시작하면 그러한 현상을 간접적으로 관찰했던 일 잘하는 실무자들은 이 조직과 회사에 대해 회의감을 느끼고 비전을 잃기 시작한다. 참 안타까운 일이다. 이 현상이 단지 특정 기업들에서만 관찰되는 것이 아니라는 것은 이 글을 읽고 있는 직장인들이라면 알 수 있을 것이다. 아마 규모가 작은 중소기업들에서도 흔히 발견되는 현상일 것이다.

그렇다면 이 문제를 해결하기 위한 방법은 무엇일까?

앞에서도 언급한 것처럼 이제 원인을 알았으니, 원인의 핵심이 되는 요소를 제거해서 문제를 해결하는 것이 가장 효과적이다.

할 수만 있다면, 지금 현재 임원들 개인별로 회사 내에 누구와 가까운 인적 관계를 가지고 있는지부터 조사를 해보자. 물론 이 조사는 최대한 드러나지 않게 진행하는 것이 좋다. 믿을 수 있는 비서실장이나 인사팀장, 혹은 오너 본인이 활용할 수 있는 누군가를 통해 임원 개인별 친분관계를 파악해 보자. 물론 이때도 정보를 주는 사람의 개인적인 관점이나 의도가 담길 수 있기 때문에 복수의 사람에게 지시를 해서 결과를 종합하는 것이 안전할 것이다.

여러 채널을 활용해서 종합한 결과를 봤을 때, 누가 조사해도 비슷한 결과로 수렴되는 사람이 문제의 핵심일 가능성이 높다. 보통 능력 있는 일 중심의 사람은 회사 내에서의 친분관계가 명확하게 드러나지 않게 마련이다. 어떤 사람은 이렇게 바라보기도 하고, 또 어떤 사람은 이렇게 바라보기도 한다. 또는 친분관계 자체가 현저히 적을 수도 있다.

그러나 관계가 선명하고 집단화되어 있는 임원이라면 유심히 관리할 필요가 있다. 아마 본인의 인적 관계망을 통해 정치적 야욕이나 영향력을 행사하는데 몰두하고 있을지도 모른다. 할 수만 있다면 그런 사람들은 조직에서 배제시키고, 진짜 실력 있는 사람들을 중용해야 한다. 그러한 조치가 오너의 리더십을 강화시키고, 오너의 메시지에 힘을 실어줄 수 있다.

물론 관계망만 가지고 해당 임원을 배제시킬 수는 없다. 하지만 관계망을 파악한 후에 그 임원에 대한 평판을 확인해 보고, 그 임원의 능력을 확인해 보면 쉽게 알 수 있을 것이다. 결국 그 사람은 본인의 능력이 아니라, 본인이 활용하고 있는 그 아래 네트워크의 힘으로 지금까지 버텨 왔을 가능성이 높다.

크리스천 오너가 운영하는 기업에는 이러한 임원과 집단이 적어지길 바라고, 궁극적으로는 없어지길 바란다. 기업이 교회공동체처럼 되기는 현실적으로 어렵겠지만, 적어도 오너 본인이 기업의 정의를 세울 권한은 있다. 정의롭게 행하고, 선을 행하는 방법 중 하나라고 생각하면 좋겠다.

지금 오너 앞에서 듣기 좋은 말을 하는 사람, 그럴듯한 말로 아첨하는 사람을 잘 분별하고 묵묵히 본인 일을 성실하게 하고 있는 사람을 알아볼 수 있기를 진심으로 응원한다.

"아브넬이 헤브론으로 돌아오매 요압이 더불어 조용히 말하려는 듯이 그를 데리고 성문 안으로 들어가 거기서 배를 찔러 죽이니 이는 자기의 동생 아사헬의 피로 말미암음이더라"(사무엘하 3장 27절)

[O-28]
제도, 시스템의 한계

경영을 하다 보면, 챙겨야 할 게 너무 많고, 또 고민거리가 많아지면서 일정 부분 '자동적으로 관리' 되기를 기대하는 마음도 생기게 된다. 오너의 생각과 방향에 따라 회사가 시스템적으로 움직였으면 하는 바람일 것이고, 그 시간 동안 시스템적으로 해결할 수 없는 여러 일들을 처리하기 위함일 것이다.

필자의 경험으로 보면, 오너 기업의 경우 약 200~300명까지는 오너 개인의 역량으로 관리가 가능했던 것 같다. 특별히 정교한 제도나 시스템 없이도 오너 개인이 일일이 챙길 수 있는 물리적 범위가 그 정도 수준이었던 것으로 기억한다. 그 이상의 규모가 되면 어쩔 수 없이 제도와 규정이 필요해지는 것 같다.

그런데 이 제도라는 것이 성경에서 이야기하고 있는 '율법'이라는 측면에서 기업 오너들에게 주는 시사점이 있지 않을까 싶다. 제도를 잘 만들고, 룰을 잘 만들어 놓으면 사람들이 이 틀 안에서 움직이게 되고 그렇게 하다 보면 '내가 원하는 조직의 모습이 되지 않을까?'라는 생각이 들지도 모르겠다. 그런데 참 신기하게도 성경에서 말하는 율법(예수님이 말씀하신 율법을 완성하기 위함의 의미가 아니라, 바리새인들의 율법을 의미)이 사람을 근본적으로 변화시킬 수 없었던 것처럼 회사의 제도나 규정도 구성원들을 근본적으로 변화시키지는 못하는 것 같다.

사람을 진짜 변하게 만드는 것은 예수님의 은혜이고, 하나님의 사랑인 것처럼 회사도 마찬가지다. 구성원들이 진정으로 변화하기 바란다면, 제도가 아니라 '은혜'가 필요하다. 은혜를 받은 사람은 그 어떤 제도를 적용한다고 해도 순전히 수용하고, 따라올 것이다. 하지만 은혜 없이는 제 아무리 많은 돈과 권한을 준다고 해도 일시적일 뿐이다. 더 많은 돈과 권한을 위해 언제든지 다른 마음을 품게 되는 것이 사람이기 때문이다.

제도나 규정은 혼란을 막기 위한 최소한의 약속과 울타리일 뿐 그 안에 있는 사람들을 변화시키기는 힘들다. 만일 예외사항을 최소화하고 혼란을 막기 위해 제도를 고민한다고 하면 적절한 접근일 것 같고, 일을 조금 더 효율적으로 진행시키기 위해 시스템을 고민한다고 하면 그것 역시 맞는 방향이라고 본다.

하지만 현재 있는 사람들의 마인드를 바꾸고, 일하는 방식과 문화를 바꾸기 위한, 즉 사람들의 구체적인 행동변화를 이끌어 내기 위해서 제도나 시스템을 고민한다고 하면 그것은 어쩌면 처음부터 잘못된 접근이었을지도 모른다.

하지만 회사라는 곳에서 오너가 구성원들에게 은혜를 베푼다는 것이 현실적으로 가능한지는 고민이 필요해 보인다. 예수님의 은혜처럼 무한한 은혜를 회사에서 적용할 수 있는건가 싶을 수도 있고, 자칫 은혜가 무능에 대한 관용, 잘못에 대한 용서로만 이어져서 공의를 깨뜨리게 되지는 않을지도 고민이 되는 포인트다.

사실 오너가 구성원들에게 베풀 수 있는 은혜의 범위나 내용을 정의하기는 어렵다. 우리도 예수님의 은혜를 구체적으로 정의하라고 하면 막막할 수 있다. 왜냐하면 그 크기가 측량할 수 없을 정도로 크고 광대하기 때문이다. 하지만 받는 사람은 알 수 있다. 얼마나 큰 은혜를 받아 왔고, 또 지금 이 순간에도 받고 있는지. 그러니 오너들은 너무 어렵게 생각하기 보다는 단순하고 명확하게 정리해 보면 어떨까 싶다.

❶ 조직과 사람을 변화시키는 것은 제도나 시스템이 아니라 은혜다.

❷ 은혜의 내용을 구체적으로 알 수는 없지만, 제도가 우선이 아니라는 것과 은혜가 우선이라는 것만 인식하고 있어도 옳은 방향으로

가게 될 것이다.

이 두 가지만 잊지 않고 기억하고 있다면, 특별한 혁신이나 외적인 변화가 없더라도 나도 모르는 사이에 회사는 많이 변화되어 있을 것이다.

"사랑은 이웃에게 악을 행하지 아니하나니 그러므로 사랑은 율법의 완성이니라"(로마서 13장 10절)

[O-29]
인사와 사업의 상관관계

'인사가 만사다', '결국 사람이 하는 일이다', '사업도 결국 사람이다' 등과 같은 말은 자주 들었을 것이고 기업 오너들도 대부분 공감하는 말일 것이다. 물론 산업화가 고도화되면서 자동화되고 있는 것이 많다 보니 이제는 사람의 일을 AI나 시스템에 자리를 내어 주고 있는 것도 사실이다. 하지만 기업 경영에 있어서 의사결정을 하는 주체는 여전히 사람이고, 사람이 담당해야 할 역할은 아직까지 대체하기 어려운 상황도 맞다.

그렇기 때문에 기업 경영에 있어서도 인사가 중요하다고 이야기하는 것일지도 모르겠다. 하지만 실제 사업과 인사는 얼마나 관련이 있을까. 인사시스템을 고도화하면 그만큼 사람들이 일을 잘하게 돼서 결과적으로 사업의 성과까지 이어지는 것일까. 아니면 인사를 시원찮게 하더라도 사업의 구조가 탄탄하기 때문에 문제없이 이윤을 창출해 갈 수 있는 것일까.

이 부분에 대해서는 누구 하나 명쾌하게 답을 해줄 수 없을 것이다.

수많은 연구결과에서는 회사 구성원들의 만족도나 일에 대한 몰입도가 기업의 성과에 영향을 준다고 하지만 실제로 몰입도나 만족도가 높은 기업은 굉장히 드물다. 아마 본인을 포함해서 주변 사람들의 회사 이야기를 들어봤을 때 우리 회사는 정말 좋고, 일에 집중할 수 있도록 환경을 만들어 준다고 말할 수 있는 사람이 과연 몇이나 있겠는가. 따라서 구성원들의 만족도나 몰입도, 좋은 사람들이 구성해 있는 정도와 실제 사업의 성과는 별개의 영역일지도 모른다. 왜냐하면 지금 이 순간에도 사업 성과를 탁월하게 내고 있는 기업들이 너무나도 많기 때문이다.

바로 이 지점이 기업 오너 입장에서 인사에 많은 투자를 하기 어려운 이유다. 100% 확신, 아니 70~80%의 확실한 보장만 있다면 인사에 과감하게 투자하고 혁신을 하겠지만, 그 결과가 반드시 사업적인 성과로 이어진다는 확신이 없기 때문에 망설여지는 것이다. 그리고 여전히 투자나 혁신은 주저하고, 본인 생각에 좋은 대로, 본인의 성공 경험과 주변 지인들의 이야기를 토대로 한 주관적인 생각으로 회사를 계속 운영하고 인사를 단행한다.

문제가 생기더라도 그것은 기업을 경영하다 보면 자연스럽게 생기는 이슈고, 우리뿐만 아니라 다른 회사들도 대부분 겪고 있는 문제이기 때문에 내가 먼저 나서서 개선할 필요는 없다고 생각할지 모른다. 세상적인 기준으로 보면 틀린 말은 아니다. 일상적인 현상이 맞을 수도 있다.

하지만 크리스천 오너들에게는 일상적이 되어서는 안 된다.

크리스천 오너들은 인사를 잘해야 한다. 누구보다도 인사를 잘해서 이를 사업적인 성과로까지 이어지게 만들어야 한다. 인사를 등한시하면서 사업적인 성과를 우선시 하고 있다면 적어도 그 시간만큼은 크리스천으로 살아가고 있지 못하다고 말할 수 있다. 하나님이 지금 사업체를 맡기고, 그 일을 하게끔 계획하셨다고 가정해 보자. 그렇다면 이제 다시 몇 가지 가정으로 나뉜다.

'사람을 신경 쓰지 않고 사업이 잘 되는 것'과 '사람을 신경 쓰고 사업이 잘 되지 않는 것', 이 두 가지 중에서 하나님의 계획으로 맡겨진 사업이라면 어느 쪽이 맞다고 여겨지는가. 사람을 단지 수단이나 비용으로 여기면서 사업이 잘 되게끔 만드는 것이 하나님의 뜻이라고 생각되는가? 당연히 그렇지 않을 것이다. 그렇다면 반대로 사람을 귀하게 여기고 신경을 쓰다 보니 사업의 기회를 많이 놓치고 그로 인해 성과가 잘 나오지 않게 되었다고 하면 그것은 하나님의 뜻이라고 생각되는가? 그럴 수 있다고 생각한다.

하나님의 말씀을 지키다 보니 사업을 하기가 쉽지 않아졌고 어려워졌다고 해보자. 그 사람에게 만약 예수 그리스도가 가짜였다면 그 오너는 너무 불쌍해지지 않겠는가. 예수님 말씀이라고 해서 지키려고 노력하다 보니 사업적인 비효율을 낳게 되었고, 그 비효율이 사업적인 실패로까지 이어졌는데 알고 보니 예수 그리스도가 실재하지 않고 단지 사람들이 만들어 낸 종교에 불과했다면, 그 오너는 너무 불쌍하고 억울한 사람이 되지 않겠는가. 만약 그 생각에 동의한다면 그 오너는 100% 맞는 길을 걸어왔다고 확신할 수 있다.

우리의 삶에서 예수님을 빼고 바라봤을 때 내 자신이 너무 불쌍해져야 그것이 맞는 방향으로 걸어왔다는 증거가 될 것이다. 일반론적인 생각에서 잠시 벗어나서 하나님 말씀에 집중해보자. 지금의 기업을 맡게 된 것도, 그 안의 여러 사람들을 만나게 해주신 것도 모두 하나님의 계획이라면 당신은 어떤 선택을 하겠는가.

이 세상의 원리로는 검증되지 않은 관계가 맞다. 사업과 인사의 관계는 불명확하다. 인사를 잘 했다고 해서 사업이 잘 되리라는 보장은 없다. 다만, 확실한 한 가지는 하나님의 말씀에 순종한다는 마음으로 인사에 신경을 쓰고 집중한다면, 그리고 말씀에 입각해서 직원들을 대한다면 그 결과가 사업의 실제 성과로 나타나던, 아니면 하늘의 보화로 쌓이게 되던 모두 당신의 복으로 쌓이게 될 것이다.

단지 인사를 잘해서 사업도 잘될 수 있었다고 고백하기 보다는, 말씀에 순종해서 인사의 방향을 맞췄더니 사업도 잘 되었다고 고백할 수 있는 믿음의 오너들이 되기를 소망한다.

"만일 그리스도 안에서 우리가 바라는 것이 다만 이 세상의 삶뿐이면 모든 사람 가운데 우리가 더욱 불쌍한 자이리라"(고린도전서 15장 19절)

[O-30]
벤치마킹과 도둑질

벤치마킹Benchmarking 기업 경영에 있어 필수적인 요소 중 하나다. 동종업계 다른 회사들이 어떻게 하고 있는지 파악하는 것은 매우 중요하다. 사업 역시 같은 시장 안에서 서로 경쟁을 해야 하기 때문에 경쟁 상대가 어떻게 하고 있는지 파악하는 것은 당연한 과정이다.

'지피지기면 백전백승'이라는 말도 있듯이 상대에 대한 정보 파악이 날이 갈수록 더 중요해지고 있는 시대다. 특히 이 벤치마킹은 대기업일수록 더욱 민감하게 시행하는 편이고, 대기업 중에서도 동종업계 1, 2위를 다투는 선도 기업들이 오히려 더욱 벤치마킹에 열을 올리는 편이다.

현재의 자리를 계속 지켜야 하는 부담과 바로 앞에 있는 업계 선두를 따라 잡아야 하기 때문이다. 경쟁의 강도가 약해질수록 벤치마킹의 민감도도 떨어지는 편이지만, 여전히 우리나라의 많은 기업들은 동종업계 경쟁사들의 현황을 알고 싶어 한다. '지금 우리가 잘하고 있는 것인가?'에 대한 질문을 항상 남과의 비교에서 찾기 때문이다. 하지만 이 벤치마킹은 동전의 양면처럼 반대편에 '도둑질'이라는 이름도 가지고 있다는 것이 문제다. 어디서부터 어디까지는 벤치마킹이고, 어디서부터는 도둑질인지 그 경계가 모호한 경우가 많다. 그렇기 때문에 크리스천 오너들도 이 부분을 매우 예민하게 생각해서 접근할 필요가 있다. 도둑질을 하면 안 된다는 것은 크리스천으로서 너무나도 자명하기 때문이다.

다른 회사들의 사례를 파악하기 위한 벤치마킹이 도둑질인지 아닌지 판별하는 방법은 매우 간단하다. 그 방법은 바로, '우리 회사의 정보가 경쟁사로 알려진다고 했을 때 오너 본인이 감정적으로 허용할 수 있는 수준'으로 판별하면 된다.

경쟁사에서 우리 회사에 대한 정보를 파악하기 위해 여러 채널을 활용해서 알아봤다고 가정하자. 그래서 파악한 정보들이 있는데, 그 정보가 어느 정도 수준의 정보인지 생각해 보면 우리 회사가 벤치마킹을 할 때 넘지 말아야 할 선을 알게 된다.

'기분이 좋지는 않지만 그래도 이 정도까지는 알려지더라도 큰 문제는 없을 것 같아'라고 생각된다면, 그 정보는 벤치마킹을 할 때 알아내어도 괜찮은 범위다. 하지만 도저히 이 부분까지는 용납할 수 없고, 이 정보까지 유출된다는 것은 사업에 중요한 영향을 미칠 것 같다고 판단된다면 그 지점은 도둑질의 범주라고 볼 수 있다.

물론 이 기준을 적용한다면 사람마다 정도가 달라질 것이다.

어떤 오너들은 굉장히 깐깐한 기준을 적용할 수도 있고, 또 어떤 오너들은 관대하게 생각할 수도 있다. 그렇기 때문에 객관적으로 어느 수준을 도둑질의 경계라고 정의하기는 어렵다. 하지만 본인은 분명히 알 수 있기 때문에 본인 기준에서 도둑질의 경계는 확실히 알 수 있다. 넘지 말아야 할 선을 본인이 알고 있고 눈으로 볼 수 있기 때문에 그 선을 넘지 않을 수 있다. 도둑질인지 모르고 훔쳤다고 변명할 수 없다는 뜻이다.

특히 크리스천 오너들은 이 벤치마킹과 도둑질에 대해서 민감하게 생각해야 한다. 지금 이 시대는 너무나도 무분별하게 상대방의 정보를 도둑질하고 있다. 누구나 그렇게 하고 있기 때문에 나만 정직하게 경영하면 경쟁에 뒤지고, 경쟁에 뒤지다 보면 경영이 어려워져서 우리 회사를 다니고 있는 많은 임직원들의 생계에도 직접적인 영향을 줄 수 있다고 생각하는가. 그렇게 도둑질의 영역에 있는 벤치마킹을 합리화하려고 하는가.

그 도둑질을 하지 않으면 회사가 어려워질 정도의 상황이라면, 그 사업 자체의 본질적인 경쟁력이 떨어진 상태이거나 아니면 그 사업 자체가 부도덕한 시장에서 이루어지고 있는 사업일 가능성이 높다. 그리고 임직원들의 생계를 핑계로 대는 것은 비겁한 변명이다. 본인 스스로를 속여서는 안 된다. 대부분은 오너 본인이 실패하기 싫어서, 굳이 불필요한 돈을 더 쓰고 싶지 않아서 상대방의 정보를 낱낱이 파악하고자 하는 경우가 많다.

전쟁터라고 합리화해서도 안 된다. 기업 경영은 생존을 두고 다투는 전쟁터이니 적들에 대해서 정보를 파악하고 대응하는 것은 당연한 전투자세라고 생각해서도 안 된다. 기업이 있는 곳은 시장이고, 시장이 마치 전쟁터를 방불케 하는 치열한 경쟁공간인 것은 맞지만 실제 전쟁터도 아니고, 경쟁사들이 적도 아니다. 도둑질하지 않고도 충분히 경쟁공간에서 살아남을 수 있다. 십계명(8계명)까지 어기면서 기업을 경영하는 크리스천이 되지 않기를 간절히 소망한다.

"도둑질 하지 말라"(출애굽기 20장 15절)

[O-31]
잘해주고 있다는 착각

지금까지 직간접적으로 봐온 기업 오너들 중 상당수는 직원들에게 잘해주고 있다고 생각하는 경우가 많았다. 대부분은 하는 일에 비해서 혹은 직원들의 개인적인 스펙에 비해서 많은 돈을 받을 수 있도록 호의를 베풀었다고 생각하는 경우였다. 우리 회사 아니었으면 어디 가서 이 정도 대접을 받지는 못했을 거라고 생각할지도 모르겠다. 하지만 크리스천이라는 이유로, 이웃을 사랑해야 하고 악하게 대하면 안 된다는 것을 수없이 들어왔기 때문에 직접 표현하지는 못하고 마음속으로 삭히고 참는다.

그런데 오너 본인이 생각하는 것처럼 정말 잘해주고 있는 것은 맞을까. 남들처럼 힘들게 야근을 시키지 않고, 남들에 비해 나쁘지 않은 연봉을 주고, 식사를 포함해서 각종 복지를 좋게 해줬으니 충분히 잘해주고 있다고 생각해도 되는 것일까.

만일 그런 관점으로 잘해준다고 생각했다면 출발부터 잘못 접근했다. 그것은 일하는 직원을 온전한 인격체로 대한 것이 아니라 그저 돈 많이 받고, 잘 먹고, 늦게까지 일하지 않으면 충분히 만족해하는 육적인 '인력'으로만 대한 결과다.

회사에서 일하는 직원은 당연히 돈을 벌기 위해 일하는 사람이고, 돈을 받았으니 마땅히 열심히 일해야 하는 것은 맞다. 하지만 그렇다고 해서 직원들이 회사에 감사해 하고, 만족해야 되는 것은 아니다. 즉, 회사가 충분히 잘해줬으니 그에 대해 마땅한 리액션을 해야 하는 것은 아니라는 뜻이다.

오너 본인을 돌이켜 보면 쉽게 알 수 있다. 오너 본인도 회사 덕분에 지금 남들보다 넉넉한 경제생활을 하고 있고, 매일 좋은 음식들을 먹고 있으며, 좋은 옷을 입고, 원할 때 해외여행이나 여가생활을 즐길 수 있다. 그렇다면 오너 본인은 회사에 충분히 감사하고 만족해 하고 있는가? 회사 덕분에 이 좋은 생활을 누릴 수 있게 돼서 정말 감사하고 더 열심히 일해야겠다는 의지가 생기는가? 대부분 그렇지 않을 것이다.

회사 경영으로 인해 항상 고민거리가 쌓여 가고 예상치 못한 문제 가 계속해서 발생하다 보니 이를 대응하는데 버겁고, 앞으로 또 언 제 위기가 닥쳐올지 모른다는 불안감에 하루라도 맘 편히 지내기가 어려울 것이다. 오너 본인도 겉으로 보이는 외적인 조건만으로 만족 하며 지내지 못하는데 왜 직원들에 대해서는 그것으로 만족하고 열 심히 일해야 한다고 생각하는가. 심지어 왜 본인이 직원들에 대해서 충분히 잘해주고 있다고 생각하는가.

크리스천들에게 있어 잘해주고 있다는 뜻은 성령의 9가지 열매로 해석될 수 있다. 오너 본인이 직원들을 사랑했는지. 직원들을 기쁘게 만들어 줬는지. 직원들과 화평하며 지냈는지. 직원들에 대해 오래 참 았는지. 그 외에 자비와 양선과 충성과 온유와 절제를 직원들에게 충분히 보여줬는지 스스로를 돌이켜 봐야 한다.

9가지 열매를 모두 맺었는지, 아니면 일부의 열매를 맺었는지는 중 요하지 않다. 다만, 오너 본인이 생각했을 때 직원들에 대해 잘해주 고 있다고 생각하는 것은 이 9가지 열매의 범주 안에서 생각해야 한 다는 뜻이다. 그것이 인격적인 접근이고 성경적인 접근일 것이다. 오너 본인은 9가지 열매를 맺기 위해 최선을 다했지만 정작 결과는 그렇지 못했다면, 안타까운 일이지만 낙담할 필요는 없다. 그때야 말로 하나님 앞에서 내가 직원들에게 충분히 잘해줬다고 당당히 생각해도 되기 때문이다. 그리고 그 상급은 분명히 쌓여갈 것이다.

급여, 복지, 사무공간, 일하는 방식 등 외적인 조건을 가지고 직원들에게 충분히 잘해주고 있다고 생각하지 않기를 바란다. 그것은 단지 더 좋은 생산성을 내기 위해 경영자로서 일방적으로 투자하는 것일 뿐이지 사람에 대한 보상심리를 갖기 위해서가 아니다. 다만, 투자를 했던 것만큼 충분한 생산성이 만들어지지 않는다고 생각한다면, 그 투자의 규모를 적절히 조절하면 그만이다. 경영은 경영으로만 접근하고, 사람에 대해 감정적으로 접근하는 것은 맞지 않다. 특히 잘해주고 있다는 착각을 하지 말아야 한다.

모든 크리스천 오너들이 성령의 9가지 열매를 맺는 것으로 직원들에게 '잘해주는' 사람이 되기를 바란다.

"그들의 열매로 그들을 알지니 가시나무에서 포도를, 또는 엉겅퀴에서 무화과를 따겠느냐 이와 같이 좋은 나무마다 아름다운 열매를 맺고 못된 나무가 나쁜 열매를 맺나니 좋은 나무가 나쁜 열매를 맺을 수 없고 못된 나무가 아름다운 열매를 맺을 수 없느니라"(마태복음 7장 16~18절)

[O-32]
임원 간 다툼의 최대 피해자

중견기업이나 대기업들에서는 주로 임원 레벨이 될 것 같고, 중소기업에서는 임원 또는 팀장 레벨까지도 해당되는 이야기가 될 것 같다.

회사 역시 조직이라는 구조 안에서 다양한 사람들이 서로 소통하며 일을 하게 되다 보니 당연히 갈등관계라는 것이 생길 수밖에 없다. 그리고 그 갈등관계의 대표적인 케이스가 바로 임원들끼리 서로 싸우고 헐뜯는 갈등이다.

대체로 임원들끼리 다투는 가장 큰 이유는 '경쟁'이다.

위로 올라갈수록 자리는 한정되어 있고 내가 그 자리를 차지하고 싶기 때문에 비교선상에 있는 경쟁자를 공격하게 된다. 공격뿐만 아니라 사실 매우 미워하고 싫어하게 된다. 그리고 그 미움의 표현은 일을 하는 과정에서, 또는 회식자리 등에서 은근히 나타난다.

그런데 문제는 당사자들끼리의 다툼에서 끝나지 않고 생각보다 파급력이 굉장히 크다는 것이다. 우선 대립관계에 위치한 양 임원들 아래 직원들은 모두 같은 생각을 하도록 강요받게 된다. 임원이 수시로 내뱉는 불평과 비난에 대해 동조하도록 강요받고, 같이 함께 해당 임원을 미워하고 공격하기를 강요받게 된다.

직원들 개개인은 솔직히 별 생각이 없다가도 위의 임원이 그렇게 동조해 주기를 바라기 때문에 앞에서는 그러는 척이라도 하게 되는 경우가 많다.

이런 구도가 점점 굳어지게 되면 이제는 갈등관계에 있는 양 조직의 직원들끼리 회사 안에서 친하게 지낸다거나 함께 밥을 먹는다거나 하는 것조차도 눈치가 보이게 되는 상황까지 가게 된다. 마치 아군과 적군으로 나눠진 진영처럼 구분이 되는 것이다.

게다가 이 문제는 단순히 조직적인 갈등관계뿐만 아니라 일적으로도 서로 소통하기 어려워지고, 비효율을 만들어서 결과적으로 사업에도 영향을 미친다. 양 임원들의 개인적인 정치적 욕심 때문에 결과적으로 조직문화, 일의 효율, 사업성과에까지 모두 영향을 주게 되는 것이다.

오너들은 아마 이 문제를 모르고 있지는 않을 것이다.

어떤 임원들끼리 서로 사이가 좋지 않은지는 알고 있을 것이고, 그로 인해 서로 소통이 잘 안돼서 문제가 있다고까지는 인지하고 있을 것이다. 그런데 이 문제가 실제로 업무 현장이나 조직문화에 얼마나 큰 악영향을 미치고 있는지 그 수준에 대해서는 잘 알지 못할 것이다. 흔히 조직 안에서 임원들끼리의 갈등관계라고 생각하고 넘어갈지도 모르겠다. 그리고 당장 둘 다 일에 필요한 사람들이니 서로 잘 이해해 가면서 일에 집중해 주기를 바랄 것이다.

하지만 그것은 대부분 희망사항일 뿐 현실에서는 굉장히 곪아버린 문제인 경우가 많다. 이 임원들끼리의 다툼 때문에 이제 막 대학을 졸업하고 입사한 신입사원이 한 달만에 직장을 그만두게 된다면 어떻게 느껴지겠는가? 이 임원들끼리의 다툼 때문에 하루면 처리 가능한 일이 일주일이 걸린다면 어떻게 느껴지겠는가?

그리고 이 임원들끼리 다툼 때문에 지난 몇 십년간 유지되어 온 건강한 조직문화가 회복 불가능할 정도로 악화된다면 어떻게 느껴지겠는가. 이제는 굉장히 심각한 문제로 여겨지는가. 그렇다면 빠르게 조치를 해야 한다. 실제로 이 문제는 조직과 사업에 큰 영향을 미친다. 여력이 있다면 문제를 자초한 양 임원들을 모두 지금 자리에서 배제하는 것이 좋다. 다만, 대체할 임원이 마땅치 않다면 둘 중 한 명만 선택하고 나머지 한 명은 배제하는 것이 좋다. 여기서 배제라는 것은 계약해지를 의미한다.

크리스천으로서 가혹한 처사처럼 생각되어 망설여질지도 모르지만, 앞에서 언급했듯이 이 문제로 인한 파급효과가 너무나도 커질 수 있기 때문에 다른 많은 직원들을 위해서라도 오너 본인의 단호한 결정이 필요하다.

만일 해당 임원 모두 보임을 해제하고 계약을 해지한다면 이러한 조치가 구성원들에게 주는 메시지도 매우 강력해질 것이다. 그리고 이러한 조치를 바라본 다른 임원들과 직원들에게도 이 회사에서 어떤 것을 하지 말아야 하는지 각인시킬 수도 있을 것이다. 건강한 조직문화를 만들 수 있는 몇 안 되는 기회가 이런 케이스다. 하지만 이 기회를 놓치면 오너 본인이 원하는 좋은 조직문화를 만들 수 있는 기회는 영영 멀어질지도 모른다.

특히 크리스천 오너라면 더더욱 유념해서 과감히 대응할 필요가 있다. 이 문제는 용서나 온유, 사랑의 가치와 거리가 먼 주제처럼 보이지만 사실은 더 깊은 용서와 온유, 사랑의 가치를 실현하는 것이기도 하다. 지금까지 임원 본인의 개인적인 야욕으로 직원들 간의 관계와 일의 효율과 사업의 성과에 악영향을 미친 것에 대한 용서를 먼저 해야 하는 것이고, 온유의 가치는 그 임원들이 회사에서 나가는 날까지 충분히 배려하고 잘 대해줘야 하는 것이며, 사랑의 가치는 그 임원들로 인해 상처받고 힘들어했던 많은 구성원들의 마음을 회복시켜 주는 것으로 실현할 수 있다.

또한 그 임원 당사자들에게도 지금 당장의 조치는 가혹해 보일 수 있겠지만, 이 경험을 토대로 해서 다른 회사에 갔을 때 좋은 선행 교훈으로 작용할 수 있을 것이다. 그래서 다른 회사에 갔을 때 이전처럼 많은 사람에게 피해를 주지 않도록 조직 문화를 만들 수 있는 것도 하나의 간접적인 효과가 될 수 있을 것이다.

임원 간 다툼의 최대 피해자는 오너 자신이라는 것을 꼭 기억해야 한다.

"아무 일에든지 다툼이나 허영으로 하지 말고 오직 겸손한 마음으로 각각 자기보다 남을 낫게 여기고"(빌립보서 2장 3절)

[O-33]
이익배분 요구에 대한 대응

기업을 둘러싼 사회적 환경과 흐름이 점차 공정성과 투명성을 강조하는 방향으로 가고 있다. 예전에는 '회사의 경영상 이유로', 또는 '전략적 판단에 따라' 의사결정 했던 많은 사안들이 이제는 그 근거를 투명하게 공개하지 않으면 구성원들을 설득하기 어려워지고 있다. 인터넷이나 SNS 발달로 다른 회사들의 상황도 쉽게 파악할 수 있게 된 것도 영향을 주었다. 그런데 이러한 흐름 가운데 기업 오너들의 고민을 가중시키는 커다란 주제 중 하나가 바로 '이익 배분'의 이슈다.

회사가 이익이 얼마나 났으면 그중 일부는 직원들과도 합리적으로 배분해야 한다는 요구가 점점 많아지고 있다. 게다가 연말 연초가 되면 주요 기업들의 성과급 관련 기사가 계속 쏟아지다 보니 오너 입장에서도 눈치가 보일 수밖에 없다.

하지만 경영이라는 것이 당장에 이익이 많이 났다 하더라도 내년,

내후년의 시장상황을 예측하기가 어렵고 향후 지속성장을 위해 투자를 해야 되는 상황도 있기 때문에 올해 이익을 충분히 직원들에게 공유하기 어려울 수도 있다. 그럼에도 불구하고 신경을 쓸 수밖에 없는 이유는 많은 직원들이 '이러한 기업 고유의 경영 상황을 이해하거나 기다려 주지 않기' 때문이다.

회사의 현금흐름이나 사내유보나 향후 리스크 대응 등의 이슈는 회사가 알아서 대비해야 하는 것이고, 일단 올해 열심히 일해서 이익이 많이 났으니 그중의 일부는 합리적으로 배분해야 옳다는 것이다. 그리고 그렇게 요구하는 배경에는 이익이 많이 나면 기업 오너들도 그에 비례해서 충분한 수익을 누리게 된다는 생각이 자리 잡고 있다.

왜 오너들만 이익을 누리고 직원들에게는 헌신과 희생을 요구하느냐고 묻는 것이다. 기업 오너로서는 참 어려운 지점이다. 특히 크리스천들이라면 이 문제에 대해서 깊이 고민해 볼 수밖에 없다. 비슷한 상황에 놓이게 되면 무엇이 합리적이고 정의로운 길인지 기도 가운데 하나님께 물을 수밖에 없을 것이다. 하지만 이 문제를 대응하는 방법은 아주 간단하다.

'정직'하기만 하면 된다. 조금 더 잘 해결하려면 정직한 가운데 계산을 꼼꼼히 하면 된다. 우선 정직이라 함은 기업의 상황을 투명하게 오픈하는 것이다. 올해 이익이 많이 났다고 하더라도 지금까지 회사가 가지고 있는 부채와 이자부담, 그로 인한 현금흐름의 상황을 직원들에게 공개 가능한 수준으로 쉽게 정제해서 공유하는 것이 우선이다. 그래서 그 상황을 감안하면 올해 이익의 규모를 실질적으로는 어느 수준의 이익으로 판단하는 것이 적절하다고 소통해야 한다.

　그다음으로는 투자계획을 밝혀야 한다.
　구체적인 계획은 영업상 기밀일 수 있기 때문에 보안이 필요한 내용은 구체적으로 밝히지 않더라도 대략적인 수준에서 앞으로 회사가 투자해야 할 규모를 공유한다. 이 부분까지 고려하면 올해의 이익이 실제로 어느 정도 수준으로 보는 것이 맞는지 다시 한번 공유한다.
　이 과정까지 공유하기 위해서는 앞서 이야기한 것처럼 계산을 꼼꼼히 해봐야 한다. 여기까지 마쳤다면 과연 어느 정도의 이익이 남게 되는지 확인해 보자. 그래도 여전히 넉넉한 이익이 남았다고 보여지는가. 그렇다면 많이 배분하는 것이 옳다. 다만 얼마나 많이 배분해야 맞을지 고민이 된다면 사례를 참고하면 된다.

　우리나라는 삼성을 비롯한 몇몇 대기업들이 인사제도의 트렌드를 선도하고 있고, 그 기업들이 이미 이익을 배분하는 방법과 수준에 대해서 오래 전부터 운영 중이다. 주요 기업들의 사례를 참고해서 배분의 수준을 정한다면 대부분의 직원들이 납득할 것이다. 직원들도 정도를 넘어서 지나친 배분을 요구하는 경우는 많지 않다. 대체로 다른 회사들의 사례를 참고해서 그만한 수준을 기대하는 경우가 대부분이다. 따라서 이익배분의 규모를 고민할 때도 이 기준에 맞춰서 진행하면 무리가 없을 것이다.

방법론은 이렇게 간단한데 왜 많은 오너들은 이익 배분 요구를 어렵고 부정적인 시각으로 바라볼까. 상당 부분 오너로서의 권위나 자존심, 신분의 차이 인식 등에 기인하는 경우가 많다고 보여진다. 직원들과 솔직하게 커뮤니케이션하는 것에 대한 두려움이 있기 때문이다.

솔직할수록 본인의 권위와 자존심이 무너지게 될 수 있다는 두려움이 소통을 가로막는 경우가 많다. 하지만 크리스천들은 그 두려움을 가질 필요가 없다.

오너가 스스로의 권위와 자존심을 내려놓고 정직하게 섬기는 마음으로 나아갔을 때 하나님이 어떻게 하실지 생각해보라. 기뻐하시는 것은 당연할 테고, 큰 상급이 하늘에 쌓이지 않겠는가. 게다가 투명하게 오픈하면 오픈할수록 내가 이 땅에서 곳간에 재물을 쌓아두고 싶은 욕심도 간접적으로 견제가 될테니 그 역시 앞으로 나의 신앙 여정에 큰 도움이 될 것이다.

지금 우리나라의 많은 기업 오너들은 사회적 변화 흐름 가운데 점점 숨고 있는 듯하다. 정직하게 소통하자니 손해를 보게 될 것 같고, 오랫동안 유지해 온 오너 집안으로서의 권위도 잃게 될 것 같아 전면에 나서지 않는다.

하지만 크리스천 오너들은 달라야 한다.

만약 정직하게 나서기 어려워서 숨는 것이라면, 손해를 보거나 자존심이 허락하지 않아서 숨는 것이라면, 그것은 슬프게도 성경 말씀의 안타까운 인물들 중 한 명과 같아지게 되는 과정일지도 모른다.

열왕기하와 역대하에 나오는 수많은 이스라엘 왕들의 역사를 돌이켜 보았으면 한다. 그 많은 왕들 중 "여호와께서 보시기에 정직하게 행하여"라고 표현된 왕들이 거의 없었다는 것을…. 크리스천 오너들이 가야할 대표적인 좁은 길 중 하나가 될 것이니 이 고민과 문제에 직면했을 때 기뻐하기를 바란다. 예수님이 말씀하신 좁은 길로 갈 수 있는 기회가 생각보다 자주 찾아오지 않기 때문이다.

"삭개오가 서서 주께 여짜오되 주여 보시옵소서 내 소유의 절반을 가난한 자들에게 주겠사오며 만일 누구의 것을 빼앗은 일이 있으면 네 갑절이나 갚겠나이다"(누가복음 19장 8절)

[O-34]
회사 경영과 사회적 지원의 고민

크리스천 오너들 중에는 수익의 일부를 사회에 환원해야 한다는 의무감을 가진 경우가 많을 것이다. 나만, 우리 회사만 잘 먹고 잘 사는 것이 전부가 아니라 어려운 사람들을 도와주고, 자연 환경을 지키는 것이 크리스천으로서 당연히 해야 할 일이라고 생각하기 때문일 것이다.

어쩌면 하나님이 그 사명을 맡기기 위해 기업을 경영할 기회를 주셨을 지도 모른다. 하지만 어느 정도 안정적인 수익을 내고 있을 때는 문제가 없겠지만, 수익이 얼마 되지 않거나 회사의 경영이 어려운 상황일 때는 고민이 된다.

기존에 해왔던 구제나 사회적 가치를 위한 지원을 계속 하기에 현재 자금 상황이 넉넉지 못한 순간이 찾아오면 당연히 고민이 될 수밖에 없다. 좋은 일을 하는 것도 다 사업이 잘 되어야 가능하니 우선 사업에 집중하고 추후에 안정이 됐을 때 다시 지원해야겠다고 생각하는 사람들도 있을 것이고, 또 어떤 크리스천들은 가난한 과부의 두 렙돈 헌금을 생각하며 끝까지 그 소명을 이어가겠다고 생각하는 사람도 있을 것이다.

기업을 경영하고 책임지는 오너로서 고민이 많이 될 수밖에 없는 지점이다. 회사가 어려울 때 그동안 해왔던 사회적 지원을 어떻게 하는 것이 좋을까.

중요한 것은 '지원 규모'에 대한 압박에서 벗어나야 한다는 것이다.

기업인들은 아무래도 사업을 하는 사람들이기 때문에 '얼마'를 지원하는 것에 집착한다. 지금까지 100을 해왔는데 갑자기 50을 하거나 10을 하게 되면 마치 그것이 내가 잘못한 일인 것처럼 생각한다.

솔직히 100을 계속 유지하더라도 경영에 치명적인 리스크가 없음에도 단지 현금흐름이 좋지 않기 때문에 50이나 10으로 줄이게 되면 그 죄책감과 찝찝함은 더 커질 수 있다. 하지만 이렇게 생각해보자. 100을 지원하고 있을 때 오너 본인의 돕고자 하는 진짜 마음은 어느 정도였는지와 100을 지원하고 있는 가운데 예수님은 얼마나 전파되고 있었는지 생각해 볼 필요가 있다.

이 두 가지 조건이 더 중요하다.

아무리 많은 돈을 지원하고 있다고 하더라도 그 지원하는 과정이 단지 은행 이자를 내듯이 기계적으로 하고 있다거나, 또한 그 과정에서 예수님은 전혀 드러나지 않고 있다면 그 구제와 지원은 100의 가치로 볼 수 없다.

그보다 훨씬 적은 10의 지원을 하더라도 그 돕는 마음에 진심이 담겨 있고 하나님의 말씀에 순종하는 마음으로 했다면 100의 지원보다 훨씬 더 큰 규모가 될 수 있다. 또한 예수님까지 전할 수 있다면 그 크기는 측정할 수 없을 정도로 클 것이다.

솔직히 많은 돈으로 많은 사람들과 많은 곳에 기여했다고 하는 것이 본인 스스로의 만족감과 안정감을 위해서이지 않은가? 내가 그래도 이만큼 많은 사람들을 돕고 기여했으니 나중에 하나님이 나를 칭찬해 주시겠지, 또는 내가 사업을 하면서 저지른 많은 죄가 경감될 수 있겠지라는 생각을 하지는 않는가. 그것은 냉정하게 보면 거래일 뿐이다.

하나님을 위해 하는 일이 아니라 사실은 본인을 위해 하는 일일뿐이다. 은근히 본인이 세상에 드러나기를 바라는 마음이 기저에 깔려 있거나, 자신의 부정함을 덮는 용도로 사용하고 있을지 모른다.

지원 규모에 더 이상 집착하지 않았으면 한다. 단 한 사람의 영혼이라도 구원할 수 있다면 그것으로도 충분히 가치 있고 하나님께서 기뻐하실 것이다. 내가 100을 지원하든 10을 지원하든 내 마음이 하나님 앞에서 정직하고, 그 도움의 과정에 예수님이 나타날 수 있다면 그 크기는 전혀 문제가 되지 않는다. 결국 중요한 것은 기업의 경영 상황에 따라 달라지는 지원의 크기가 아니라, 돕고 있는 오너 본인의 마음의 중심이다. 선한 일을 하고 있는 자기 자신에 도취되어서는 안 된다.

경영상황이 어려우면 당연히 지원 규모를 줄여도 된다.

전혀 문제가 되지 않는다. 잠시 중단해도 괜찮다. 내가 돕지 않으면 그만큼 힘들어지는 사람들이 많을 것이라고 생각되는가. 그렇지 않다. 하나님이 하시는 일이면 내가 아니어도 다른 누군가를 쓰셔서 그 돕는 손길을 그치지 않게 해주실 것이다.

문제는 오너 본인이다. 사실 사업을 통해 사회적 기여를 한다는 것은 그 지원을 받는 사람과 환경의 혜택도 중요하지만, 하나님께서는 어쩌면 그 돕고 있는 오너 본인을 축복해 주시기 위해 그 기회를 주셨을 지도 모른다. 많은 돈을 벌었지만 교만하지 않고 오직 예수 그리스도를 전파하기 위해 말씀에 순종하는 그 마음을 가졌을 때 하나님도 당연히 기뻐하시겠지만, 그 마음을 갖게 된 오너 본인이 훨씬 더 기쁠 것이기 때문이다. 그 기쁨과 감사는 경험해 본 사람만이 알 수 있다. 사회적 지원도 사업처럼 하려고 하지 말고, 마음으로 드리는 영적 예배가 되기를 간절히 소망한다.

"그러면 무엇이냐 겉치레로 하나 참으로 하나 무슨 방도로 하든지 전파되는 것은 그리스도니 이로써 나는 기뻐하고 또한 기뻐하리라"(빌립보서 1장 18절)

[O-35]
사람은 고쳐 쓸 수 없다?

'사람은 고쳐 쓸 수 없다'라는 말은 회사 생활을 하다 보면 은근 많이 듣게 되는 말이다. 지위 고하를 막론하고 이 말을 쓰는 경우가 많다. 하지만 크리스천들에게는 감히 '금기어'라고 할 수 있을 정도로 해서는 안 되는 말이며, 아무리 수십조 원의 재산을 가진 기업 오너라도 크리스천이라면 쓸 수 없는 굉장히 교만한 말이다.

결론부터 이야기하면 사람은 고쳐 쓸 수 있다, 없다로 표현하는 것 자체가 잘못됐다. 사람은 반드시 새롭게 고칠 수 있다고 말하는 게 맞다. '쓸 수 있다/없다'라는 표현은 사람이 사람에게 할 수 있는 말이 아니다.

'말'이라는 것은 크리스천들에게 너무나도 중요하다.

예수님께서도 입으로 들어가는 것이 더러운 것이 아니라 마음에서 우러나오는 것이 더러운 것이라고 말씀하신 것처럼 우리가 하는 말은 마음에서부터 우러나오는 것이기 때문에 매우 중요하다.

야고보서 말씀에도 강하게 강조하고 계시지 않는가.

"혀는 곧 불이요 불의의 세계라 혀는 우리 지체 중에서 온 몸을 더럽히고 삶의 수레바퀴를 불사르나니 그 사르는 것이 지옥 불에서 나느니라"(야고보서 3장 6절)

이처럼 사람을 고쳐 쓴다는 말 자체를 사용하지 않는 것이 첫 번째 과제다.

그렇다면 회사를 경영하는 오너 관점에서 사람을 고쳐 쓰지 않고, 직원들 스스로 새롭게 고쳐질 수 있는 방법은 없을까? 물론 새롭게 고쳐진다는 말은 우리의 영적인 자아가 새롭게 변화된다는 의미이지만, 회사에서는 일을 대하는 마음 자세나 태도를 의미한다고 볼 수 있다. 오랜 시간 관찰한 결과 변화하지 않는 임직원들을 바라보며 속으로 깊은 한숨을 쉬고 있을 오너들도 분명 많을 것이다. 그동안 많은 기회를 주었고 배려를 해주었건만 결과는 달라지지 않고 그대로인 것처럼 보일 때가 많다.

이런 경험들 때문에 사람이 고쳐지지 않는다고 생각하는 것일지도 모른다. 하지만 어쩌면 그 많은 기다림과 인내의 시간 동안 오너 본인의 방법이 잘못되었을 가능성도 있는 것이다.

사람이 변하려면 제일 우선적으로 본인 스스로 동의가 되어야 한다. 즉 자발적으로 마음이 움직여야만 변화할 수 있다. 그리고 그 자발적인 마음의 움직임은, 계속 반복하지만 오직 '은혜'로만 가능하다. 우리가 하나님을 만나 새로운 사람으로 거듭나는 것도 하나님의 은혜 덕분인 것처럼 일반 회사에서의 많은 사람들 역시 회사로부터 또는 회사의 특정 누군가로부터 받은 은혜가 있을 때 진정으로 변화할 수 있다.

이 은혜라는 개념이 없이 만들어지는 여러 가지 방법론으로는 사람들이 변화하기 힘들다. 그렇기 때문에 돈을 많이 주어도, 좋은 복지를 제공해도, 좋은 업무환경을 만들어 주어도 사람들이 쉽게 변화하지 않는 것이다. 그 안에는 돈과 편의와 안목의 즐거움은 있을지 몰라도 은혜는 없다. 물론 돈을 어떻게 활용하느냐에 따라 어떤 사람에게는 은혜가 될 수 있을지도 모르지만 대부분의 경우는 아니다.

기업의 오너가 임직원들에게 줄 수 있는 은혜의 시작은 당연히 '사랑의 마음'이다. 하지만 사랑의 마음이 생각처럼 잘 생기지 않는다고 하면 그다음 할 수 있는 방법은 '관심'과 '친밀감'이다. 관심과 친밀감이 없는 상태에서 은혜라는 것은 이루어지기 힘들다. 은혜는 상대방이 받을 수 있는 감사의 영역인데 사람마다 감사함을 느끼는 요소는 다르기 때문이다. 어떤 사람은 따뜻한 말 한마디가 평생 기억에 남는 은혜가 되기도 하고, 또 어떤 사람은 경제적으로 어려울 때 손을 내밀어 준 금전적 도움이 은혜가 되기도 한다.

상대가 무엇이 필요한 상황인지 알려면 다가가야 한다. 관심과 친밀감은 사랑의 마음이 진정으로 들지 않는다고 하더라도 행동으로 노력할 수 있는 영역이다. 하지만 누군가는 이런 의문을 가질 수 있겠다. 오너 입장에서 상대해야 할 임직원의 수가 수십, 수백, 수천, 수만명이 될 수도 있는데 일일이 어떻게 다 관심을 갖고 친밀감을 가질 수 있느냐고 말이다.

그런 반문을 하는 오너에게 이런 질문을 다시 해보고 싶다.

"그렇다면 오너 당신이 작년 또는 올 1년 동안 진심으로 관심을 갖고 친밀감을 가지려고 노력했던 임직원은 몇 명이나 되나요?"

기업의 규모와 관계없이 단 한 명이라도 있었다면 그 오너에게는 희망이 있고, 그 회사의 구성원들은 변화할 수 있는 기회가 있다고 보여진다. 중요한 것은 인원수가 아니다. 기업의 크기와 관계없다. 단 한 명이라도 있다면 희망이 있다. 오너에게는 그 한 명이 중요하다. 두 명, 세 명이 된다면 그 가능성은 더욱 높아질 것이다. 주어진 시간 안에서 가능한 수준까지만 하면 된다.

그렇게 한 명, 두 명에 대해 관심과 친밀감을 가지려고 노력하게 되면 그 당사자에게 은혜가 될 수 있는 무언가를 발견하는 의미도 있겠지만, 그에 더해서 오너 본인이 기업을 경영하며 사람이라는 중요한 자원을 어떻게 바라보고 운영해야 하는지 인사이트도 얻게 될 것이다. 항상 윗자리에 앉아 아래에 있는 사람들의 행태를 관찰하는 위치에서 내려와 같은 높이에서 바라보자. 거기에 놀라운 해답이 있을 것이다.

"저녁 잡수시던 자리에서 일어나 겉옷을 벗고 수건을 가져다가 허리에 두르시고 이에 대야에 물을 떠서 제자들의 발을 씻으시고 그 두르신 수건으로 닦기를 시작하여"(요한복음 13장 4~5절)

[O-36]
성장 vs 안정

성장과 안정은 모든 기업 오너들에게 숙명과 같은 키워드다. 생존하려면 성장해야 하고, 또 성장을 무리하게 추진하다 보면 안정을 해칠 수 있으니 말이다. 안정을 위해 성장을 해야 하는 것인지, 아니면 성장을 해야 안정을 찾을 수 있는 것인지 명확하지 않을 때도 있을 것이다. 사업을 두고 하나님께 기도를 드릴 때에도 크리스천 오너들이 가장 많이 묻는 질문일지도 모르겠다.

지금 더 앞으로 나아가야 하는 것인지, 아니면 잠시 가던 길을 멈추고 추스를 때인지 여쭤볼 때가 많을 것이다. 하지만 하나님께서는 사업의 방향에 대해서 일일이 응답해 주시는 분이 아니라는 것은 우리가 잘 알고 있다. 더 성경적으로 접근하려면 먼저 하나님의 나라와 그 의를 구하는 것이 옳다. 그리하면 나머지 모든 것을 더하신다고 말씀하셨기 때문이다.

그럼에도 불구하고 매일 전쟁같은 경영 현장에 있다 보면 이 중요한 말씀을 잊고 지금 당장 내가 살 길을 하나님께 묻고 기다리는 경우가 많이 생긴다. 그리고 내 뜻과 바람대로 이루어지지 않았을 때 하나님께 실망하거나 믿음이 약해지는 경우도 생긴다.

"너희는 먼저 그의 나라와 그의 의를 구하라 그리하면 이 모든 것을 너희에게 더하시리라"(마태복음 6장 33절)의 말씀은 성경을 제대로 읽어 보지 않은 사람들도 잘 알고 있는 말씀인데 왜 이렇게 알면서도 실천하기 어려운 말씀이 된 것일까. 항상 나의 나라와 나의 의를 먼저 구한 후에 하나님 나라를 생각하는 우리의 모습을 하나님께서 참으로 안타깝게 바라보고 계실지 않을까.

성장과 안정이라는 사업의 두 가지 큰 전략방향은 사실 선택의 문제다. 기업을 경영함에 있어 가장 먼저 고려해야 할 기준인데 대부분은 시장 상황을 보고 판단한다. 국제정세나 업황을 고려해서 현재 우리 회사의 진행 방향을 결정하는 것이다. 하지만 크리스천들에게는 선택의 문제라기보다 이끄심, 인도하심의 영역으로 생각할 수 있다.

지금 현재 상황에서 회사가 나아가야 할 방향을 선택한 것은 오너 자신이지만, 그 결과에 대해서는 하나님께서 필요에 따라 이끌어 주실 것으로 믿는 경우가 많을 거라고 생각한다. 그런데 이러한 고민을 하는 과정에서 크리스천 오너들이 놓치지 않았으면 하는 한 가지가 있다. 그것은 바로 "성장하면 무엇을 할 것이고, 안정되면 무엇을 할 것인가"를 스스로에게 질문하는 것이다.

　지금 이렇게 어려운 상황에서도 하나님께서 인도해 주셔서 또는 기도에 응답해 주셔서 성장하게 해주셨다고 하면 그 성장을 토대로 무엇을 할 것인지. 그리고 만일 불안정한 상황을 안정되게 만들어 주셨다면 그 안정된 상황을 가지고 무엇을 할 것인지 생각해 보았는가? 대부분 이 질문을 하지 않은 채 지금 당장의 사업적 필요나 위기를 바라보고 있지는 않은지 돌아볼 필요가 있다.

　많은 기업인들은 사업과 회사 자체의 성장과 안정을 바란다. 그래야 나의 불안이 해소되고 안정된 삶이 보장되며, 많은 풍요를 바탕으로 오너가 원하는 행복과 즐거움을 얻을 수 있다고 생각하기 때문이다. 때로는 그것이 자존심 그 자체가 되어 바라는 경우도 있다. 그리고 사업적 성공을 토대로 많은 돈을 헌금하거나 기부를 해서 하나님 나라에 도움이 되는 역할을 한다고 생각할 수도 있다.

　그렇게 오너 본인의 욕심을 거룩한 포장지로 덮기도 한다.

　지금 당장 재산의 절반을 헌금하거나 기부하라고 하면 절대 행하지 못할 사람이 다른 사람들보다 상대적으로 많은 금액을 기여했다고 해서 본인을 정당화하는 경우가 많다. 나의 것을 하나님 나라에 기꺼이 사용했다고 생각하는 것이다. 주어지지 않았을 때는 하나님께 간절히 구했고, 하나님께서 이루어 주셨으면 그것은 이미 하나님의 것인데 기도드릴 때의 가난한 마음은 잊어버리고 금세 본인의 소유권을 주장하는 것이다.

　이렇듯 성장과 안정이라는 두 가지 큰 축은 하나님 앞에서 굉장히 큰 겸손을 각오하고 접근해야 할 주제다. 그 어떤 방향도 위험한 결과로 이어질지 모르기 때문이다. 성장과 안정의 개념은 어쩌면 잠언에 나오는 부와 가난에 대한 말씀에 빗대어 고백하는 것이 더 적합할지도 모른다.

　"내가 두 가지 일을 주께 구하였사오니 내가 죽기 전에 내게 거절하지 마시옵소서 곧 헛된 것과 거짓말을 내게서 멀리 하옵시며 나를 가난하게도 마옵시고 부하게도 마옵시고 오직 필요한 양식으로 나를 먹이시옵소서 혹 내가 배불러서 하나님을 모른다 여호와가 누구냐 할까 하오며 혹 내가 가난하여 도둑질하고 내 하나님의 이름을 욕되게 할까 두려워함이니이다"(잠언 30장 7~9절)

　이 말씀의 부와 가난을 성장과 안정으로 바꿔서 오너 본인에게 적용해 본다면 어떨까? 기업이 현재 나아가야 할 방향과 관련해서 깊은 고민이 될 때 그 어떤 결과가 오더라도 하나님의 뜻대로 이루어주시기를 바란다는 기도도 좋지만, 그보다 이 잠언 말씀처럼 너무 성장하지도 않게 해주시고 너무 안정되게도 하지 말아달라고 기도하는 것은 어떨까? 잘 성장해도, 잘 안정되어도 모두 하나님을 쉽게 잊어버릴까 두렵다는 고백이 더 필요할 지도 모르겠다.

　오너가 가고자 하는 길이 우리 기업의 흥망성쇠 기준이 아니라, 오너 자신의 영적 흥망성쇠가 우선시 되는 것이 하나님의 나라와 그의 의를 구하는 길이 아닐까 생각해 본다.

"예수께서 눈을 들어 부자들이 헌금함에 헌금 넣는 것을 보시고 또 어떤 가난한 과부가 두 렙돈 넣는 것을 보시고 이르시되 내가 참으로 너희에게 말하노니 이 가난한 과부가 다른 모든 사람보다 많이 넣었도다"(누가복음 21장 1~3절)

[O-37]
외로움

기업을 소유한 사람이면서 동시에 기업을 이끄는 수장의 자리는 항상 외롭기 마련이다. 수많은 의사결정을 하고 그 결과에 대해 직접 책임을 짊어져야 하기 때문이다. 성과에 대한 수혜를 가장 많이 받는 사람이지만, 또 한편으로는 기업의 실패에 대해 전적으로 책임져야 할 사람이기도 하다. 그렇기 때문에 관계를 형성하기도 쉽지 않다. 오너 본인의 이해관계와 그 외 다른 임직원들의 이해관계가 다르기 때문이다.

흔히 사용자와 근로자로 구분해서 표현하는 것도 그 역할과 입장이 매우 다르다는 것을 대표한다고 볼 수 있다. 솔직하게 터놓을 수 없는 이야기들이 계속 누적되면서 오너의 자리는 점점 더 외로워지게 된다.

오너들은 외로움을 잘 다뤄야 한다.

특히 크리스천들은 더욱 유념해서 접근해야 한다. 필자는 심리학이나 정신건강학을 잘 모르기 때문에 그 분야의 적절한 대응 방법은 알지 못한다. 다만, 인사조직적인 접근으로 보았을 때 회사 내부에서 외로움을 건강하게 대처할 수 있는 방법에 대해서는 조심스럽게 의견을 제안하고 싶다.

먼저 크리스천 오너들이 경계해야 할 것 중 하나는 '외로움을 달래기 위한 사적관계를 만들지 말라'이다. 보통 기업들을 보면 대기업이든 중견기업이든 기업의 규모와 관계없이 오너의 '측근'이라고 하는 사람들이 있다.

창업자라면 초기부터 같이 회사를 일궈온 사람일 수도 있고, 창업자의 2세, 3세라면 본인이 회사를 물려받아 이끌어 오면서 대화가 잘 통하고 믿을 만하며, 감정적으로 마음에 드는 사람들이 있다. 그리고 그 사람들을 계속해서 주요 포지션에 임명하고 중요한 역할을 부여한다. 그렇게 얼마의 시간이 흐르게 되면 핵심임원으로 성장하게 된다.

직원들은 그런 사람을 '회장의 오른팔, 심복, 최측근'이라고 부른다. 처음에 오너 본인의 개인적인 외로움을 완화시켜줄 수 있는 친근한 사람으로 시작했다가 어느 순간부터는 실질적인 권력자가 되어 있는 것이다. 그 사람이 인격적으로도 훌륭하고, 일적인 역량도 탁월하다면 문제가 없겠지만 만일 그렇지 않다면 그 부작용은 오너의 외로움 완화 폭보다 훨씬 더 크게 되돌아 올 것이다.

크리스천 오너들의 외로움은 특정 개인들과의 관계로 접근하기 보다는 구성원들 전반의 존경심으로 해소해야 한다. 많은 임직원들의 존경심이 오너의 외로움을 가장 건강하게 달래줄 수 있는 열쇠다. 사실 존경이라고 표현했지만 회사라는 공간에서 기업 오너를 진심으로 존경한다는 것은 '사랑'한다는 뜻과 크게 다르지 않다. 많은 임직원들의 사랑을 받는 오너야말로 외로움에서 벗어날 수 있는 것이다.

그렇다면 「**오너가 구성원들에게 존경받을 수 있는 방법**」은 무엇일까?

첫 번째 방법은, '오너 본인의 자리를 아는 것'이다.

기업들을 관찰하다 보면 상당히 규모가 큰 기업임에도 불구하고 오너 본인이 사소한 일까지 챙기는 경우를 종종 발견한다. 아마도 사람을 잘 믿지 못하는 성향 때문이겠지만 오너의 자리에 걸맞지 않은 모습을 보였을 때 존경심과는 멀어지게 된다. 오너 본인의 자리가 어떠한 역할을 하는 자리인지부터 잘 아는 것이 존경을 받는 출발점이다.

아무리 본인의 관심사라고 하더라도 임원이나 팀장 선에서 충분히 판단하고 의사결정할 수 있는 사안에 대해서는 과감히 위임하고 힘을 실어주길 바란다. 본인의 꼼꼼함과 디테일함을 자칫 잘못 자랑하다가 외로움에서 벗어날 수 있는 기회를 놓칠 수 있다.

두 번째 방법은, '불의에 분노하는 것'이다.

회사 안에서는 큰 회사든 작은 회사든 불의한 일들이 수시로 발생한다. 불법 접대, 횡령, 성폭력, 거짓음해, 권력남용 등 악한 일들이 빈번하게 발생하는데 이런 일이 발생했을 때 오너의 판단과 결정이 어떤가에 따라 존경의 무게가 크게 달라질 수 있다. 불의한 일의 크기에 관계없이, 그리고 그 당사자가 누구인지와 관계없이 불의함에 대해 분노할 수 있어야 한다. 그리고 단호한 대처가 필요하다.

그게 설령 오너 본인의 가족과 관련된 사안이라고 해도 과감한 모습을 보여줘야 한다. 많은 기업 오너들이 이 점을 간과해서 애매하게 넘어가는 경우가 많은데, 불의함에 대한 외면은 마치 눈덩이와 같아서 처음에는 작은 눈뭉치처럼 보일지 모르지만 어느 정도의 시간이 흐른 후에는 피할 수 없을 정도로 큰 눈덩이가 코앞에 다가와 있을 것이다. 그때 후회하지 말고 작은 일부터 확실하게 대응하는 것이 필요하다.

세 번째 방법은, 존경을 받기 위한 방법은 '작은 자를 섬기는 것'이다.

예수님도 우리를 섬기기 위해 오셨는데 기업 오너는 과연 회사 안에서 누구를 섬기고 있는가. 혹시 임직원들 눈치보고 사는 것을 섬기는 것으로 오해하고 있지는 않은가. 다행히도 회사 안에는 섬길 수 있는 작은 사람들이 너무나도 많다. 이제 갓 입사한 신입사원부터 시작해서 계약직이나 파견직 직원, 청소나 보안을 담당하시는 분, 주차관리를 하시는 분 등 조금만 눈을 돌려도 쉽게 발견할 수 있다. 그 사람들을 섬기는 마음이 있을 때 임직원들의 존경심은 물론 하나님의 축복까지 가득히 부어질 것이다.

이 정도의 결단과 실행만 할 수 있어도 오너 본인이 받게 될 존경심과 사랑은 생각보다 클 것이다. 그리고 그 많은 사랑이 현재의 자리를 외롭지 않고, 따뜻하고 즐겁게, 오랫동안 유지시켜 줄 것이다.

"자기 자신은 광야로 들어가 하룻길쯤 가서 한 로뎀 나무 아래에 앉아서 자기가 죽기를 원하여 이르되 여호와여 넉넉하오니 지금 내 생명을 거두시옵소서 나는 내 조상들보다 낫지 못하니이다 하고 로뎀 나무 아래에 누워 자더니 천사가 그를 어루만지며 그에게 이르되 일어나서 먹으라 하는지라 본즉 머리맡에 숯불에 구운 떡과 한 병 물이 있더라 이에 먹고 마시고 다시 누웠더니 여호와의 천사가 또 다시 와서 어루만지며 이르되 일어나 먹으라 네가 갈 길을 다 가지 못할까 하노라 하는지라"(열왕기상 19장 4~7절)

[O-38]
사업을 하는 이유

왜 사업을 하는 것일까?

가장 일반적인 대답은 아마도 '많은 이윤을 내기 위해서'일 것이다. 그렇다면 왜 많은 이윤을 내려고 하는 것일까? 이 질문에 대한 가장 일반적인 대답 역시 '많은 돈을 벌고 싶은 욕심'일 것이다. 돈을 많이 벌고 싶은 창업자 개인의 욕심에서 사업은 시작하고 유지된다고 볼 수 있다.

세계적인 기업의 소유주나 우리 동네의 작은 가게 사장님이나 본질적으로 보면 비슷한 동기를 가지고 있는 것이다. 본질이 비슷하고 사람들의 동기도 비슷하기 때문에 시장의 질서라는 것도 자연스럽게 만들어지고 유지되고 있지 않을까 싶다.

그런데 무엇인가 허전한 느낌도 든다. 사업을 하는 이유가 돈을 많이 벌기 위해서라는 것은 알겠는데 과연 그것이 전부일까. 물론 전부는 아니다. 우리가 알고 있는 또 다른 이유 중 하나는 '사회적 가치' 또는 '선한 영향력'이다. 돈을 많이 벌어서 사회에 기여하겠다는 목적이 있는 것이다. 우리가 사는 세상을 조금 더 좋은 방향으로 변화시키고자 하는 목적도 사업의 중요한 목적 중 하나가 될 수 있다. 많은 크리스천 오너들은 아마도 사업의 목적을 여기에 두고 있지 않을까 싶다. 사업을 통해 많은 자본을 얻고, 그 자본을 통해 이 땅에서 하나님의 나라를 만들어 가는데 가치 있게 사용하겠다는 목적이 있을 것이다.

그런데 혹시 이런 생각을 해본 적은 없을까.

내가 사업을 하는 이유는 '하나님이 맡겨 주셨기 때문'이라고 말이다. 사업을 통해서 교회에 도움이 되고, 사역에 도움이 되고, 사회에 선한 영향력을 많이 미치는 그런 목적이 아니라 단지 하나님이 나에게 맡겨 주셨기 때문이라고 생각해 본 적은 없는가. 필자가 생각하는 크리스천 기업인들의 사업 목적은 바로 여기에 있다고 생각한다. 그리고 하나님께서 이 사업을 맡겨 주신 이유는 아마 다 다를 것이다. 아무리 큰 기업의 오너라고 하더라도 어떤 경우는 오너인 당사자 한 명의 구원을 위해 맡겨 주셨을지도 모르는 일이다.

그 큰 기업을 운영하면서 겪게 된 수많은 어려움과 갈등, 고난을 통해 하나님을 인격적으로 만나게 돼서 회심하게 된다면 그것만으로도 하나님께서 충분히 기뻐하실 수 있다는 뜻이다. 대기업 오너는 많은 돈을 벌었으니, 그 많은 돈을 가지고 하나님 나라의 확장에 더 많이 쓰임을 받게 될 것이라고 생각하는가. 그렇게 생각하는 크리스천이 있다면 하나님을 오해하고 있는 것이다. 하나님은 1조 원의 돈보다 한 가난한 과부가 헌금으로 낸 이번 달 생활비 10만 원으로 훨씬 더 큰 역사를 만드실 수 있는 분이기 때문이다.

열심히 일하고 사업을 성공시켜서 교회사역과 선교에 많은 기여를 했지만 오너 본인이 하나님 말씀에서 멀어진 것보다, 사업은 보잘 것 없이 초라해지더라도 하나님 말씀에 귀를 떼지 않는 한 마리 작은 양으로 살아갈 때 훨씬 더 기뻐하실 것이다. 그리고 그것을 하나님의 일이라고 여기실 것이다.

크리스천이면서 동시에 기업의 오너로 살아간다는 것은 매우 어려운 일이다. 하나님의 말씀을 다 지키며 살아왔지만, 본인이 가진 재산을 가난한 사람들에게 모두 나누어 주지 못해서 근심한 얼굴로 예수님을 돌아서고 말았던 부자청년의 모습이 오늘날 크리스천 오너들이 마주한 불편한 거울일지도 모른다.

돈을 사랑하는 것이 일만 악의 뿌리라고 말씀하신 것 또한 굉장한 도전이다. 구제할 때에 오른손이 한 일을 왼손이 모르게 하라는 것 역시 어려운 숙제 중 하나다. 게다가 교회가 돈의 논리로 흔들리지 않도록 방어해야 하는 문지기 역할도 해야 한다. 웬만한 믿음으로는 지키기가 굉장히 어려워 보인다.

그만큼 기업의 오너라는 자리는 크리스천으로 살아가기 어려운 자리다. 그렇기 때문에 앞서 이야기한 사업을 하는 이유가 단순히 사업의 결과로 사역에 도움을 주는 것에 한정되면 안 될 것 같다.

오너 본인이 지금 사업을 하는 이유는 하나님이 맡겨 주셨기 때문이다. 그것이 전부다. 하나님께서 왜 이 사업을 맡겨 주셨는지는 말씀과 기도 가운데 응답해 주실 것이라고 믿는다. 본인 한 명의 구원일지, 회사를 다니고 있는 임직원들의 구원을 위해서일지, 사업의 성과를 통해 선교에 도움을 주기 위해서일지 그 이유는 사람마다 각기 다를 것이다.

하지만 분명한 사실 중 하나는, 하나님께서는 오너 본인보다 사업을 더 중요하게 생각하시지 않는다는 것이다. 하나님은 오너인 당신을 더 사랑하신다. 오너 당신을 잃고 사업을 얻는 분이 절대 아니다. 그러니 지금 너무 많은 부담과 책임감에 짓눌려 있다면, 사업은 잠시 함께 일하는 임직원들에게 맡겨 놓고 하나님 앞에 조용히 나아가 보는 것은 어떨까.

그동안 너무 치열하게 살아오느라 잠시 잊고 있었던 하나님의 음성을 다시 듣게 되기를 간절히 소망한다.

"수고하고 무거운 짐 진 자들아 다 내게로 오라 내가 너희를 쉬게 하리라"(마태복음 11장 28절)

2장

크리스천 직장인

Christian Employee

[E-1]
다수의 시선에 대한 두려움

조직생활을 하다 보면 소위 다수의 생각, 다수의 의견에 휩쓸리게 되는 경우가 많다. 특히 사람 간의 관계에 있어서 그런 경우가 종종 발생하게 되는데 크리스천들이 매우 조심해야 할 지점이다. 그 유형을 살펴보면 다음과 같다.

❶ 내 직속 상사나 팀장, 임원이 싫어하는 사람

❷ 가까운 팀원, 동료들이 대부분 싫어하고 비난하는 사람

❸ 회사 내에서 소위 '잉여인원'이라고 암묵적으로 알려진 사람

이런 사람들에 대해서 나는 어떤 태도를 지니고 있는지 돌아볼 필요가 있다. 나에게 피해를 주거나 불편하게 한 것도 없는데 주변 사람들이 싫어하고, 피하고, 부정적으로 보는 사람이라는 이유 하나만으로 나도 모르게 그 비난과 비판에 같이 편승하고 있지는 않았는지 말이다. 따뜻한 말 한마디를 충분히 건넬 수 있었음에도 불구하고, 주변 사람들의 시선 때문에 그냥 모른 척 하지는 않았는가.

어떻게 보면 회사를 다니는 크리스천들이 하지 말아야 할 첫 번째 행동이 이러한 태도가 아닐까 싶다. 나의 유익과 안전을 위해 약한

자를 외면하는 행동이야말로 강도 만난 이웃을 못 본 체하고 지나친 사람과 별반 다를 것이 없다. 물론 여러 가지 명분과 이유를 들 수 있을 것이다. 내가 이 직장에서 잘 적응해야 우리 가족을 먹여 살릴 수 있고, 그게 더 우선의 가치이기 때문에 굳이 나의 조직생활을 어렵게 만들 수 있는 행동을 하지 않았다고 말할 수도 있다.

하지만 이러한 형태의 항변은 대부분 자기를 속이는 거짓말일 가능성이 높다. 가족을 핑계 삼아 본인의 욕심, 권력욕을 더 편하게 추구하고, 합리화하고 있을지도 모른다. 주변의 많은 사람들이 싫어하고 비난하는 사람에게 먼저 다가가서 따뜻한 말과 마음을 전하면 본인도 그 사람과 같은 부류로 판단될까 두려운 것은 아닌가. 만일 그 이유가 맞다면 빨리 마음을 돌이키기를 바란다.

그 마음을 그대로 방치하면 나도 모르게 말씀에서 계속 멀어진 삶을 살아가게 될지도 모르기 때문이다. 만일 일 때문에 바쁘고 정신없어서 먼저 다가갈 여유가 없다면 적어도 다른 사람들의 비난에 동조하지는 말자. 그런 이야기가 들리는 자리에 있다면 소리를 흘려듣고 기도를 해보자. 저들의 비난과 악한 마음이 그치게 해달라고 기도를 드리는 것도 좋은 방법이다.

회사 생활 중에 매우 빈번하게 일어나는 일이기 때문에 집중해서 대응하지 않으면 나도 모르게 휩쓸려 갈 수 있다. 그렇기 때문에 자신만의 방법과 루틴을 만들어 가는 것이 필요하다.

만약 시간의 여유가 허락된다면, 그 사람에게 먼저 다가가서 아무

말이라도 건네고 대화를 나눠보자. 일상적인 말 몇 마디가 그 사람에게는 큰 울림과 빛으로 전해질지도 모른다. 설령 그 사람이 실제로 업무적으로나 인격적으로 문제가 있는 사람이라고 하더라도 당신의 그 다가감으로 인해 변화될 수 있는 씨앗이 심어지게 될지도 모른다.

크리스천 직장인들은 회사 내에서 다수의 시선을 두려워해서는 안 된다. 다수의 시선이 신경 쓰이고 두려운 순간이 온다면 바로 그곳이 내가 걸어가야 할 좁은 길이 될 것이다. 그 순간을 인식하게 되면 기쁨과 감사로 반응하는 것도 좋다. 지금 내가 크리스천으로 하나님께 칭찬 받을 수 있는 기회가 주어졌기 때문이다.

어떠한 이유로 그 사람이 비난을 받고 소외됐는지를 판단하기 전에 주변에 그런 사람이 관찰된다면 우선 다가가 보자. 특별히 무엇인가를 하려고 할 필요도 없다. 일상적인 대화 몇 마디면 충분하다. 내가 하나님을 인격적으로 만나기 전에 어떻게 살아왔는지 곰곰이 떠올려 보자. 그렇게 심각한 죄인이었던 나를 긍휼히 바라보시고 지켜주셨던 하나님을 생각해 보자. 하나님도 하늘의 많은 천사들의 눈치가 보여서 나같은 죄인을 구원해 주시기 어려우셨을까. 그렇지 않다는 것을 너무나 잘 알고 있지 않은가.

우리가 아직 죄인되었을 때에 먼저 사랑하셨던 하나님의 은혜를 생각해서 우리도 먼저 다가가 보자.

그 작은 행동에 하나님께서 크게 기뻐하실 것이다.

"그 사람이 자기를 옳게 보이려고 예수께 여짜오되 그러면 내 이웃이 누구니

이까 예수께서 대답하여 이르시되 어떤 사람이 예루살렘에서 여리고로 내려가다가 강도를 만나매 강도들이 그 옷을 벗기고 때려 거의 죽은 것을 버리고 갔더라 마침 한 제사장이 그 길로 내려가다가 그를 보고 피하여 지나가고 또 이와 같이 한 레위인도 그 곳에 이르러 그를 보고 피하여 지나가되 어떤 사마리아 사람은 여행하는 중 거기 이르러 그를 보고 불쌍히 여겨 가까이 가서 기름과 포도주를 그 상처에 붓고 싸매고 자기 짐승에 태워 주막으로 데리고 가서 돌보아 주니라 (중략) 네 생각에는 이 세 사람 중에 누가 강도 만난 자의 이웃이 되겠느냐 이르되 자비를 베푼 자니이다 예수께서 이르시되 가서 너도 이와 같이 하라 하시니라"(누가복음 10장 29~37절)

[E-2]

감춰진 죄의 시작, 권력욕

직장인들의 보편적인 꿈이자 목표가 있다.

바로 '연봉'과 '승진'이다.

회사를 다니면서 당연히 승진하고 싶고, 팀장이 되고 싶고, 임원이 되고 싶다고 말할 수 있다. 개인의 당연한 성장 욕구이기 때문에 그 자체를 부정적으로 볼 수는 없다고 할 수 있다. 하지만 적어도 크리스천들에게는 그것이 당연하게 느껴져서는 안 된다.

예수님께서 제자들에게 하셨던 말씀을 잠시 살펴보자.

"예수께서 제자들을 불러다가 이르시되 이방인의 집권자들이 그들을 임의로 주관하고 그 고관들이 그들에게 권세를 부리는 줄을 너희가 알거니와 너희 중에는 그렇지 않아야 하나니 너희 중에 누구든지 크고자 하는 자는 너희를 섬기는 자가 되고 너희 중에 누구든지 으뜸이 되고자 하는 자는 너희의 종이 되어야 하리라"(마태복음 20장 25~27절)

이 말씀을 직장에서 승진하고자 하는 욕구에 빗대는 것이 과하다고 생각되는가. 필자는 그렇게 생각하지 않는다. 이는 오히려 회사라는 곳에서 더 선명하게 지켜야 할 예수님의 중요한 말씀이라고 생각한다. 회사가 아니면 이 마음이 적나라하게 드러나는 곳도 없을지 모른다.

회사는 남들과의 경쟁에서 이겨서 승진하고, 임원이 되기 위해 다니는 곳이 아니다. 회사라는 곳은 그러한 생각을 당연하게 하는 곳이 아니라 그저 나에게 주어진 '일'을 하는 곳이고, 남들과 협업해서 일을 진행시키는 곳이며, 궁극적으로는 내가 속한 기업의 이윤창출, 가치창출에 직간접적으로 기여해야 하는 곳이다. 더 높은 지위는 내가 수행한 일에 대한 결과이자 관계형성을 통한 결과일 뿐이지 내가 애초부터 '목적'을 가지고 접근하는 대상이 되어서는 안 된다. 크리스천에게는 그러한 마음가짐이 필요하다고 본다.

승진하고자 하는 욕심, 임원이 되고자 하는 욕심의 근간에는 더 많은 연봉을 받을 수 있다는 욕심도 물론 있겠지만 더 깊이 들어가 보면 '권력욕'이 자리잡고 있기 때문에 조심해야 하는 것이다. 권력욕 이라고 하면 영화나 뉴스에서 보는 것처럼 정치적으로 경쟁자를 물 리치고 그 자리를 차지하겠다는 공격적인 욕구를 떠올릴지도 모르 지만, 더 근본적으로 보면 '내 말대로, 내 뜻대로 일이 이루어지길 바 라는 마음'이 더 정확한 표현일지도 모른다. 즉, 내가 말만 하면 사람 들이 그대로 움직여 주고, 그래서 내 말대로 일이 진행돼서 결과가 나오고 성취감을 느끼는 과정이 권력욕을 가장 명확하게 보여주는 모습일 것이다.

회사에서는 권력욕을 가진 사람이 승진하는 경우가 많다.

일 잘하고 능력 있는 사람보다 권력욕을 가진 사람이 승진할 확률 이 높다는 뜻이다. 왜냐하면 권력욕을 가진 사람은 일이 조금 잘못 되고 실패하더라도, 사람과의 신뢰관계가 무너져도, 자존심이 상하 더라도, 그 자리에 올라갈 수만 있다면 충분히 감내할 수 있기 때문 이다. 즉, 일반적인 보통의 사람들이 느끼는 어려움을 잘 극복할 수 있다. 주어진 일을 성실하고 정직하게 수행하고 그 결과를 통해 성취 감을 느끼거나 때로는 좌절감을 느끼는 평범한 삶과는 다르다.

항상 본인이 승진하고 올라가기 위해 비슷한 위치에 있는 사람들 이 누가 있는지 살펴보고, 그 사람보다 내가 우위를 차지하기 위해 지금 무엇을 해야 하고, 누구와 가깝게 지내야 하는지부터 민감하게 생각한다. 그렇기 때문에 한정되어 있는 자리를 차지할 확률이 높다.

그 자리에 가기만 하면 내 말대로 일을 진행시킬 수 있고, 사람들을 움직일 수 있다고 생각하기 때문에 일시적인 괴로움과 어려움은 쉽게 잊고 털어낼 수 있다.

재물에 대한 욕심만큼이나 승진에 대한 욕심도 그렇기 때문에 경계해야 한다. 사람은 누구나 권력욕에 노출되고 중독될 수 있다. 내가 조심하지 않으면 언제든지 그 물결에 휩쓸려 갈 수 있다. 그러나 크리스천에게 권력욕은 필요가 없다. 권력욕을 갖지 않아도 승진할 수 있고, 조직의 리더가 될 수 있다. 중요한 것은 내가 지금 얼마나 그것을 바라보고 집중하고 있는가에 달려 있다. "누구든지 크고자 하는 자는 너희를 섬기는 자가 되어야 한다"(마가복음 10장 43절)라는 말씀을 왜 하셨을지 잘 생각해 보자.

예수님 말씀을 있는 그대로 실천할 수 있는 좋은 기회이지 않은가. 말씀에 순종하고 실천할 수 있는 기회가 있다는 것은 얼마나 기쁜 일인가. 이 땅에서 큰 자가 되려고 하지 말고, 하늘에서 큰 자가 되기를 소망하는 크리스천들이 되기를 소망한다.

"지혜가 지혜자를 성읍 가운데에 있는 열 명의 권력자들보다 더 능력이 있게 하느니라"(전도서 7장 19절)

[E-3]
우상과 존경의 차이

회사생활을 하다 보면, 소위 '부러운 사람'을 종종 목격하게 된다. 일 잘하고 똑똑한 사람부터 시작해서 좋은 학교를 나온 사람, 돈 많은 사람, 잘 생기고 예쁜 외모의 사람 등 그 이유는 다양하다. 일상적인 부러움이야 자연스러운 마음일 수 있겠지만, 지내다 보면 간혹 그 부러움이 지나쳐서 과도하게 몰입하는 경우가 발생한다. 비교의식이 발동해서 스스로 작아지고 자격지심이 생기는 사람도 있고, 반대로 그 부러운 사람처럼 되고 싶어서 가까이 다가가거나 진심으로 동경하기도 한다.

그런데 어떤 방향이든 간에 둘 다 맞지 않다.

전자나 후자나 모두 사람을 외모로 취하고, 돈을 사랑하고, 우상을 만들었기 때문에 말씀에 어긋난다고 볼 수 있다. 그래도 스스로 작아지고 자격지심을 느끼는 사람은 후자보다 훨씬 더 빠르게 회복될 수 있다. 남과 비교해서 콤플렉스가 생기고 자신감이 떨어지는 것은 그 현상 자체가 바람직하진 않지만 스스로가 깨어지고 마음이 가난해지는 과정이 될 수 있기 때문이다.

문제는 후자의 경우다.

내가 부러워하고 동경하는 누군가의 모습에 나의 구원과 보물이 같이 있기 때문이다. 그리고 대부분의 경우 그 부러움과 동경의 자리에 있는 것은 세상적인 가치일 때가 많다. 더 적나라하게는 돈이 자리 잡고 있을 때가 많다는 것이다. 회사에서 직원들 간에 돈 많은 사람들의 이야기를 흥미롭게 나누는 것도 그 이유 때문이다.

하지만 크리스천이라면 이러한 주제로 사람들끼리 가벼운 담소를 나누는 그 순간에도 깨어 있기를 바란다. 나도 모르게 나의 영적 상태를 교란시킬 수 있기 때문이다. 아무 생각없이 그런 이야기에 동참하고 흥미롭게 이야기를 나누다 보면 어느샌가 나도 이 세대를 본받게 되고, 그런 사람이 되고 싶어하는 자신을 발견하게 될 것이다.

우리는 회사에 있는 누군가를 동경할 필요가 없다.

동경과 존경의 차이는 본인 스스로 알고 있다. 누군가를 리더로서 존경하거나 또는 동료나 후배 중에 진심으로 존경의 마음이 생기는 그런 사람과 세상적으로 동경하는 사람은 차이가 있다. 내가 존경하고 있는 사람이 있는데 그것이 동경이나 우상인지, 아니면 진짜 존경인지 구분할 수 있는 방법은 아주 간단하다.

존경하고 있는 사람의 모습에서 경제력, 직위, 외모의 세 가지 변수를 완전히 제거해 보면 된다. 세 가지 변수를 제외한 후에 그 사람을 보았을 때도 존경의 마음이 변하지 않고 동일하게 남아 있다면 존경이 맞다. 하지만 조금이라도 축소되거나 변화가 생긴다면 그것은 세상적인 기준으로 동경하고 있었을 가능성이 높다.

롤모델이라는 말도 위의 세 가지 변수를 제외한 후에 존경의 마음이 남아 있는 사람에게 쓰는 것이 좋다. 그래야 내가 가는 방향이 잘못되지 않았을 가능성이 높다.

회사는 더 많은 연봉과 더 높은 직위를 내걸고 직원들이 집중해주기를 바란다. 그 가치를 손에 넣기 위해 밤낮 없이 회사 생각, 일 생각을 해주기를 바란다. 그래야 회사가 지급하는 월급의 가치가 최대치로 올라가기 때문이다.

크리스천들은 속지 말았으면 한다.

조직 생활을 하기 위해 남들이 동경하는 사람을 같이 높여주는 척 해줄 수는 있어도 속마음까지 동의해서는 안 된다. 회사 생활 중에 몇 가지 급류가 있는데 그중 대표적인 것이 바로 많이 가진 사람, 높은 사람에 대한 동경의 마음이다. 내가 정신차리지 않으면 급류에 휩쓸려서 다른 사람들과 같이 멀리 떠내려갈 수 있다. 회사 안에서 동경의 대상, 우상을 만들 시간에 내 옆에 소외되고 지쳐 있는 동료를 한번 더 바라보고 따뜻한 말 한마디 건넬 수 있기를 바란다.

"이 세상이나 세상에 있는 것들을 사랑하지 말라 누구든지 세상을 사랑하면 아버지의 사랑이 그 안에 있지 아니하니 이는 세상에 있는 모든 것이 육신의 정욕과 안목의 정욕과 이생의 자랑이니 다 아버지께로부터 온 것이 아니요 세상으로부터 온 것이라"(요한1서 2장 15~16절)

[E-4]
원치 않는 발령

회사를 다니다 보면 '조직 이동'이라고 하는 인사발령을 겪게 된다. 크게 보면 해외 주재원으로 나가는 발령부터 시작해서 계열사로 전배되기도 하고, 작게는 근처 조직으로 이동하거나 동일 직무 유관부서로 옮기기도 한다.

직장인들에게 조직과 직무의 변경이라는 것은 굉장히 민감한 주제일 수밖에 없다. 일을 배우기 시작하는 단계에서는 여러 직무를 경험해 보는 것이 설레기도 하고 성장에도 도움이 돼서 긍정적일 때가 많지만, 일정 연차가 지난 후부터는 새로운 조직과 새로운 일을 다시 배우기 시작한다는 것이 큰 부담으로 다가올 때가 많다.

나도 이제 어느 정도 성장했고 중간관리자급이 되었는데 나보다 연차도 훨씬 적은 후배들보다 아는 것이 적은 환경으로 들어간다는 것은 당연히 부담될 수밖에 없을 것이다. 그렇기 때문에 조직 이동이라는 것이 때로는 희망이 되고 동기부여도 되지만, 또 어떨 때는 퇴사를 고민해야 될 정도로 민감한 계기가 되기도 한다. 문제는 바로그 '원치 않는 발령'이 이루어졌을 때 크리스천들은 어떻게 대응해야하는가'라는 점이다.

어려운 문제다.

사실 하나님께서 선교사로 파송가라고 말씀하신 것도 아니고, 직장을 그만두고 목회자의 길을 가라고 말씀하신 것도 아닌, 그저 같은 회사 안에서의 조직 변경이다. 그렇기 때문에 내 입장에서만 보면 민감하고 큰 주제처럼 보일 수도 있지만 한발 떨어져서 바라보면 하나님의 나라와 나의 신앙과는 별로 관계없는 그저 현실적인 이슈일 수도 있다. 하지만 쉽게 넘어갈 수만은 없는 민감한 주제이기도 하다. 당장 나의 일상과 가족, 삶의 패턴이 모두 일시에 변할 수 있기 때문에 본능적으로 방어기제가 작동하게 되는 두려움의 영역일 수 있다.

어려운 발령 건을 마주했을 때 크리스천들은 아마 다음과 같은 생각이 반사적으로 떠오를 것이다. 하나님의 계획이실까. 연단의 과정일까. 기도의 자리로 오게 만드는 부르심일까. 이와 같은 생각들이 먼저 떠오를 수 있다. 그 다음에는 해당 조직으로 이동했을 때 예상되는 여러 가지 이슈들이 떠오를 것이다.

'피하고 싶은 그 사람과 어떻게 일하지'부터 시작해서 '남편 또는 아내, 아이들과 멀리 떨어지게 되는데 어쩌지', '내가 그 일을 잘할 수 있을까', '이렇게 발령받으면 앞으로 이 조직에서 더 위로 올라갈 수 있을까' 등의 현실적인 고민도 자연히 머릿속에서 떠오를지 모른다.

회사 생활에서 벌어지는 여러 상황들 중에서 크리스천으로서 가장 도전이 되는 순간일 수 있고, 그렇기 때문에 가져야 할 마음의 자세와 행동해야 할 태도 역시 신중하게 접근할 필요가 있다.

먼저 발령 건을 알게 되었을 때 맨 처음 그 즉시 하나님의 계획 여부를 마음에 떠올렸다면, 그리고 감사의 기도를 드렸다면 크리스천으로서 이미 할 일을 다 했고, 그것만으로도 충분히 믿음의 길을 지켰다고 생각된다. 다만, 필자의 견해로 조금 더 구체적으로 보자면, 기도의 내용 역시 하나님께서 기뻐하실 수 있도록 드릴 수 있다면 내 삶에 하나님의 나라가 더욱 확장될 수 있는 기회가 될 수 있지 않을까 싶다. 기도의 내용이 이 발령을 막아 달라고 하던지 또는 피할 길을 주시라는 형태로 간구하기보다는 "어찌됐든 하나님의 계획대로 모든 것이 이루어지길 바라고 그 가운데 저의 발령도 작지만 귀하게 쓰임받기를 원합니다"라는 형태의 순종의 기도는 어떨까.

하나님은 이미 다 알고 계신다.

지금 이 발령이 나에게 도움이 될지 독이 될지, 특히 나의 신앙에 있어서 좋은 일이 될지 아닐지는 누구보다 하나님께서 잘 알고 계신다. 그렇기 때문에 우리가 드리는 순종의 기도가 응답되는 형태 역시 하나님께서 믿음의 관점에서 이루어주실 것으로 믿는다.

나의 이 발령으로 하나님의 나라가 확장되는데 쓰임 받기를 원한다는 기도를 드렸는데, 하나님께서 보실 때 오히려 그 방향이 나의 믿음 여정에 방해가 된다고 보신다면 당연히 막아주시지 않겠는가. 아브라함의 이삭을 내리치는 칼을 붙잡으신 하나님을 떠올려 보자. 하나님은 길을 열어 주시기도 하지만 옳지 않은 길도 반드시 막아주시는 하나님이시다.

이렇게 스스로 마음을 잘 다스리고 기도로 나아간 후에도 여전히 현실적인 고민과 갈등이 계속 이어질 수 있다. 적어도 아직 내 마음이 온전히 정리되고 다짐이 되기 전까지는 크리스천들이 회사 안에서 겉으로 보여지는 모습과 속으로 생각하는 마음을 잘 구분할 필요가 있다. 속으로 생각하는 나의 마음은 아직 갈대처럼 흔들리는 상태라고 하더라도 회사 내 다른 사람들에게는 기쁨으로, 의연하게, 긍정적으로 받아들이는 모습을 보여줄 필요가 있다.

　아직 하나님 앞에서 내 마음이 정해지기 전이고, 그 결과가 어떻게 이어질지 알지 못하는 상황이라면 지금 당장은 복잡하고 힘든 마음이더라도 보여지는 모습은 밝고 가벼웠으면 한다. 왜냐하면 사실 동료들에게 보여주고 있는 나의 모습이 하나님 앞에서 내가 순종하고 있는 모습이기 때문이다. 땅에서 풀면 하늘에서도 풀린다고 하지 않으셨는가.

　사람들 앞에서도 내가 순종의 자세를 보여주지 못하는데 하나님 앞에서는 가능할 것으로 생각되는가. 그렇지 않다. 사람들 앞에서도 하지 못한다면 하나님 앞에서는 더욱 힘들 것이다. 그렇기 때문에 우리의 태도가 바로 이 지점에서 훈련될 필요가 있다. 다시 한번 말하지만, 만약 그것이 내 믿음의 여정에 방해가 되는 길이라고 하면 하나님께서 당연히 막아주실 것이다. 그 신뢰를 가지고 담대히 나아갔으면 한다.

그러한 행동이 바로 주위 동료들의 마음을 불편하게 하지 않는 이웃 사랑의 표현이며, 항상 기뻐하라는 말씀에 대한 순종이며, 사람이 자기 길을 계획할지라도 결국 그 길을 인도하시는건 하나님이시라는 믿음의 고백이기 때문이다.

나의 마음이 정해지기까지는 하나님과 기도 가운데에 풀어져야 할 숙제라고 한다면, 보이는 이 세상에서는 본인의 태도로 인해 주변 사람들을 불편하게 만들지 말아야 한다. 그리고 이 발령으로 인해 퇴사하지 않을 것이라면 발령을 받아 갈 곳에서의 사람들도 생각하고 배려해야 한다. 이렇게까지 할 자신이 없고 그저 지금의 발령이 너무나도 싫고 괴롭다면 차라리 바로 퇴사하기를 권한다.

지금 원치 않는 발령으로 고민 중인 크리스천들이 있다면, 이 말씀을 기억하고 묵상하기를 바란다.

"당신들이 나를 이 곳에 팔았다고 해서 근심하지 마소서 한탄하지 마소서 하나님이 생명을 구원하시려고 나를 당신들보다 먼저 보내셨나이다"(창세기 45장 5절)

사주, 점 등 주술과 귀신 대처

　회사에서 사람들끼리 쉽게 나누는 대화 주제 중 하나가 사주, 운세, 점과 관련된 이야기들이다. 어느 점집이 용하다든지, 누가 가서 봤는데 기가 막히게 잘 맞췄다든지, 사주가 어떠한데 올해부터는 운이 핀다든지 등의 얘기가 쉽게 오고 가는 곳이 회사다. 심지어 사주는 과학이며 경험통계라면서 마치 합리성에 근거한 이론이라도 되는 양 굉장히 큰 착각을 하고 있는 사람들도 있다. 사주가 과학이고 통계면 혈액형별 특징도 과학이고 통계가 될 수 있지 않을까. 차라리 MBTI가 더 정교한 모델일지도 모르겠다.

　아무튼 다른 주제를 떠나서 사주, 점과 관련된 이야기들을 서로 나눌 때 크리스천으로서 어떻게 대처해야 할지 중요한 대목이 아닐 수 없다. 어차피 사회에는 믿지 않는 사람들도 많고 그냥 내 마음과 믿음만 지키고 있으면 되지 굳이 그런 자리에서 반론을 제기하거나 튀는 행동을 하게 되면 나만 이상한 사람처럼 보일까 봐 괜한 두려움에 조용한 미소로 대응하고 있지는 않은지 스스로 점검해 봐야 한다.

　하지만 이 문제에 관해서 크리스천들은 심플하고 단호하게 생각하면 좋을 것 같다. 믿지 않는 사람들은 인정하지 않겠지만 사실 점이나 사주를 믿는 것은 귀신을 믿는 것과 동일하다. 그리고 더 놀라운 것은 그들은 하나님이 없다고 말하고, 보이지 않는다고 말하고, 그래서 믿지도 않으면서 정작 점과 무당이 말하는 것은 믿는다. 귀신은 믿고 하나님은 믿지 않는 것이다. 하나님이 보이지 않고 경험하지 못해서 믿지 못하겠다고 하면 귀신 또한 보이지 않고 경험하지 못했으니 믿지 못하겠다고 하고 점이나 무당, 사주를 믿지 않는 것이 차라리 일관성이라도 있어 보인다.

크리스천들은 이 문제에 대해 매우 단호하게 대처해야 한다.

같은 부서 사람들, 동료들이 점과 무당, 사주에 관한 이야기를 할 때 가능하면 바로 자리를 떠나라. 전화를 받는 척을 하든지, 화장실을 간다고 하든지 등 연기를 해서라도 일단 그 자리를 피하고, 물리적으로 하기 어렵다면 휴대폰을 만지는 척하면서 고개를 돌려라. 그것조차도 하기 어려운 타이밍과 상황이라면 일체의 말도 입 밖으로 꺼내지 말고 리액션도 하지 말며 차라리 다른 생각을 하고 시선을 다른 곳으로 돌려라. 최대한 피할 수 있는 방법을 찾아서 대응해야 한다.

주술과 귀신에 대한 메시지는 성경 여러 곳에서 계속 반복해서 말씀하고 계신다.

"네 하나님 여호와께서 네게 주시는 땅에 들어가거든 너는 그 민족들의 가증한 행위를 본받지 말 것이니 그의 아들이나 딸을 불 가운데로 지나게 하는 자나 점쟁이나 길흉을 말하는 자나 요술하는 자나 무당이나 진언자나 신접자나 박수나 초혼자를 너희 가운데에 용납하지 말라 이런 일을 행하는 모든 자를 여호와께서 가증히 여기시나니 이런 가증한 일로 말미암아 네 하나님 여호와께서 그들을 네 앞에서 쫓아내시느니라 너는 네 하나님 여호와 앞에서 완전하라 네가 쫓아낼 이 민족들은 길흉을 말하는 자나 점쟁이의 말을 듣거니와 네게는 네 하나님 여호와께서 이런 일을 용납하지 아니하시느니라"(신명기 18장 9~14절)

[E–6]
좋은 회사 고르는 방법

언뜻 보면 제목부터 와닿지 않을지도 모르겠다.

지금 내가 회사를 골라서 갈 수 있는 입장이 아닌데 좋은 회사를 고르는 법이라니…. 사실 그렇기도 하다. 어쩌면 이제 막 첫 직장을 찾고 있는 구직자들에게는 맞지 않는 이야기가 될 수도 있다. 하지만 기본적으로 현재 회사를 다니고 있는 사람들을 전제로 해서 필자의 경험과 생각을 전해보고 싶다.

"크리스천 직장인들이 어떤 회사를 다니는 것이 하나님의 나라와 그 뜻을 이루는데 더 나은 것인가?"라는 질문을 한다면, 아마 답변하기가 쉽지 않을 것이다. 사회적 약자를 돕고, 환경을 보호하는 회사가 맞는 것인지, 아니면 그 기업의 오너가 신실한 믿음을 가진 사람이어야 하는지 등 사람마다 기준이 다를 수 있어 무엇이 맞다고 이야기하기가 어렵다.

필자의 생각으로는, "어떤 회사든지 관계없다"가 맞는 대답이라고 생각한다. 회사가 어떤 회사인지, 누가 오너고 경영자인지, 사회적기업인지 아닌지는 하나님의 나라와 뜻과는 직접적인 관계가 없다고 생각한다. 더 중요한 것은 내가 어디에 있든지 하나님의 말씀 안에서 있을 수 있는지, 내가 하나님을 사랑하고 있는지가 더 본질적인 질문이 되어야 한다고 생각한다.

크리스천 직장인들이 직장을 선택하고 고민할 때 꼭 이 질문을 마음에 두었으면 좋겠다. 여러 합리적인 생각과 판단으로 나에게 더 이익이 되는 곳을 고민하면서 기도하지 말고, 내가 그곳에 갔을 때 하나님 말씀에 더 가깝게 지낼 수 있는지를 말이다. 하나님은 분명 앞을 보실 수 있으니 내가 거기서 타락하고 죄를 짓지 않을 수 있는지를 기도하면서 묻고 또 물어야 한다고 생각한다. 그리고 그런 기도가 있을 때 비로소 응답을 받을 수 있을 것이다.

비록 말씀, 신앙과 관련된 내용은 아니지만 크리스천 직장인들에게 직장 선택에 있어 필자가 생각하는 팁을 드리고자 한다.

일반적으로 「사람들이 직장을 선택하는 기준」을 보면,

❶ 회사의 브랜드 ❷ 회사의 규모 ❸ 실적과 성장 가능성
❹ 산업군 ❺ 연봉 ❻ 복지 ❼ 회사의 위치 ❽ 역할 및 업무
❾ 워라밸 ❿ 고용안정성

　대부분 위의 10가지를 벗어나지 않을 것이고, 합리적으로 생각을 많이 하는 사람일수록 10가지를 모두 고려해서 결정할 것이다. 만약 10가지가 모두 충족된다면 어떤 회사가 될지 잠시 상상해 보자. 그런 회사는 없다고 생각하는 사람도 있을 수 있고, 그런 회사가 있다면 평생 만족하고 다닐 수 있겠다고 생각하는 사람도 있을 수 있겠다. 하지만 여기에 가장 큰 함정이 있는 것 같다. 사람들이 가장 쉽게 착각하고 실수하는 지점이 바로 이 10가지의 함정일 수 있다.

　회사의 만족도를 결정하는 가장 중요한 조건은 바로 '관계'다. 관계가 나 자신의 회사 만족도를 결정한다고 볼 수 있다. 위의 10가지 조건들은 어디까지나 '이 회사를 얼마나 오래 다닐 수 있을까?'를 결정할 수 있는 조건들이지 '내가 이 회사에 얼마나 만족할 수 있을까?'를 결정하는 기준과는 차이가 있다. 내가 그 회사에, 어떤 조직에, '누구'와 함께 일하는지가 가장 중요하고 그것이 결국 나에게 '좋은 회사'인지를 결정케 하는 기준이 된다.

　쉽게 예를 들어봐도 알 수 있는데, 만약 저 위의 10가지 조건이 모두 충족된 상태에서 내 상사와 동료를 매칭시켜보자. 내가 여태까지 직간접적으로 경험한 사람 중에서 가장 힘들었던 사람을 떠올려보

면 될 것 같다. 과연 그때에도 만족하며 회사를 다닐 수 있을까. 아마도 쉽지 않을 것이다. 결국 회사에서 '나'라는 사람의 만족도를 결정하는 것은 내가 누구와 관계를 맺으며 일하고 있느냐에 따라 결정된다고 볼 수 있다.

그런데 문제는 회사를 고민할 때 이러한 '관계 정보'는 알기가 쉽지 않다는 것이다. 물론 일부는 아는 지인들 또는 주요 포털 등을 통해서 정보를 얻는 경우도 있겠지만 특별한 경우를 제외하고는 내가 가게 될 조직의 구성원들 정보까지 알기는 어렵다. 특히 관계적인 측면에서 나와 어떤 관계를 맺을 수 있는 사람인지는 직접 그 자리에서 일을 하고 생활을 해봐야 알 수 있다.

만약 구성원 정보를 알 수 있고, 그 사람들 안에서 '나'라는 사람을 관계적으로 대입해 봤을 때 좋은 공동체가 될 수 있을 것 같다는 생각이 들면 큰 문제는 없을 것이다. 다만, 정보가 제한되어 있는 상황에서 관계적인 부분까지 예측하기가 어렵다면 내가 할 수 있는 선택은 한 가지밖에 없을 것이다.

"나한테 좋은 관계가 만들어지기를 바라기 전에, 내가 그들에게 좋은 관계가 되는 사람이 되자."

어떤 사람을 만나더라도 내가 그 사람에게 도움이 되기 위해 노력할 것이고, 정직할 것이며, 인내와 사랑의 마음으로 대하겠다는 강한 의지를 가지고 실천한다면 어떤 곳이라도 본인에게 만족스러운 회사가 될 것이라고 확신한다. 여러 근로조건으로 인해 그 회사를 얼마나 오래 다닐 수 있을지는 다른 문제이지만 적어도 다니고 있는 동안은 만족도가 높은 커뮤니티가 될 것이다.

항상 나한테 맞는 회사, 나한테 맞는 사람, 나한테 맞는 일, 나한테 맞는 연봉…. 이런 자기중심성에서 벗어나지 못하면 이 세상 그 어떤 회사에서도 끝내 만족하지 못하고 어느 순간 깊은 허무감에 빠지게 될지도 모른다. 모든 크리스천 직장인들이 본인이 섬김을 받으려 하지 말고, 남을 섬기는 자세로 일을 하고, 회사생활을 한다면 그곳에 하나님의 영광이 비춰질 것이라고 믿는다.

"이와 같이 너희 중의 누구든지 자기의 모든 소유를 버리지 아니하면 능히 내 제자가 되지 못하리라 소금이 좋은 것이나 소금도 만일 그 맛을 잃으면 무엇으로 짜게 하리요 땅에도, 거름에도 쓸 데 없어 내버리느니라 들을 귀가 있는 자는 들을지어다 하시니라"(누가복음 14장 33~35절)

워라밸에 관하여

워라밸은 Work & Life Balance의 준말이다.

일과 삶의 균형. 쉽게 풀어보면 '야근이 얼마나 많은지'를 의미하는 말이다. 요즘 20~30대 직장인들에게 매우 중요한 직업 선택의 기준이 되고 있기도 한 이 워라밸에 대해서 크리스천 직장인들은 어떤 생각과 마음을 가지고 접근해야 될지 필자의 경험을 바탕으로 이야기하고자 한다.

야근이 너무 당연한 회사, 주말 출근도 빈번한 회사, 심지어 주일에도 출근해서 혹은 집에서도 일을 할 때가 많은 회사 등 워라밸이 나의 신앙생활은 물론 가정생활(육아, 가사, 가족과의 시간)에 미치는 영향은 매우 클 수 있다.

일이 너무 많아서 예배나 기도, 신앙생활을 할 시간적 여유가 없어졌을 때 "과연 이 회사를 계속 다녀도 괜찮을까"라는 고민이 될 수 있고, 신앙생활뿐 아니라 아이들과 함께할 시간도 거의 없고, 아내나 남편과의 대화는 육아나 자녀교육을 위한 역할 배분으로 주제가 한정되는 등 어느 순간 삶이 메말라 가는 느낌이 들 수 있다.

그러다 보면 '나는 가족들을 위해서 이렇게 헌신하고 있는데 왜 그만큼 보상을 받고 있다는 느낌을 못 받는 것일까'라며 가라앉을 때도 종종 있을 것이다.

크리스천들에게 워라밸은 어떤 의미로 해석되어야 할까.

사실 크리스천들에게 물리적인 워라밸은 크게 중요해 보이지 않는다. 아무리 일이 많아도 일주일에 한 번 예배를 드릴 정도의 시간은 있을 것이고, 자기 전에 기도를 드릴 수 있는 몇 분의 시간은 있을 것이고, 또 일하는 중간중간 짧은 기도들을 할 수 있는 시간도 마음만 먹으면 충분히 가질 수 있을 것이다. 다만, 말씀을 읽고 묵상할 수 있는 시간은 절대적으로 부족할 수 있는데 이 부분도 성경을 통독하지는 못하더라도 하루에 한 구절씩 외우고, 그 외운 구절을 틈틈이 마음에 떠올리면서 하루의 시간을 보낸다면 그 역시 하나의 예배가 될수 있지 않을까 싶다.

따라서 일이 너무 많고 야근이 많아서 신앙생활에 안 좋은 영향을 준다고 단정짓기는 어려울 것 같다. 다만 신앙생활이 아니라 가족들과의 시간을 보내기 어렵고, 그로 인해 가정의 평안과 기쁨이 줄어든다면 그것은 확실히 문제일 수 있고 어떻게든 해결 방안을 찾아야할 것이다.

이런 점을 고려하면 결국 크리스천 직장인들에게 워라밸은 'Work & Love Balance'의 관점으로 접근해야 한다고 생각한다. 절대적으로 일이 많고 시간이 부족한 가운데서도 내가 나의 가족을 충분히 사랑하고 있는지, 일터에서 동료들과 이웃을 충분히 사랑하고 있는지를 스스로 잘 점검해 볼 필요가 있다.

별 생각 없이 일에 파묻히다 보면 나도 모르게 내 마음에서 사랑이 점점 식고, 메말라 갈 가능성이 높다. 어느 순간 나의 성취감, 나의 인정, 나의 승진만이 내 마음에 가득하고, 가족에 대한 미안한 마음은 경제적 보상(돈)으로 쉽게 합리화시키게 된다. 나는 그래도 우리 가족을 위해 열심히 일하고, 돈도 많이 벌고 하니 괜찮다고 스스로 명분을 만들어 낸다. 이런 과정에서 사랑은 반드시 줄어들게 된다. 표면상으로는 사랑이라는 간판을 달고 회사를 다닐 수 있지만, 마음 깊숙한 곳에서는 사랑이 점점 식어가고 있을지 모른다.

진짜 중요한 것은 일이 많고 적음이 아니다.
내 마음에서 사랑이 얼마나 잘 유지되고 있는지 나의 일과 내 마음의 사랑 간 균형을 잘 유지하는 것이 크리스천 직장인들에게는 진정한 워라밸일 것이다. 사랑이 있다면 그 어떤 불균형도 극복할 수 있고 문제가 되지 않는다고 생각한다. 제 아무리 워라밸이 좋고 잘 맞아도 사랑이 없다면 아무 것도 아니라는 것을 명심해야 한다.

"내가 내게 있는 모든 것으로 구제하고 또 내 몸을 불사르게 내줄지라도 사랑이 없으면 내게 아무 유익이 없느니라"(고린도전서 13장 3절)

[E–8]
원수가 생겼을 때

직장생활, 회사생활을 하면서 가장 어려움을 느낄 때라고 하면 '원수가 생겼을 때' 또는 '원수를 만났을 때'가 아닐까 싶다. 일 자체가 어렵고 힘든 것도 극복하기 어려운 숙제지만 그보다 더 힘든 것은 '원수'일 것이다. 특히 크리스천들이 더 어려움을 겪을 수 있다.

하나님은 분명 원수까지도 사랑하라고 말씀하셨고, 네 이웃을 네 몸과 같이 사랑하라고 하셨는데 그 말씀을 떠올려 보면 내가 지금 마주하고 있는 이 원수같은 사람을 마냥 미워할 수만은 없고, 용서하려고 노력해야 한다. 그런데 현실에서 매번 부딪히다 보면 말처럼 쉽지는 않고 마음은 점점 괴로워 가고, 우울해 가는 악순환의 고리에 엮이게 될 수 있다.

회사마다 조직개편, 부서 이동(전보)을 하는 빈도나 주기가 다르긴 하지만 대부분의 직장인들에게 피해 갈 수 없는 것 중 하나가 새로운 조직, 새로운 사람과의 만남이다.

그렇다면 원수 같은 사람을 만나서 괴로운 시간들이 시작됐을 때, 크리스천들은 어떻게 대응하는 것이 좋을까. 물론 계속 기도하고, 용서할 수 있는 마음을 달라고 성령님께 계속 구해야 하고, 하나님께 의지해야 한다. 이것은 당연히 지켜야 할 자세다.

다만, 조금 더 구체적으로 내 마음을 지킬 수 있는 방법은 없을까. 그리고 그 방법이 성경적일 수는 없을까를 고민하다가 필자가 직접 경험한 방법을 한 가지 소개한다.

일을 하다가 어려운 사람을 만난 적이 있다. 일적으로 무리한 요구는 물론이고, 일방적인 커뮤니케이션 방식에, 모멸감을 주는 발언과 행동, 자기 의로 가득 찬 교만 등 그 사람의 모든 행동이 나를 괴롭게 만들고, 내 속에서 그 사람에 대한 정죄감이 끊임없이 솟아났던 적이 있다. 그 시간들 속에서 물론 나는 계속 기도했다. 용서한다고 고백했고, 용서할 수 있는 마음을 달라고 기도했다.

그리고 다음 날 다시 그 사람을 마주하게 되면 절대로 부딪히지 않고 참고 또 참고 인내하면서 어렵게 어렵게 시간을 버텨나갔다. 그런데 어느 순간부터 내 마음에 우울과 그늘이 나도 모르게 계속 퍼져가고 있었던 것 같다. 내 입술로 기도를 하고 용서를 한다고 했지만, 실제 내 마음은 끊임없는 공격에 지쳐 쓰러져 가고 있었던 것 같다.

그러던 중 문득 한 가지 생각이 내 마음속에서 떠오르기 시작했는데, 내가 예전에 다른 사람들에게 저질렀던 큰 죄들이 생각나는 것이었다. 물론 그 죄들 때문에 지금 내가 이렇게 값을 치르고 있는 건가…라는 생각은 잠시 들었다가 곧 사라졌다(이는 성경적인 접근이 아니기 때문에).

다만 그 죄들이 계속 떠오르면서 동시에 주기도문이 떠오르는 것이었다. "우리가 우리에게 죄 지은 자를 사하여 준 것 같이 우리의 죄를 사하여 주옵시고…" 이 부분이 떠오르면서 조금씩 기도의 방향이 구체적으로 세워졌다.

'아 그래. 내가 지금 이 사람을 계속 용서하는 만큼 예전의 내 죄도 하늘에서 용서해 주시겠구나'라는 마음이 들기 시작했다. 그러면서 내 용서의 기도는 이전보다 훨씬 더 진심이 될 수 있었고, 스스로에게 동기부여도 되었다. 원수에 대한 대응과 용서의 기도는 이렇게 접근하는 것이 맞다고 생각한다. 예수님이 가르쳐 주신 그 기도에 답이 있다고 생각한다.

우리가 저질렀던 많은 죄들, 하지만 값을 치르지 못하고 넘어가 버린 많은 죄들에 대해서 예수님의 십자가 보혈로 다 사하여 주신 것은 맞지만 구원해 주시는 관점에서 죗값이 없어진 것이지, 내 마음에 남아 있는 자기 스스로에 대한 정죄감, 죄책감까지 없어지진 않을 수 있다. 그리고 어쩌면 이 땅에서는 그 죗값을 언젠가는 치르고 하늘나라로 가야 할지도 모른다. 그래서 원수를 만날 때 그렇게 용서를 해보자. 내가 지금 이 원수에 대해 용서할수록, 용서의 기도를 하는 만큼 내가 지은 죄들도 하늘에서 사하여 주신다고.

하지만 그 기도 역시 더 이상 나에게 힘과 위로가 되어 주지 못할 만큼 고통이 오래 간다면, 그때는 하나님께 기도를 드린 후 바로 부서/직무 이동을 요청할 것을 권장한다. 물론 그 고난과 연단의 시간은 하나님께서 허락하신 것이고 그 시간 역시 하나님의 주관 하에 있기 때문에 스스로 그 끝을 정할 수는 없겠지만, 내 죄가 사하여 지기를 소망하는 마음으로 용서의 기도를 계속 했음에도 불구하고 내 마음과 영혼이 너무 지쳐서 흔들릴 정도까지 된다면 그때는 과감히 행동해도 좋을 것이다.

"무릇 지킬만한 것보다 더욱 네 마음을 지키라 생명의 근원이 이에서 남이니라"(잠언 4장 23절)

[E-9]
일의 압박

어떤 사람은 가끔씩, 또 어떤 사람은 일상적으로 일의 압박에 사로 잡힐 때가 있을 것이다. 내가 감당하기 어려운 일을 맡게 됐을 수도 있고, 내가 할 수 있는 일이긴 하지만 양적으로 너무 많은 일이 몰려서 물리적으로 지치게 되는 상황이 생길 수도 있다. 이렇게 일의 압박과 공격을 마주하게 될 때 대체로 우리는 더욱 집중하고, 열심을 다하게 된다. 스트레스와 부담을 가지면서 어떻게든 처리해야 한다는 책임감을 갖고 업무에 임하게 된다.

그리고 기도할 것이다.

"하나님, 어려운 일을 맡게 됐지만 하나님의 주신 능력으로 이 어려움을 극복하고 이겨낼 수 있도록 도와주세요."

필자도 이런 기도를 수도 없이 많이 했고, 응답도 많이 받았고, 하나님이 주신 지혜와 능력 덕분에 많은 난제를 극복해 가면서 내 능력 이상의 성과들을 이루어냈다. 그런데 가장 어려운 일을 맡게 되었을 때, 그것도 가장 어려운 상황을 맞닥뜨렸을 때 그때는 나의 간절한 기도에도 불구하고 결과가 좋지 못했고, 상황은 계속해서 안 좋아졌다. 물론 그 순간에도 나는 스스로의 마음과 믿음을 지키기 위해 노력했다.

지금 이 고난을 허락하신 이유가 있을 거라고. 예전처럼 능력과 지혜로 이 상황을 이겨내게끔 도와주시진 않았지만, 지금 나에겐 그것보다 이렇게 고난을 경험하고, 연단의 과정을 겪는 것이 더 선하고 좋은 것이라고 생각하며 끝까지 포기하지 않고 기도하고 하나님께 매달렸던 적이 있다.

일적으로는 끝이 좋지 않았고, 스스로 좌절감과 번아웃, 약간의 우울감까지 경험한 시간들이었는데 결국은 더 중요한 사실을 깨달았다.

'아, 그동안 나는 내 안위, 내 성공, 내 평안, 내 건강, 내 가족, 내 재물을 위해 하나님을 이용하고 있었구나'라는 굉장히 불편한 진실을 마주하게 된 것이다. 최대한 세상적인 것들을 구하지 않으려고 일상의 은혜에 대한 감사의 기도를 많이 드렸지만, 그 역시 나를 그만큼 평안하게, 안전하게 지켜주심에 대한 감사의 기도였지 하나님 나라를 위한 기도는 아니었던 것이다.

"너희는 먼저 그의 나라와 그의 의를 구하라"(마태복음 6장 3절)라고 했는데, 솔직히 내가 하나님 나라와 의를 먼저 구했는지 자신이 없었고, 실제로 그렇지도 않았다. 그런 척을 하면서 자신을 속이기만 했을 뿐이다.

'내 속 아주 깊은 곳에 있는 이 타락한 죄성의 자아를 보여주시려고 그 어려운 시간을 허락하신 게 아닐까'라는 생각이 들었고, 정말 그야말로 엄청난 은혜라고밖에 볼 수 없는 귀한 경험이었던 것이다.

그렇다면 다시 본론으로 돌아와서, 크리스천들이 실제 업무 현장에서 굉장한 일의 압박을 마주하게 됐을 때 어떻게 대응하는 것이 좋을까?

필자가 생각하는 방법은 이런 기도를 드려보는 것이다.

"하나님, 지금 제가 굉장히 어려운 일을 맡게 됐고 그래서 부담도 큽니다. 하지만 하나님, 이 일이 잘못되고, 망치게 되더라도 이런 일을 할 수 있게끔 이 자리까지 인도해 주신 것만으로 충분히 감사합니다. 가인의 제사를 드리지 않도록 제 마음을 끝까지 지켜주세요."

회사에서의 일, 그 일을 잘하는 나, 그로 인해 내가 얻게 될 인정과 보상…. 그것들이 대체 하나님 나라와 무슨 관계가 있는 것인가. 관계 없다고 단언한다. 그 자체는 전혀 관계가 없고, 성경 어디를 봐도 그런 내용을 찾을 수 없을 것이다. 차라리 좌절한다면 그 상실된 마음과 지친 마음으로 가난해진 마음을 기뻐하라. 천국이 더 본인 것에 가까워졌을 것이다.

크리스천 직장인들이 많이 현혹되고 올무에 걸릴 위험이 바로 '세상의 인정'이다. 내가 만약 세상의 인정을 바라지 않고, 하나님 나라만을 생각하는 마음이 중심에 있다면 그 어려운 일 가운데 이를 이겨내게 해달라고, 승리할 수 있도록 도와달라고 구하는 기도를 굳이 하지 않아도 하나님께서 이겨내게끔 해주실거라고 믿는다. 왜냐하면 먼저 그의 나라와 의를 구했기 때문이다. 그랬으니 굳이 구하지 않아도 "이 모든 것들을 너희에게 더하시겠다"고 약속하셨다.

버려야 한다.
일의 압박이 중요한 게 아니라, 하나님이 지금 나와 함께 있을 만큼 내 마음이 준비되어 있는지가 중요하다. 일을 좀 못하고, 실패하면 어떤가. 그 과정에서 내가 할 수 있는 만큼 최선을 다했으면 된 것이다. 능력이 없으면 어떤가. 그 과정에서 내가 이웃을 사랑하고, 악한 사람을 용서하고, 시기하지 않았으면 된 것이다. 그게 하나님 나라를 먼저 구한 것이니 그것으로 충분하다.

"너희가 어찌하여 양식이 아닌 것을 위하여 은을 달아 주며 배부르게 하지 못할 것을 위하여 수고하느냐 내게 듣고 들을지어다 그리하면 너희가 좋은 것을 먹을 것이며 너희 자신들이 기름진 것으로 즐거움을 얻으리라"(이사야 55장 2절)

[E-10]
바라지 않는 관계

어떻게 보면 회사 생활에서 가장 큰 비중을 차지하는 것은 바로 '관계'라고 볼 수 있다. 흔히 사람들이 이야기하는 '회사 생활'이라는 것도 관계에서 비롯된 것 같기도 하다.

나에게 유리하고, 또 내가 편하게 지낼 수 있는 관계를 만들기 위해 생각보다 많은 노력을 기울이게 되는 곳이 회사다. 크리스천들이 많이 흔들리고 시험에 빠지기 쉬운 함정이 바로 또 관계에 있기도 하다. 관계를 유지하기 위해 회식에 참석하고, 술을 마시고, 골프를 치고, 험담(뒷담화)에 동참하고, 거짓을 말하기도 하는 등 관계는 어쩌면 가장 어려운 과제이면서 반드시 극복해야 할 산처럼 보인다.

하지만 크리스천들은 감히 관계를 포기할 정도로 담대해졌으면 한다. 회사에 있는 모든 사람과 친해지지 않고, 가까워지지 않더라도 내 입장에서 이웃을 사랑하고 헌신하고 섬기면 된 것이다. 그에 대한 피드백으로 좋은 관계, 신뢰 있는 관계를 얻고자 하는 마음을 과감히 버렸으면 한다. 사람과의 관계에 의지하고, 눈치를 보는 순간 그만큼 나의 믿음과 신앙도 점점 약해져 갈 가능성이 높다.

생각보다 회사는 '일' 중심의 공간이다. 관계가 들어오는 영역은 대부분 평가, 승진 등 인사와 관련된 이해관계 범주에 속한다. 그래서 사실상 내 욕심을 채우기 위해, 내가 경쟁에서 밀리지 않기 위해 관계에 의존하는 것이지 실제로 일을 하기 위해 어쩔 수 없이 관계를 챙겨야 한다고 말하는 것은 변명일 가능성이 높다.

평가도 포기하고, 승진도 포기하고, 그냥 내가 맡은 일만 성실하게 하면 안 될까. 충분히 가능하고, 생각보다 별 문제 없이 지낼 수 있다. 오히려 더 자유로워질지도 모른다.

그리고 이러한 바라지 않는 관계의 의미는 이미 잘 형성되어 있는 신뢰관계에서도 동일하게 적용될 수 있다. 누군가에게 인정을 받고 신뢰를 받고 있는 상황이라고 해서 그것을 유지하기 위해 그 사람과의 관계를 특별히 더 챙기고 신경을 쓰는 것 역시 크리스천들이 유의해야 할 부분이라고 생각한다. 나를 인정해 주고, 챙겨주고 있는 사람이던, 나를 인정하지 않고 미워하는 사람이던 내 입장에서 그들은 모두 같은 이웃이고 사랑해야 할 대상이다. 교묘하게 들어오는 덫에 빠지지 않기를 바란다.

관계는 내가 바라고 지향할 것이 아니라, 내가 사랑과 섬김을 실천했을 때 결과적으로 주어지고 허락되는 열매다. 만약 본인의 현실에서 열매가 주어지지 않는다고 해도 낙심하지 않았으면 한다. 하늘에서의 상급이 훨씬 더 크게 주어질 것이기 때문이다.

"사람을 두려워하면 올무에 걸리게 되거니와 여호와를 의지하는 자는 안전하리라"(잠언 29장 25절)

[E-11]
동료에 대한 평가

이제 우리나라도 과거의 상급자 중심 평가에서 동료평가, 다면평가가 많이 확산되었고, 그 비중도 점차 커지고 있는 상황이다. 하지만 나와 같이 일하는 동료, 선후배들을 내가 직접 평가한다는 것이 겉으로 보면 합리적인 것처럼 보여도 막상 평가자의 위치에 있게 되면 제법 부담스러운 일이기도 하다.

첫 번째 드는 고민은 '사람이냐, 일이냐'일 것이고, 두 번째는 '나와의 친분관계'도 될 수 있을 것이다.

하나님은 공의롭고 정직한 우리가 되길 바라실 테니, 사람보다는 일에 집중해서, 나와의 친분관계는 잠시 접어 두고 냉정하게 평가를 하는 것이 맞아 보인다.

그런데 문제는 다른 사람들도 나처럼 냉정하게 평가를 하면 괜찮은데, 분위기를 보니 서로 좋은게 좋은거라고 대체로 서로 좋은 평가를 주고 받는 분위기일 경우에 나만 정직하게 평가를 하는 것이 부담스러울 수 있다. 사실 이러한 상황에서 어떠한 행동을 하는 것이 더 성경적이고 크리스천에 맞는 행동이라고 단정짓기는 어렵다. 그래도 직접 평가를 하는 과정에서는 솔직하게 평가하지 못한 자신을 바라볼 때 괜한 죄책감이 들 수는 있을 것 같다.

필자는 이러한 마음이 드는 사람에게만 참고할 수 있는 방법을 이야기하고 싶다. 방법은 생각보다 간단하다. '평가지에 나를 먼저 비추어 본다'인데, 동료평가 항목을 보면 평가를 해야 하는 사람을 먼저 떠올리지 말고, 그 질문에 본인을 대입해서 스스로를 먼저 평가해보자. 나는 어느 정도의 수준일까를 먼저 떠올려 본 후에 나와 상대방을 비교했을 때 그 사람은 어느 정도 수준으로 보이는지 판단해서 평가하면 된다.

다만 나 스스로를 평가할 때는 하나님 앞에서 평가를 한다고 생각하자. 나의 중심까지 모두 알고 계시는 하나님이 채점하신다고 생각하고 나에 대해 평가를 해보자. 그런 후에 상대방을 비교하면 된다.

물론 상대방을 생각하는 나의 기준이 주관적이긴 하겠지만 그것은 괜찮다. 그 부분까지 우리 스스로가 통제할 수는 없기 때문이다. 나 스스로에 대해 하나님 앞에 솔직할 수 있다면, 그다음에 내가 상대방과 비교해서 평가하는 것은 문제가 되지 않을 것이다.

자유롭게 평가해라. 그 사람에 대한 긍휼의 마음이 들어서 관대하게 평가해도 좋고, 원래 잘하는 사람이지만 실제로 어떠한 부분에 대해서는 부족해 보인다면 또 냉정하게 평가를 해도 좋다. 그 사람을 미워하는 마음만 아니면 얼마든지 괜찮다.

물론 대부분의 다면평가가 비공개로 진행된다고는 하지만 어떤 경우에는 소문이 나거나, 평가모수가 적어서 간접적으로 공개되는 경우가 있긴 하다. 이런 점이 부담이 돼서 솔직한 평가를 하지 못하는 것은 피해야 한다. 그것은 확실히 정직하지 못한 태도고, 하나님보다 사람을 두려워하는 태도이기 때문이다. 크리스천들은 그렇지 않았으면 한다. 정직하고 싶은데 사람을 두려워해서 정직하지 못한 것은 하나님이 기뻐하시지 않을 것이다.

"어찌하여 형제의 눈 속에 있는 티는 보고 네 눈 속에 있는 들보는 깨닫지 못하느냐 보라 네 눈 속에 들보가 있는데 어찌하여 형제에게 말하기를 나로 네 눈 속에 있는 티를 빼게 하라 하겠느냐 외식하는 자여 먼저 네 눈 속에서 들보를 빼어라 그 후에야 밝히 보고 형제의 눈 속에서 티를 빼리라"(마태복음 7장 3~5절)

[E-12]
정죄, 판단

직장에서 사람들 간에 나누는 대화 주제 중 단연코 1위는 '다른 사람에 대한 이야기'일 것이다. 누가 어떻다든지부터 시작해서 그들의 사생활까지도 쉽게 넘나드는 대화를 나누고, 또 회사 안에서 흔히 공공의 적이라고 불리는 특정 대상에 대해서는 아주 쉽게 뒷담화를 나누는 것이 일반적인 회사 생활의 모습이다.

하지만 성경에서 분명히 말씀하고 있는 것은 '남을 판단하지 말라'이고, '재판장이 되지 말고 말씀의 준행자가 되라'고 하셨다. 그렇게 무비판적으로 남에 대한 평가를 쉽게 내뱉고 동조하는 것은 분명 성경적이지 않은 태도다. 특히 친한 사람들끼리 같이 있을 때는 가벼운 수다와 즐거운 화젯거리로 남에 대한 이야기와 평가가 이루어진다. 그리고 그러한 이야기를 하는 가운데 나 스스로도 속으로 누구는 어떻고, 누구는 무엇이 문제고, 누구는 무엇이 이상하고 등의 생각과 판단을 너무나도 쉽게 한다.

물론 내가 회사에서 관리자 역할을 하고 있거나, 인사담당 업무를 하고 있어서 일적으로 누군가를 냉정하게 평가해야 하고, 판단해야 하는 상황이라면 그건 얼마든지 가능하고 잘해야 하는 일이다. 그런 영역의 판단조차 하면 안 된다는 의미는 아니다.

다만 업무적인 것과 관계없이 단지 사람들과의 공감대 형성을 위해 아무렇지 않게 비판, 비난의 대화에 동참하는 행동과 그 마음, 그리고 그 과정에서 나의 웃음들, 그런 행동과 마음을 경계해야 한다. 그다음 나 혼자만의 생각에 있어서도 누군가를 정죄하고 판단하는 마음이 불쑥 나타나더라도 그 생각을 계속 이어가지 말고 빨리 중단해야 한다.

대부분 무의식적으로 남에 대한 비판과 비난의 생각이 들어오기 때문에 처음에는 많은 연습이 필요하다. 계속 연습을 하다 보면 어느 순간부터는 내가 남에 대해 판단하고 비판하는 생각이 들때 즉각적인 자극으로 인식될 것이다. 그렇게 고쳐가야 한다.

이 문제는 단순히 하나님 말씀에 순종하기 위해 의지적으로 하는 태도가 아니라, 우리의 영적상태에 직접적인 영향을 미치기 때문에 고쳐야 한다. 하나님께서 우리에게 금하신 이유도 여기에 있다고 본다. 결과적으로 우리 자신의 영적상태에 치명적인 독으로 작용할 수 있기 때문에 금하신 것이라고 생각한다.

하지만 또 누군가는 반문할 수 있다.

솔직히 회사 생활을 하면서 남들 이야기에 동참하지 않고, 내 마음도 누군가를 정죄하지 않을 수가 있냐고 말이다. 그게 현실적으로 가능한 일이냐고 물을 수 있다. 물론 굉장히 어려운 일이다. 어쩌면 회식자리에서 술을 먹지 않겠다고 단호하게 거절하는 것보다 더 어려운 일일지도 모른다. 그래도 노력해야 한다. 사람들과의 관계가 원만하게 형성되지 못하고 이상한 사람이라고 평가받더라도 그 길을 가야 하는 것이 크리스천의 모습이다.

예수님께서 분명히 좁은 길이라고 말씀하시지 않았는가. 이 세대를 본받아 시류에 편승해서 평탄하게 가는 길은 넓은 길이 아닐까? 좁은 길이라고 말씀하신 것은 분명히 무언가 남들이 많이 가지 않는 길이거나, 그 길이 너무 험난해서이지는 않았을까. 그러니 마음을 단호하게 먹고 남들에 대한 평가, 비난의 대화에 참여하지 말고 나 스스로도 판단의 마음을 없애보자.

그 노력을 하는 과정에 분명히 하나님의 임재가 있고, 도우심이 있을 것이다. 잘 되지 않고 넘어지더라도 그 노력을 계속 해야 한다는 나의 굳은 의지가 마음 중심에 자리 잡고 있을 때 성령님의 끊임없는 도우심이 함께 할 것이다. 그러니 포기하지 말자. 실패가 반복되더라도 스스로를 정죄하거나 좌절할 필요는 없다. 반드시 거쳐야 하는 과정이기 때문에 지금의 실패나 좌절은 당연히 겪어야 한다.

문제는 반복되는 실패 경험에서 스스로 포기해 버리는 마음일 것이다. 지금 당장 앞으로 나아가지 못하고 제자리를 맴돌지라도 내가 서 있는 곳이 좁은 길 위가 맞다면 나는 출구 쪽으로 계속 갈 수 있다는 희망이 있다. 하지만 내가 포기하고 좁은 길에서 벗어나 큰 길로 나간다면 다시 그 길을 들어가기가 어려울지도 모른다.

다시 한번 용기를 갖고 나아가는 크리스천들이 되기를 바란다.

"남의 말하기를 좋아하는 자의 말은 별식과 같아서 뱃속 깊은 데로 내려가느니라"(잠언 18장 8절)

[E-13]
일과 욕심의 경계

　회사를 다니고 일을 하다 보면, 흔히 '바쁘고 여유 없는' 시기를 마주할 때가 종종 있다. 물리적으로 업무량 자체가 많기 때문일 수도 있고, 아니면 해결이 어려운 일을 맡게 돼서 그 문제 해결을 위해 많은 고민을 하다 보니 심적으로 여유가 없어지게 되는 경우도 있을 것이다.

　어떤 이유든지 내 마음과 생각의 상당 부분은 '일'과 '회사'에 치우치게 되고, 그러다 보면 자연스럽게 부모님, 남편과 아내, 아이들, 친구 등 주변 사람들을 신경 쓰지 못하는, 소위 소홀해질 때가 생긴다. 그리고 이럴 때마다 속으로 '내가 내 가족을 위해 이렇게 열심히 일하고 헌신하는구나. 그래도 가족을 위한 일이니 참고 이겨내야지'라고 생각 하면서 긍정적으로 위기를 극복해 가기도 한다.

하지만, 크리스천 직장인들에게 진심으로 묻고 싶다.

"과연 그게 정말 가족을 위한 나의 헌신인가?"

혹시 나의 욕심과 야망, 인정욕구때문에 일을 놓지 못하고 계속 집중하고 노력했던 것은 아닌가. 내가 인정받고 성공하고 싶은 마음이 먼저였는지, 아니면 정말 가족을 위한 헌신이 먼저였는지 솔직하게 자신에게 물어볼 필요가 있다.

하나님은 아담의 죄 이후로 우리에게 수고하며 일하게 된다고 말씀하셨고, 그때부터 지금까지 계속 이어지고 있는 것이 숙명과 같은 현실이다. 하지만 수고하며 일하는 것과 내 정욕을 위해 수고하는 것과는 구분될 필요가 있다. 많은 사람들이 '사랑하는 가족'을 위한다는 명분으로 나의 수고와 노력을 미화시키는 경우가 많다. 하지만 크리스천은 이를 반드시 경계해야 한다.

좋은 직장에서 높은 연봉을 받으며 남들에게 인정받으며 살아가는 게 곧 우리 가정의 평화와 안정에 기여하는 길이라는건, 결국 쉽게 이야기하면 '돈 많고, 사회적 지위가 있으면 우리 가족이 잘 살 수 있다'는 말밖에 되지 않는다. 이것이 성경적이냐고 묻는다면 당연히 아니다. 필자는 이러한 경우를 '잘못된 트랙에 올라탄 상황'이라고 정의하고 싶다.

이 땅에 있는 것들을 사랑하고, 세상의 영에 사로잡혀서 육신의 정욕, 안목의 정욕, 이생의 자랑을 위해 살아가며, 이미 너무 깊숙이 그 안으로 들어와 버린 삶. 그래서 어디서부터 다시 바로잡아야 하는지 엄두가 나지 않는 상태, 마치 미로에 갇힌 듯한 상태가 아닐까 싶다. 그리고 이런 트랙을 타면서 그 트랙을 더 잘 타기 위해 매일 열심히 기도하고, 예배를 드리고 있다면 무언가 예수님이 말씀하신 방향과는 다른 방향으로 가고 있는 것은 아닐까 싶다. 예수님이 이 땅에서 직접 전해주신 말씀 중에는 비슷한 내용조차 찾기 어렵다.

오히려 그렇게 살아가게 될 것을 염려하고 걱정해서 당부하시는 말씀이 훨씬 더 많다. 그러기에 이제부터라도 크리스천 직장인들은 다시 한번 진지하게 생각해 봐야 한다. 지금 내가 어떤 마음과 동기로 열심히 일하며 직장을 다니고 있는지. 내가 예배를 드리고 기도하는 중에도 일을 생각하고, 일을 잘하기 위한 방법을 고민하고 있지는 않았는지. 그리고 그 일들이 잘 진행되지 않고 틀어졌을 때 내 실망감이 예배나 기도에 어떻게 표현되고 있는지. 혹시라도 가인의 제사를 드리고 있는 것은 아닌지 진지하게 고민해 봐야 한다.

이전과 똑같은 시간을 할애해서 열심히 일해도 내 마음이 나의 욕심에 먼저 가 있지 않고, 정직하게, 거짓 없이, 이웃을 사랑하는 마음으로, 남을 섬기면서 일을 하고 있다면, 그로 인해 내 가족을 미처 챙기지 못하고 신경쓰지 못했다면 그건 하나님이 얼마든지 회복시켜 주시고, 그 가정에 축복과 은혜를 부어 주실 것으로 믿는다.

그 믿음으로 기도하며 일터에 있는 크리스천들이 되기를 소망한다. 일터는 마치 내 마음이 어디에 가 있는지 확인할 수 있는 증거고,

영적 전쟁터다. 매일매일이 미혹과 유혹의 위험에 놓여 있다는 것을 잊으면 안 된다.

하루종일, 주말에도 일 생각, 회사 생각에 많은 시간을 보내고 있는 크리스천이 있다면 그 갈망의 깊은 곳에 무엇이 자리잡고 있는지 먼저 잘 생각해보고, 그것을 기도의 자리에 끄집어 내서 하나님께 고백할 수 있길 바란다. 그렇게 됐을 때 비로소 하나님이 일하기 시작하실 거라고 믿는다.

"오직 각 사람이 시험을 받는 것은 자기 욕심에 끌려 미혹됨이니 욕심이 잉태한즉 죄를 낳고 죄가 장성한즉 사망을 낳느니라"(야고보서 1장 14~15절)

[E-14]
일의 잘 됨과 나의 신앙

많은 크리스천 직장인들의 기도 제목 중 하나는 직장, 일과 관련된 내용일 것이다. 직장과 일 관련된 내용 중에서도 특히 '어떤 직장이 맞을까요?', '어떤 일을 해야 할까요?'부터 시작해서 '어려운 일의 해결', '지혜 구하기' 등 일의 진행과 결과에 대해서도 기도를 많이 하지 않을까 싶다. 사실 이런 기도 자체가 적절한지 아닌지를 구분하는 것은 우리가 해야 할 일은 아니라고 생각한다. 다만 크리스천 직장인들이 경계해야 하는 것만 잘 분별하면 될 것이다.

그중 가장 강력한 미혹과 시험 중 하나가 바로 '일의 잘 됨과 안 됨'의 주제일 것이다. 다들 하나님이 주신 능력 안에서 내가 맡은 일을 잘 수행해 나가길 바라겠지만, 그 일이 제대로 되지 않았을 때, 내가 충분히 신실하게 기도하고 죄를 짓지 않기 위해 노력하고, 말씀을 실천하며 살아가고 있다고 생각했는데 그럼에도 불구하고 일이 잘 진행되지 않을 때가 첫 번째 위험한 시기라고 생각한다.

'하나님이 나와 함께 계시긴 하는걸까?'

'아니면 내가 무엇을 잘못했나?'

'아니면 이 길이 내 길이 아닌건가?'

이런 의문이 들기 시작하면서 믿음도 같이 흔들릴지도 모른다. 그리고 그 주제를 계속 기도 제목으로 올려 놓고 하나님께 묻고 또 물으면서 응답을 기다릴지도 모른다.

그런데 필자는, 이런 접근이 하나님이 보시기에는 조금 안타까운 모습이지 않을까 하는 생각도 들었다. 일을 잘하든 못하든, 우선은 이 일을 할 수 있게 해주신 것 자체가 은혜이고 축복이다. 그런데 이제는 그 일 안에서 내가 능력까지 잘 발휘해서 성공을 원하고, 간절히 기도한다는 것은 무언가 불편한 부분이 있다. 애굽에서 기적적으로 구원해 주셨는데 이제와서 광야가 싫고 애굽으로 돌아가고 싶다고 우상을 숭배하는 모습이 되지는 않았는지 진지하게 스스로를 돌이켜 볼 필요가 있다.

"항상 기뻐하고, 쉬지말고 기도하고, 범사에 감사하라"(데살로니가전서 5장 16~18절)라고 말씀하셨지, "일의 잘 됨에 감사하라"라고 하시진 않으셨다.

물론 일이 잘 안 풀리고, 실패하고, 좌절해서 낙담도 되고 자존감도 낮아지고 자신감도 떨어질 수 있다. 그런데 그건 그냥 이 땅에서 벌어질 수 있는 아주 흔한 경험이고 수고하며 일을 하는 우리가 겪을 당연한 과정 중 하나라고 본다. 그리고 그런 낙담의 과정 안에서도 하나님께 감사하고, 예수님의 말씀을 실천해 갔을 때 오히려 하나님이 훨씬 더 기뻐하시지 않을까.

일이 잘 안 되고 있을 때가 오히려 하나님이 기뻐하실 수 있는 일을 할 수 있는 절호의 기회일지도 모른다. 진짜 믿음이 발휘될 수 있는 시간. 좌절과 낙심 가운데에서도 의지적으로 하나님께 감사하고, 또 감사하는 기도를 드리고 있을 때 그런 기도를 드리고 있는 나를 바라보는 주님의 마음은 어떠실지 생각해 보자. 아마도 엄청 기뻐하실 것 같다.

그리고 혹시나 일이 잘 될 때라도 그 잘 됨으로 인해 기뻐하고 안심하고 평안을 갖지 않았으면 한다. 그 역시 어쩌면 다음 절벽을 더 높게 쌓고 있는 사탄의 미혹일지도 모른다. 내가 회사와 일에 구원이 있다고 믿고, 그 잘 됨으로 감사하고 기뻐하고 안정을 찾게 되면 나중 언젠가 내가 한번에 떨어지게 될 낭떠러지가 훨씬 더 높아지고 있을지도 모르는 것이다.

잘 될 때 세상의 영에 미혹되지 않기를 간구하고, 잘 되지 않을 때 감사의 기도로 하나님께 영광을 돌릴 수 있는 진짜 믿음과 진짜 용기를 갖는 크리스천이 되기를 간절히 소망한다.

"그런즉 선 줄로 생각하는 자는 넘어질까 조심하라 사람이 감당할 시험 밖에는 너희가 당한 것이 없나니 오직 하나님은 미쁘사 너희가 감당하지 못할 시험 당함을 허락하지 아니하시고 시험 당할 즈음에 또한 피할 길을 내사 너희로 능히 감당하게 하시느니라"(고린도전서 10장 12~13절)

[E-15]
구조조정, 해고

흔히 발생하는 경험은 아니지만 경영상 어려움으로 인해 회사가 구조조정을 하게 되는 경우도 있고, 때로는 파산에 이르기도 하며, 또는 아주 어려운 상황은 아니지만 회사의 인사 정책으로 일부 인원을 해고하게 되는 경우가 있다. 대부분의 사람들이 '나와는 관계 없는 일', '나는 아닐거야'라고 생각하는 주제이기도 하지만, 누군가는 지금 이 순간에도 겪고 있는 아픔이고 두려움이기도 하다. 크리스천들이 이러한 상황을 마주했을 때 어떻게 대응하는 것이 좋을지 조심스럽게 고민해 보았다.

보통 구조조정의 형태는 희망퇴직, 정리해고, 권고사직 등의 형식으로 진행되지만 그 어떤 형태라고 하더라도 이를 직접 적용받는 개인 입장에서는 굉장한 박탈감과 상처가 될 수 있고, 자존감이 무너질 수 있다.

'나는 그래도 나름 열심히 살아 왔고, 특별히 나쁘지 않은 학력과 스펙도 가지고 있고, 회사 내의 다른 사람들보다 부족한 점도 없어 보이는데 왜 나지?'라는 생각이 들면서 그 원망을 회사와 특정 누군가에게 돌리게 되고, 자기 합리화와 자기 위안에만 몰두하게 되면서 깊은 우울과 좌절에 점점 자신을 가두어 가게 될지도 모른다.

그런데 회사의 경영관리, 인사관리 입장에서 보면 생각보다 구조조정이나 권고사직과 같은 의사결정을 '별 고민없이' 하게 되는 경우가 많다. 인건비 구조를 조금 더 효율화 하기 위해서, 또는 주주에 대한 대외명분상, 또는 그 당시 CEO나 특정 임원 개인의 탐욕적인 성취욕구에 의해 간단하게 결정되는 경우가 많다는 뜻이다.

그렇기 때문에 사실상 이를 적용받게 되는 개인 입장에서 특별히 상처받거나 좌절하지 않길 바란다. 물론 직장을 잃게 돼서 당장의 경제적 어려움이 예상되고, 이로 인해 고민하고, 간절해지는 마음이 생기는 것은 괜찮다. 현실적인 이유로 우울해지고, 좌절하는 것은 얼마든지 괜찮다. 당연히 그럴 수밖에 없는 것이기 때문이다.

다만, 경제적인 걱정 말고 회사에서 인정받지 못했다는 이유로 좌절할 필요는 없다는 뜻이다. 실제로 그러한 의사결정 자체가 각 개개인들을 심도 있게 검토하고, 평가해서 이루어지는 것이 아니기 때문이다. 대부분 그 당시 담당 임원이나 리더들의 주관적이고 직관적인 판단에 의해 결정되기도 하고, 그 당시 의사결정에 참여하는 사람들이 여기저기에서 듣는 대략적인 평판을 가지고 후보군을 정하기도 하는데, 이 역시 회사 내에서의 정치적 관계, 친분 관계라는 틀 안에서 정해지는 경우가 대부분이기 때문에 실제 나의 역량과 잠재력에 대해서 냉정하게 평가되지는 못한다는 것이다. 그러니 좌절할 필요 없다. 오히려 감사하고, 기뻐하라.

하나님이 예비하신 더 좋은 길이 그 뒤에 예비되어 있을지도 모르는데 왜 지금 좌절해 있는 것인가. 그걸 머리로는 알면서도 마음으로는 쉽게 받아들여지지 않는다면, 그것은 본인이 그만큼 그 긴 시간 동안 '사람의 시선과 사람의 평가'에 의존하면서 살았다는 증거이기도 하다. 그리고 그것에서 벗어나기를 바란다는 뜻에서 주신 하나님의 선물일지도 모른다. 사람들의 시선과 평가에서 자유로운 것만큼 큰 자유도 없을 것이다.

그렇기 때문에 더 낙심하지 말고 감사하게 받아들였으면 한다.

다만, 구조조정, 권고사직 등을 마주하게 됐을 때 정말 당장의 경제적 대안이 없는 경우를 제외하면 바로 받아들이기를 권장한다. 하나님께 순종하는 마음으로 받아들였으면 한다. 그리고 그동안 함께

했던 동료들에게 감사의 말을 전하고 가볍게 털고 나오길 바란다. 그러한 행동이 성경적 태도라고 단정 지을 수는 없지만, 크리스천 직장인들의 담대함과 염려없음의 태도로 세상에 비춰지길 바라고 다음 길에 대한 하나님의 예비하심을 믿는 믿음의 태도로 보여지길 바란다.

"내가 사망의 음침한 골짜기로 다닐지라도 해를 두려워하지 않을 것은 주께서 나와 함께 하심이라 주의 지팡이와 막대기가 나를 안위하시나이다"(시편 23편 4절)

[E-16]
가족을 위한 헌신

흔히 많은 직장인들은 고달픈 사회생활을 이렇게 표현한다.

'그래도 우리 가족을 위해 내가 참아야지.'

'지금 너무 힘들지만, 그래도 우리 애들 좋은 환경에서 교육시키고 키우려면 참고 맞춰야지.'

그런데 사실일까? 이 시대의 많은 직장인들은 힘들게 일하고, 버티는 이유를 '가족'에서 찾곤 한다. 물론 이미 결혼을 해서 가정이 있는 직장인에 한해서겠지만, 앞으로 미래에 가정을 만들 직장인들도 시점만 다를 뿐이지 크게 다를 것 같진 않다.

물론 가족을 위해 내가 지금 어려운 일을 참고 견디는 것은 전혀 문제가 되지 않는다. 어떻게 보면 가족에 대한 사랑이 가장 명확하게 드러나게 되는 현장이 직장에서의 인내이지 않을까 싶기도 하다. 여기서는 그 경계를 한번 살펴보고자 한다. 과연 가족을 위한 헌신인지, 아니면 나의 성취욕을 가족으로 포장한 것인지. 그 지점이 어디인지에 따라 실제 사랑이 전해지는지 결정된다고 생각한다.

간단하다. 전자는 사랑이 맞기 때문에 가족에게 실제로 사랑이 전해지고 쌓이게 될 것이고, 후자는 사랑이 아니라 내 욕심이기 때문에 아무리 많은 연봉과 명예를 가져다준다고 해도 가족들에게 사랑으로 전해지지 않을 것이다.

그런데 지금 우리나라의 많은 기업들, 특히 대기업과 전문직의 크리스천 직장인들이 이 경계를 인지하지 못하고 너무나 쉽게 가족으로 포장해 버리는 경우가 많아 보인다. 그래도 나 덕분에 우리 아이들이 좋은 환경에서 좋은 교육 받을 수 있고, 좋은 옷 입고, 맛있는 음식 먹을 수 있으니 나는 큰 기여를 하고 있다는 생각을 한다. 부모로서 할 수 있는 좋은 역할을 하고 있다고 생각하고, 그렇기 때문에 힘든 일이 있고 상황이 벌어지더라도 꿋꿋이 참고 버틴다.

하지만 그렇게 해서 잘 먹고 잘 살게 된 배우자와 아이들에게 남겨준 성경적 가치는 무엇이고, 그렇게 해서 가족들에게 전해준 복음의 메시지는 무엇일까. 오히려 그렇게 잘 살게 된 결과가 자녀들에게 비성경적 가치로 전해지지는 않았을까.

'부모는 이렇게 사는 거야.'

'좋은 직장에서 힘든 일 열심히 하면서 돈을 많이 벌고, 그렇게 해서 가족들을 좋은 환경에서 살 수 있도록 만들어 주는 것이 바로 좋은 부모가 해야 할 역할이야.'

이런 메시지를 자녀들에게 심어주게 되는 것은 아닐까.

그렇게 성장한 자녀들이 직장에 들어가고 결혼을 해서 아이를 낳게 되면, 본인이 봐왔던 것처럼 그렇게 살아야 한다는 의무감을 자연스럽게 갖게 되지는 않을까. 마치 예수님을 따르지 못했던 그 부자청년을 수없이 많이 만들어 내는 결과로 이어지지는 않을까 싶다.

지금 크리스천 직장인들 중 상당수는 근심하는 얼굴로 예수님을 따르지 못했던 팔방미인 부자청년을 만들어 내는데 굉장히 열심인지 돌아볼 필요가 있다. 이 땅에 있는 것들을 너무나도 사랑하도록 만들고 있고, 하늘나라를 생각할 여유조차 허락하지 않도록 사교육 시간표를 짜고 있고, 그저 편하게 많은 돈을 벌고 인정받고 살 수 있다면 나의 모든 것을 희생해서라도 만들어 주겠다고, 그것이 진짜 부모의 사랑이라고 위로하며 어두운 길로 몰아가고 있는 것은 아닐지 생각해 봐야 한다.

진짜 가족을 위한 헌신은 그런 것이 아니라, 가족과 많은 시간을 함께 하고, 배우자나 아이들이 지금 무엇에 관심 있어 하는지 궁금해 하고, 가족과 함께할 때 일 생각, 회사 생각하지 않고 집중하는 것. 즉, 시간과 마음의 사용이 진짜 헌신이지 않을까 싶다.

승진을 포기하고 회식 자리, 골프 약속에 가지 않는 아빠와 엄마. 그 시간에 나와 함께하고 나와 이야기하며 시간을 보내는 아빠와 엄마. 많은 연봉을 받을 수 있는 회사지만 멀리 떨어져 있거나 야근이 많은 회사라 아이들과 함께할 시간이 없어질 것 같아 과감히 포기하는 아빠와 엄마. 퇴근하고 들어오면 피곤하고 힘들더라도 TV나 스마트폰 대신 성경책을 읽는 아빠와 엄마. 이런 부모가 진정 가족을 위해 헌신하고 있는 게 아닐까. 말씀을 읽고, 실천하는 사람. 그러한 모습을 보고 자란 아이들이 성장해서 이어갈 다음 세대의 모습이 더 하나님 나라에 가까워지지 않을까.

세상적인 가치를 가지고 가족을 위한 헌신이라고 이야기하지 않는 크리스천들이 되었으면 좋겠다. 좋은 직장은 하나님이 나에게 허락해 주신 축복이고 은혜고 선물인 것이지, 그게 가족을 위한 헌신의 자리는 아닌 것이다. 좋은 직장이지만 세상 기준으로 좋은 직장을 위해 내가 포기하고 있는 수많은 성경적 가치가 있다면, 그것을 당장 포기하고 내려놓는 것이 오히려 더 가족을 위한 헌신이라고 생각한다.

"너는 마음을 다하고 뜻을 다하고 힘을 다하여 네 하나님 여호와를 사랑하라 오늘 내가 네게 명하는 이 말씀을 너는 마음에 새기고 네 자녀에게 부지런히 가르치며 집에 앉았을 때에든지 길을 갈 때에든지 누워 있을 때에든지 일어날 때에든지 이 말씀을 강론할 것이며"(신명기 6장 5~7절)

패배감(자기기만, 위선)

직장이라는 게 물론 '일'을 하는 곳이지만, 그 일을 하는 과정에서 필연적으로 따라오는 것이 '사람들의 인정, 사람들의 평가'다. 내가 맡은 일만 열심히 잘해서 끝나는 것이 아니라, 그 일의 과정과 결과에 대해서 사람들에게 인정을 받아야 하고, 인정을 받아야지만 내가 안심이 되고 보람을 느끼게 되는 구조인 것이다.

때로는 그게 일뿐만이 아니라, 나의 행동과 태도까지 포함해서 사람들의 인정을 구하고자 할 때가 많다. 아니 직장생활의 대부분을 차지한다고 봐도 무방할 것이다. 직장은 이러한 구조가 너무나 당연히 여겨지는 곳이기 때문에 반대로 내가 일을 하면서 다른 사람에게 인정받지 못하면 마음이 상하고 좌절하기 마련이다.

문제는 이러한 구조로 인해 사람들의 시선과 평판을 두려워하는 마음이 어느새 나의 마음 깊숙한 곳에 자리잡게 된다는 것이다. 다른 사람들에게 일 잘하는 사람, 괜찮은 사람으로 인정을 받아야만 나의 마음에 평안이 찾아오는 형태로 계속 살게 되고, 그 부분에 결핍이 생겼을 때 급격한 위기감, 불안감을 갖게 되는 것이다.

내가 일을 잘하고, 인정을 받고, 승진하고, 높은 연봉과 성과급을 받아서 나와 내 가족들에게 더 나은 삶을 영위할 수 있도록 만드는 것. 그것에 나의 구원이 있다고 믿는 불편한 사실을 발견하게 된다. 크리스천 직장인들에게 가장 위험한 미혹이자 덫이라고 보여지는 지점이 바로 여기가 아닐까 싶다.

사실 더 적나라하게 그 마음 깊숙한 곳을 파헤쳐 보면, 내가 섬기고 있는 대상이 하나님인지 아니면 사람들의 시선과 인정인지 볼 수 있을 것이다. 모든 계명의 근본이 되는 하나님에 대한 사랑, 그리고 그 사랑의 방식으로 말씀하신 '나 외에 다른 신을 섬기지 말라'고 하신 우상에 대한 경계와 경고, 이 지점을 가장 그럴듯한 포장으로 공격하고 있는 것이 바로 직장인들의 인정욕구와 시선의식이라고 생각한다.

'사람을 두려워하면 올무에 걸리게 되거니와, 여호와를 의지하는 자는 안전하리라(잠 29:25)'라고 분명히 말씀하셨는데, 이 시대의 많은 크리스천들은 과연 이 말씀 앞에서 순종하고 있을까. 아마도 그렇지 못한 사람들이 많을 것이다. 심지어 그게 문제라고 인식하고 있는 사람조차 많지 않을 가능성이 높다. 그렇기 때문에 성실하게 열심히 일했는데 그 결과물로 사람들에게 인정받지 못하고, 심지어 비난과 무시를 당하기까지 하면 그 상황을 견디기 힘들어 하고, 심한 패배감과 좌절감을 느끼고 마는 것이다.

참 어려운 대목이다.

크리스천으로서 평소 성실하게 일하고, 누구에게나 사랑받을 만큼 잘하는 것이 말씀을 지키는 일이면서도 일과 인정, 성공에 나의 구원이 있다고 믿는 것은 우상숭배가 될 수 있으니 그 경계를 넘지 않으며 균형을 지키기가 쉽지 않다. 그리고 평생을 경쟁환경에서 살아온 사람이 하루아침에 '그래 이것은 말씀에 어긋나는 것이니 앞으로는 그러지 말아야지'라고 마음과 생각을 바꾸기도 어려운 일이다.

그래서 필자가 크리스천들에게 권하고 싶은 방법은 '가만히 내버려 두고, 묵묵히 지켜보기'다. 내가 그 동안 얼마나 자기 자신을 속이면서, 위선적으로 하나님을 섬기고 믿어 왔는지 지켜보는 기회가 되기를 바란다.

특별히 '실패'라고 부를 수 있는 상황이 발생했을 때 더 선명하게 볼 수 있었으면 좋겠다. 내가 분명 열심히 기도하고, 성령님의 능력으로 함께하심을 입고, 하나님이 주신 은혜와 달란트로 내가 있는 곳에서 충분히 자신 있게 능력 발휘를 할 수 있을 것이라고 믿어 왔던 모습이 사실은 자기기만이었고, 위선적인 우상숭배였다는 것을 냉정하게 돌이켜 볼 수 있는 기회가 되었으면 좋겠다.

이해할 수 없는 세상에서의 실패와 패배를 맛 본 그 순간, 분명 기도하고 응답 받은 것으로 믿었고, 말씀에 의지했는데도 불구하고 원치 않은 결과를 경험하게 된 그날. 그때가 자기 자신의 마음 깊숙한 곳을 솔직하게 들여다 볼 수 있는 유일한 기회일지도 모른다.

내가 믿어왔던 구원이 예수님과 예수 그리스도의 십자가에 있었는지, 아니면 나의 성취와 사람들의 인정과 시선에 있었는지. 어떠한 우상을 하나님과 같이 겸하여 섬기고 있었는지. 어쩌면 그 우상을 잘 섬기기 위해 하나님을 활용해서 믿은 것은 아니었는지. 냉정하게 자신을 돌이켜 볼 수 있었으면 좋겠다. 그리고 확인이 되었다면, 이제는 가만히 그 마음과 생각을 내버려 두기를 바란다.

회개가 당연히 첫 번째 할 일이다.

하지만 진심어린 회개가 나오지 않을 정도로 무력감과 좌절감이 느껴진다면 나의 구원이 어디에 있다고 믿고 살아 왔는지 가만히 지켜보자. 자존감이 바닥을 치고, 회복되기 어려울 만큼 우울해져 가고 있다면, 오히려 진짜 구원이 다가오고 있는 신호일지 모른다. 그 어둠 속에서 발견한 빛이 진짜 구원의 빛이고 그게 바로 예수님이 주신 구원의 빛일지 모른다. 진짜 빛을 보고, 빛 가운데 평안히 거하는 크리스천이 되기를 소망한다.

"한 사람이 두 주인을 섬기지 못할 것이니 혹 이를 미워하고 저를 사랑하거나 혹 이를 중히 여기고 저를 경히 여김이라 너희가 하나님과 재물을 겸하여 섬기지 못하느니라"(마태복음 6장 24절)

[E-18]
나를 미워하는 사람과의 동행

대기업이든 중소기업이든 기업의 크고 작음과 관계없이 대부분의 직장인들이 일상에서 밀접하게 일하는 사람의 숫자는 많지 않다.

아마도 같은 팀 내에서도 역할이 나눠지다 보니 적게는 1~2명, 많게는 5~6명 정도 수준일 것이다. 그렇기 때문에 만일 그 사람들 가운데 나를 미워하거나 싫어하는 사람이 있다면 매우 곤란해질 수밖에 없다. 그리고 '사람 때문에 이직한다'라고 하는 상황이 대부분 이 밀접한 관계 속에서의 미움과 갈등에서 비롯되는 경우가 많다.

그럼 크리스천들은 이런 상황을 마주했을 때 어떻게 대처해야 할까. 나 스스로 누군가를 미워하거나 싫어하는 건 어느 정도 조절하고 극복할 수 있겠지만, 다른 누군가가 나를 미워하게 되면 그때는 나의 노력만으로는 해결하기 어렵다.

성경에서는 미움을 당하는 입장에서 대응한 사례들이 몇 가지가 있는데, 대표적인 관계는 다윗과 사울을 비롯해서 엘리야와 아합(엘리사벳), 요셉과 그의 형들, 그리고 예수님과 예수님 이후 많은 제자들을 들 수 있다.

이 정도의 사례만 보아도 알 수 있듯이 미움을 당할 때 대응은 '온전히 받고, 복수하지 않는 것'이다. 물론 직장생활을 하다 보면, 미움의 원인이 상대방의 시기와 질투, 모함에 있지 않고 나 자신의 잘못과 교만에 있을 수도 있다. 하지만 그 이유가 무엇이든지 간에 내가해야 할 태도는 묵묵히 받아 내고, 원망하거나 복수하지 않는 마음일 것이다. 만일 부당한 미움이라면 하나님께서 공의롭게 심판해 주실 것이고, 부당한 미움이 아니라면 내가 합리적으로 감수해야 할 결과일 것이다.

모든 사람에게 사랑받을 만한 사람이 되어야 한다고 말씀하셨지만 그 노력만큼 이루지 못하고 미움을 받게 되었을 때 너무 좌절하거나 낙심하지 않았으면 한다. 만일 그 상황을 받아들이기 힘들고, 계속해서 마음이 괴롭고 우울해 진다면 내가 언젠가 동료를 미워했던 적은 없었는지, 학창시절 누군가를 미워해서 함께 모함에 동참하거나 주도했던 적은 없었는지 잠시 떠올려 보기 바란다.

만약 누군가가 떠오른다면 먼저 회개의 기도부터 드리고, 연락할 수 있는 사람이라면 연락해서 용서를 구하고, 그다음에 다시 본인의 자리로 돌아와서 내가 받는 미움을 떠올려 보았으면 한다.

예수님과 함께 동행한 사도 바울조차도 수없는 핍박과 부당한 미움을 받아 가며 복음을 전했다. 예수님과 그렇게 친밀하게 동행하고 있던 바울조차도 일상의 곳곳에서 부당한 처사를 받았을 때 왜 이런 고난과 핍박을 당해야 하는지 순간순간 이해하기 어렵지 않았을까. 다른 일도 아니고 목숨을 걸고 복음을 전하고 있는데 왜 하나님이 막아주시지 않았을까 억울한 적도 많지 않았을까.

성경에 보면 수도 없이 매를 맞고, 비난을 감수하며 예수 그리스도를 전했던 바울인데, 그러한 바울조차도 그 감당할 수 있는 미움 가운데 버티고 이겨낼 수 있었던 것은, 비록 필자의 추측이지만 과거에 바울 본인이 핍박했던 그리스도인들을 떠올려서이지 않을까 싶다. 내가 직접 핍박하고 미워했던 그리스도인들을 떠올리며, 그렇게 죄를 지은 나조차도 예수님께서 용서하시고 구원해 주셨다는 사실이 엄청난 은혜로 느껴지지 않았을까. 그리고 그 은혜의 크기만큼 현재의 미움을 견뎌낼 수 있는 힘이 만들어져서 담대하게 복음을 전할 수 있지 않았을까 조심스럽게 예상해 본다.

미움을 받는 것이 힘들다면, 내가 미워했던 기억을 떠올리고 그러한 삶을 살아온 나조차도 용서해 주시고 구원해 주신 예수님의 사랑과 은혜를 마음에 잘 새겼으면 좋겠다. 순간순간 일상에서 계속 고통이 될지도 모른다. 하지만 그때마다 나의 과거를 떠올리고, 그 사람을 용서해 주었으면 한다.

"우리가 우리에게 죄지은 자를 사하여 준 것같이 우리의 죄를 사하여 주시옵고…"

이 기도가 하늘에 올려지는 기회가 되었으면 좋겠다.

"또 네 이웃을 사랑하고 네 원수를 미워하라 하였다는 것을 너희가 들었으나 나는 너희에게 이르노니 너희 원수를 사랑하며 너희를 박해하는 자를 위하여 기도하라"(마태복음 5장 43~44절)

[E-19]
사랑이란 무엇일까

우리가 하나님을 생각할 때 크게 '공의의 하나님'과 '사랑의 하나님'을 떠올릴 때가 많다. 실제로 성경을 묵상하다 보면 구약 말씀에서 공의롭고 전능하신 하나님이 떠오르고, 신약의 예수님을 생각하면 사랑의 하나님이 일관되게 마음에 와닿는다. 사랑이라는 것은 그만큼 하나님의 나라에서 굉장히 중요한 가치이자 어쩌면 본질 그 자체일지도 모르겠다. 하나님은 사랑이시기 때문이다.

하지만 이 땅에서의 사랑은 다양한 모습으로 관찰되고 정의되어진다. 자녀에 대한 부모의 사랑, 남녀간의 사랑, 제자에 대한 스승의 사랑 등 여러 관계에서 나타나는 사랑의 모습들이 있고, 우리는 그것들을 모두 사랑이라 일컫고 받아들인다. 그리고 이 땅의 많은 사람들이 보이는 것들, 만질 수 있는 것들, 과학적으로 확인할 수 있는 것들만이 진실이라고 믿고 있는 가운데 거의 유일하게 반박하기 어려운 진실이 바로 사랑이기도 하다. '보이지 않고, 만질 수도 없고, 과학적으로 증명할 수 없지만 분명히 존재하고 매우 파워풀한 실체'가 바로 사랑인 것이다.

사람이 사랑을 인식하고 체험할 때 보이지 않는 세계도 같이 경험하고 있다고 생각한다. 그리고 그것이 바로 하나님이 우리에게 심어주신 창조의 원리 중 하나라고 믿는다.

그렇다면 과연 하나님이 우리에게 심어주신 사랑의 실체는 무엇일까. 고린도전서와 요한1서를 통해서 사랑에 대해 말씀해 주셨지만 그 여러 말씀을 요약해서 정의하면 과연 어떤 의미로 해석할 수 있을까.

필자는 이 부분에 대해 어느 날 마음에 선명히 깨달아지는 무엇인가가 있었는데, 아마도 성령님께서 가르쳐 주신 것이 아닐까 싶을 정도로 확실히 동의가 되는 의미였다.

하나님은 사랑이시고, 그러므로 예수님은 사랑이시고, 예수님이 사랑이시라면 예수님이 보여주신 그 십자가의 사랑이 가장 본질적인 사랑의 의미라는 생각이었다. 이 흐름을 요약해서 정리해 보면, 사랑은 이렇게 정의할 수 있을 것이다.

"먼저 온전히 상대방이 되어서, 상대방이 무엇을 원하는지 또는 상대방에게 가장 필요한 것이 무엇인지 진지하게 고민해 본 다음에, 그 상대방에게 가장 필요한 것을 위해 나의 모든 것을 희생하는 것." 이것이 바로 사랑의 본질적인 의미이지 않을까.

예수님이 이 땅에 오셔서 온전히 사람의 위치로 내려오셨고, 죄인 된 사람들에게 가장 필요한 것이 무엇인지 아신 다음에, 그 필요한 것을 위해 본인의 생명까지 드린 이 원리야말로 사랑의 가장 확실한 의미를 담고 있다고 생각한다.

그리고 이러한 사랑의 의미는 우리 일상에도 얼마든지 적용할 수 있다. 우리가 사랑이라고 이야기하는 대상들, 특히 부모, 배우자, 자녀를 사랑한다고 이야기하는데 그 사랑이 저 위에서 이야기한 그 의미대로 해석될 수 있는 사랑인지 확인해 보면 좋을 것이다. 만약 그 정도까지는 아니라고 생각이 든다면 그것은 어쩌면 사랑보다는 자기 욕심, 자기 의가 같이 섞여 있기 때문일지도 모르겠다.

자녀에 대한 말씀 중 가장 명확한 말씀 중 하나인 "자녀를 노엽게 하지 말라"라고 하셨던 것도 어쩌면 위의 맥락으로 해석될 수 있는 사랑이지 않을까? 하나님의 사랑이 우리에게 심기어졌고, 예수님의 십자가 사랑이 지금 이 시대의 우리에게까지 심기어졌다면, 우리가 실천하는 사랑 역시 그 본질적인 사랑의 의미에 가까워져야 하지 않을까?

사랑이라고 포장하면서 자기 욕심과 자기 의를 내세우고 있지는 않은지 마음 깊이 되돌아 보는 시간이 되었으면 좋겠다.

"하나님이 우리를 사랑하시는 사랑을 우리가 알고 믿었노니 하나님은 사랑이시라 사랑 안에 거하는 자는 하나님 안에 거하고 하나님도 그의 안에 거하시느니라"(요한1서 4장 16절)

[E-20]
허무함을 마비시키기 위한 행동들

직장생활을 하다 보면, 바쁜 시즌을 끝냈을 때나 중요한 일을 마쳤을 때 술을 찾는 경우가 많다. 잘 끝냈으니 한 잔 하면서 기분을 내자는 뜻인데, 사실 잘 생각해 보면 이상한 점이 있다.

내가 어떠한 일을 잘 끝내고 싶어서 많은 노력을 기울였고, 그 일이 잘 마무리 됐다면 그 자체만으로 충분히 보람있고 성취감을 느낄 수 있어야 하는데, 왜 이성을 마비시키고 망각의 주범인 술을 찾게 되는 것일까. 어렸을 적 학창시절을 떠올려 봐도 만약 내가 이번 시험에서 100점을 맞고 싶어서 열심히 공부했는데 실제로 100점을 맞게 되면, 그 자체만으로 충분히 기쁘고 즐겁고 만족스러운게 맞는데 왜 회사에서는 일을 잘 끝냈을 때조차도 이를 충분히 누리지 못하게 하는 화학물질을 자발적으로 찾게 되는 것일까?

이 현상에 대해 필자가 생각하는 가설은 '허무함을 마비시키기 위해서'이다. 사실 본인이 진정 원했던 것이 그 일을 잘 끝내는 것에 있지 않았다는 뜻 아닐까? 지금 당장에는 이 일만 잘 마무리하면 너무 좋겠다고 생각했지만 막상 그 일이 다 잘 이루어졌을 때 내가 생각했던 충분한 보상과 만족으로 이어지지 않는다는 것을 깨달았기 때문이 아닐까.

　분명 나는 이 일을 잘 끝내면 모든 것이 잘 풀릴 줄 알았는데, 막상 잘 끝내고 보니 잠깐 좋고 별반 달라질 게 없는 것이다. 그 공허함과 허무함. 하지만 스스로 그게 공허함이나 허무함이라고 인정할 수는 없다. 왜냐하면 그것을 스스로 허무함으로 인정하는 순간 그동안 내가 이 일을 위해 해왔던 수많은 노력들과 시간들이 마치 부인되는 것 같은 생각이 들기 때문이다. 나의 과거가 통째로 부인된다는 생각에 무의식적으로 방어하는 마음이 생길지도 모른다.

　일상에서 스스로 이런 실험을 한 번 해보자. 어떤 일이나 과제가 있다고 하자. 내가 진심으로 원했던 거면 그게 이루어진 것만으로도 충분히 기쁠 수 있어야 한다. 그런데 그 기쁨을 다른 수단, 특히 술이나 술 외에도 무언가 몰입할 수 있는 자극적인 즐거움을 찾고 있다면, 그건 본인이 그동안 생각해왔던 일의 목표가 상당 부분 허무한 것을 향해 있었다는 의미일지 모른다.

　사람은 본래 하나님으로만 채워질 수 있는 공간이 있다. 하지만 마음에 하나님 두기를 싫어하고 자기 뜻대로 살아가길 바라기 때문에 그 자체만으로 이미 비워진 공간이 생기고, 그 자체만으로 인생의 상당 부분은 허무함으로 보내고 있는 것이다.
　그런데 그 나머지. 하나님의 공간이 아닌 나의 공간에서조차 허무함을 느끼게 되니 그 허무함을 마비시키기 위해 다양한 방법들을 찾아나서는 것이다. 그 허무함까지 인정하게 되면 하나님의 공간까지 포함해서 너무나 큰 공허함이 생기기 때문일 것이다.

크리스천들은 특히 더 본인 스스로를 잘 돌이켜 볼 수 있는 기회가 될지도 모른다. 적어도 크리스천들은 마음에 하나님 두기를 싫어하는 마음까지는 없을 것이기 때문이다. 그렇다면 나머지 공간. 내가 일을 통해서, 직장생활을 통해서 얻고자 했던 많은 바람들이 사실상 그 본질을 들여다보면 허무함을 쫓고 있었던 것은 아닌지 유심히 잘 돌아봤으면 좋겠다.

만약 허무함을 마비시키기 위한 행동들을 하고 있다면, 빨리 돌이켜 중단하고 감사의 기도와 겸손한 마음으로 그 기쁜 시간들을 허무하지 않은 진리로 채우길 바란다.

"또한 그들이 마음에 하나님 두기를 싫어하매 하나님께서 그들을 그 상실한 마음대로 내버려 두사 합당하지 못한 일을 하게 하셨으니"(로마서 1장 28절)

[E-21]

고속도로 이론

예전에 이런 생각을 한 적이 있다.

직장생활이라는 것이 마치 고속도로를 달리는 차들과 많이 닮아 있다고 느꼈다. 경부고속도로를 예로 들면, 처음 입사했을 때가 서울 이고, 직장생활을 통해 본인이 궁극적으로 이루고자 하는 목적지는 부산이라고 해보자. 서울에서 출발한 나는 시작부터 막히는 길이 답답하고 지루하다. 게다가 옆에는 뻥 뚫린 버스전용차로가 보이니 나도 저기로 달리고 싶다는 바람도 잠시 들기도 한다. 하지만 참고 가다 보면 어느 순간 나도 빠른 도로를 수월하게 달리기 시작하는데, 그때부터 여러 변수들이 나의 마음을 조급하게 만들어 간다.

첫째는 '내 앞에 조금 느리게 가는 차를 만났을 때'이다.

내 옆차선들은 잘 달리고 있는데 내 앞에 있는 차가 유독 천천히 가는 바람에(실제로는 규정속도를 준수하고 있을지 모르지만) 내 마음을 답답하게 만들고, 어떻게든 빨리 추월해서 앞으로 가야겠다는 생각을 하게 된다.

이건 마치 내 직속선배나 팀장이 무능하다고 느낄 때 드는 마음과 비슷할 것 같다. 다른 부서의 팀장이나 선배들은 능력이 좋아서 그

밑에 있는 후배들이 덩달아 빠르게 성장하는 것 같은데, 유독 나는 선배를 잘못 만나서 성장의 기회가 제한된다고 느낄 수 있다.

고속도로에서 그런 차들을 추월하며 어떻게 생각했는지 떠올려 보자. "저렇게 천천히 가서 통행 방해나 하고…"라고 생각하며 잠깐의 미움과 무시의 마음이 있지 않았는가.

둘째도 비슷하다.

나는 어떻게든 부산에 빨리 가고 싶어서 추월차로인 1차로만 계속 달리고 있는데, 앞에 보니 갑자기 차가 막히기 시작했고 천천히 속도를 줄였는데, 이상하게도 1차로는 움직임이 거의 없고 옆에 2차로와 3차로는 어느 정도 속도가 나는 것이다. 이럴 때는 '1차로에 사고가 난 건가', '왜 1차로가 더 느리지 이해가 안 되네'와 같은 생각이 들 수 있다.

내가 생각했던 빠른 길이 알 수 없는 이유로 막혔을 때 느껴지는 불안과 답답함, 짜증들이 회사에서 경험하는 흔히 '잘나가는 길'의 이유 없는 막힘과도 비슷하다. 이때 보통 취하는 행동은 빨리 2차로, 3차로로 넘어가서 다시 속도를 올리는 것이다. 그런데 고속도로에서, 특히 막히는 길에서 차선 변경을 하다 보면 그 뒤에 오는 차들의 속도에도 영향을 주고 결국 전체적인 막힘 현상을 초래하게 된다. 하지만 본인은 그 뒤에 오는 차들의 막힘 따위 고려하지 않고 지금 당장 나의 답답함을 해결해 줄 수 있는 방법을 택하게 된다.

셋째, 내 앞에 갑자기 끼어든 차량이다.

나는 문제없이 잘 달리고 있는데, 갑자기 옆차선에서 얼마 공간도 없는 내 앞으로 급히 끼어드는 상황이 생겼을 때, 순간 분노가 올라오고 상향등이나 경적을 울리며 감정을 표현한다.

회사에서도 나는 멀쩡히 성실하게 일을 잘하고 있는데, 갑자기 어느 날 경력직이라고 해서 나보다 경력이 조금 더 많은 사람이 입사를 하고, 나보다 높은 연봉에, 다음 승진 기회도 먼저 차지하게 되면 그때의 마음은 어떠한가. 고속도로에서의 상황과 비슷하지 않을까. 어떻게든 그 사람을 비판할 만한 거리를 찾아내고, 기존에 가까웠던 사람들과 거리낌 없이 뒷담화를 나누지는 않는가.

넷째, 차의 성능을 부러워한다.

옆에 빠르게 달리는 좋은 차들을 보며 내 차의 성능 한계를 탓하고 아쉬워한다. 그리고 언젠가 나도 저렇게 좋은 차를 타보고 싶다고 생각한다. 나는 이렇게 성실히 일해도 이 정도 수준의 차밖에 타지 못하는데, 누구는 부모를 잘 만나고 운이 좋아서 저렇게 좋은 차를 타고 달리니 이건 애초부터 경쟁이 안 되는 것이라고 생각한다.

그리고 알게 모르게 피해의식과 열등감이 마음 깊숙히 자라기 시작한다. 직장 내에서도 그렇다. 서로 비슷한 연봉, 경력을 갖고 있어도 누구는 집안에 돈이 많아 집 걱정, 자녀교육 걱정같은 건 별로 하지도 않고 오로지 자신의 일과 성장, 성취에만 집중하고 있는 사람을 보면 괜한 시기심과 질투가 생긴다. 그리고 보잘 것 없어 보이는 자신의 처지가 안쓰러워진다. 그리고 만약 그렇게 부러워했던 사람들의 실패나 좌절을 옆에서 보면 은근한 통쾌함이나 안도감을 느끼기도 한다.

마지막 다섯째, 중요한건 결국 모두 '부산'에 간다는 것이다.

회사생활은 그런 것이다. 처음에 개인이 원하는 것들은 대부분 비슷한데, 다만 누가 더 빨리 도착하는지에서 차이가 나는 것 같다. 긴 운전을 빨리 마치고 부산에 도착해서 편안하게 놀고 먹고 쉬고 싶으니, 지금 가장 빠른 길을 택하고, 다른 사람에게 관심도 없이 이기적인 주행을 계속하는 것이다. 하지만 느리게 가더라도 결국 대부분 부산에 도착한다.

그렇다면, 먼저 도착한 사람은 늦게 도착한 사람보다 훨씬 행복할까. 필자의 경험으로 봤을 땐 그렇지 않은 것 같다. 나는 아직 대전밖에 오지 못했는데 먼저 부산에 도착해서 편안하게 사는 사람을 보면 부러울 수 있겠지만, 그 부산에서 편하게 놀고 먹고 쉬는 것의 즐거움도 오래 가지 못한다. 그 사람은 이제 다시 부산에 만족하지 않고 배를 타고 일본에 가거나, 비행기를 타고 미국에 가길 바라고 있을 것이다. 결국은 빠르게 가나, 느리게 가나 직장생활의 끝은 대부분 비슷하다.

크리스천 직장인들에게 이렇게 이야기하고 싶다. 고속도로를 타면, 전체 도로 흐름을 방해하지 말고 안전하고 여유 있게 운전해 보면 어떨까. 내가 있는 차로가 조금 느리다고 해도 잠시 기다려주고, 만약 옆 차로에 방해가 되지 않는다는 것이 확인이 되면 그제야 추월해서

가보자. 그리고 속도를 조금 줄이고 하나님이 주신 아름다운 풍경도 보고, 같이 탄 가족이나 친구들과 즐거운 이야기도 나누고, 혹시나 도로에 문제가 생겼거나 도움이 필요한 상황이 생길지 모르니 그럴 때 바로 확인할 수 있도록 여유를 가지고 운전해 가는 것은 어떨까. 그리고 만일 빠른 고속도로의 속도나 환경이 부담되고 어지럽다면 국도로 빠져서 천천히 가는 것도 방법일 수 있다. 크리스천들은 부산 자체에 목적을 두기보다 내려가는 길, 그 시간과 과정을 충분히 누리고 하나님께 감사하면서 갔으면 하는 바람이다. 어디로 얼마나 빠르게 무엇을 타고 가는지 보다 누구와 어떻게 갔는지가 중요하지 않을까.

"이삭의 종들이 골짜기를 파서 샘 근원을 얻었더니 그랄 목자들이 이삭의 목자와 다투어 이르되 이 물은 우리의 것이라 하매 이삭이 그 다툼으로 말미암아 그 우물 이름을 에섹이라 하였으며 또 다른 우물을 팠더니 그들이 또 다투므로 그 이름을 싯나라 하였으며 이삭이 거기서 옮겨 다른 우물을 팠더니 그들이 다투지 아니하였으므로 그 이름을 르호봇이라 하여 이르되 이제는 여호와께서 우리를 위하여 넓게 하셨으니 이 땅에서 우리가 번성하리로다 하였더라"(창세기 26장 19~22절)

[E-22]
하나님이 자녀를 허락하신 이유

자녀. 예전에도 그랬지만 지금 역시 모든 직장인들에게 가장 중요한 키워드 중 하나일 것이다. 자녀를 교육하기 위해 좋은 직장, 높은 연봉을 고려하고, 또 자녀와 함께 보낼 시간을 위해 워라밸을 생각하는 등 자녀가 있는 대부분의 직장인들은 회사와 일을 고민할 때 자녀라는 변수를 가장 우선순위로 생각할지도 모른다. 실제로 일 외적으로 사용하는 시간을 계산한다면 대부분 자녀를 위한, 자녀와 함께하는 시간일 것이다.

그런데 두꺼운 성경 말씀 전체를 다 봐도 자녀에 대한 말씀이 그렇게 많지는 않다. 나 자신이 하나님 앞에서 어떠해야 하고, 하나님이 나를 어떻게 생각하시는지에 대해서는 많지만, 내가 자녀를 어떻게 교육하고 길러야 하는지에 대한 교훈은 거의 없다.

잠언 13장에서 "매를 아끼는 자는 그의 자식을 미워함이라 자식을 사랑하는 자는 근실히 징계하느니라" 또는 골로새서 3장이나 에베소서 6장에서 말씀하신 "자녀를 노엽게 하지 말라"라고 하신 정도가 대표적인 말씀이다. 그리고 부정적인 표현이긴 하나 다윗이 원수를 저주하는 구절에서 "(중략) 자녀로 만족하고…"라는 표현도 있다.

사실 요즘 대한민국 상황을 보면, 부모들의 욕심이 자녀에게 투영되는 것 같고, 자녀들이 부모의 욕심을 이뤄주기 위한 대리인으로 살아가고 있는 것은 아닐까라는 생각이 든다. 자녀를 노엽게 하지 말라고 하셨는데, 자녀의 미래와 행복을 위한다는 명분으로 노여움을 매일 쌓고 있는 것은 아닐까. 대체 부모가 생각하는 미래와 행복의 정의는 무엇이길래 하나님의 말씀을 가볍게 어기면서까지 그렇게 엄청난 희생과 노력을 기울이는 것일까.

필자는 예전에 이런 생각을 한 적이 있다.

생물학적으로 보면 남자의 세포와 여자의 세포가 결합되어 아이가 만들어지고 일정 기간 후 출산을 하게 되면 독립된 생명체로 다시 자라난다. 이 원리는 모든 동물의 세계와 동일한 로직인데, 동물과 달리 영적인 생명체인 사람은 왜 자녀를 위해 모든 것을 버리고 희생할 만큼의 사랑과 마음을 갖게 될 수 있는 것일까? 왜 그 지점에서 동물과 차이가 발생하는 것일까에 대해 궁금했던 적이 있다.

그때 떠올랐던 생각이 "하나님이 우리를 어떠한 마음으로 어떻게 생각하시는지, 너의 현실에서 매일 직접 경험하고 알아주었으면 좋겠다"라는 것이었다. 자녀의 탄생에서 경험한 기쁨과 순간순간의 행복, 즐거움 그리고 성장해 가면서 마음 아프게 하는 많은 과정들…. 그 모든 과정들이 하나님이 우리를 바라볼 때 느끼셨던 마음임을 알게 하시기 위해 자녀를 허락하신 것은 아닐까라는 생각이 들었다. 즉, 하나님의 마음을 직접 체험을 통해 알려주시기 위해 자녀를 허락하신 것이라는 생각이다.

힘든 육아와 교육, 가장으로서의 책임감과 부담을 가지고 살아갈 때 하나님은 나를 키우실 때 얼마나 힘들고 책임감을 가지고 계셨을 까라는 생각을 바로 할 수 있도록 만드신 것 같다. 그렇게 일생을 더 하나님과 가깝게 동행할 수 있는 축복과 선물의 통로로 자녀를 허락 하셨다고 생각한다.

자녀를 둔 크리스천들은 지금 본인이 어떠한 마음으로 자녀를 키우고 있는지 돌아봤으면 한다.

영어, 수학, 좋은 학교, 의대 진학 등을 위해 엄청난 집중력과 체력을 소비하고 있지는 않은가. 만약 그렇다면 하나님이 나를 키우고 함께하시는 방법도 역시 내가 지금 더 노력해서 좋은 직장, 높은 연봉, 빠른 승진, 많은 돈을 얻게 하기 위해 함께하고 계신다고 믿는 것인가.

하나님이 나에게 어떤 분이셨으면 좋겠는지 잠시 떠올려 보자. 평안과 기쁨, 즐거움, 안전, 휴식, 따뜻함…. 이런 생각이 들지는 않는가. 만일 그렇다면, 나 역시 오늘 자녀에게 그러한 가치를 주기 위해 살아가길 바란다. 그것이 바로 하나님이 우리에게 자녀를 허락하신 이유일 것이라고 생각한다.

"또 아비들아 너희 자녀를 노엽게 하지 말고 오직 주의 교훈과 훈계로 양육하라"(에베소서 6장 4절)

[E-23]
조심스러운 복지 혜택

 팬데믹 이후 특히 국내 주요기업들을 시작으로 '복지'에 대한 관심이 크게 늘었다. 예전에는 단지 회사의 네임밸류, 연봉이 직장을 선택하는 주된, 아니 어쩌면 거의 전부라고 할 수 있을 정도였다. 그런데 코로나를 겪으면서 재택근무, 가족에 대한 지원, 의료 지원, 여가 지원 등 여러 형태로 삶과 라이프를 강조하는 복지가 중요해졌다.

 직장인들은 보통 복지라고 하면 내가 회사를 다니며 누릴 수 있는 '당연한 권리'라고 생각하는데 사실 회사나 기업오너, 경영진들은 그렇게 생각하지 않는다. 그 역시 월급과 똑같은 '인건비, 비용'으로 생각하고 회사가 직원들을 위해 특별히 배려해주는 지원의 개념으로 여기는 게 일반적이다. 그 인식의 차이에서 복지에 대한 관점이 어긋나기 시작한다. 쉽게 말해 직원들은 회사에서 제공하는 모든 복지 혜택을 하나도 놓치지 않고 받을 수 있는 최대한을 받으려고 한다.

 시기를 놓치거나 본인이 정보를 알지 못해서 받지 못한 혜택이 있다면 어떻게든 인사팀에 요청해서 받고자 한다. 마치 그것을 못 받으면 내 월급이 깎인 것처럼 느낄지도 모른다.

 크리스천들의 생각은 조금 달랐으면 좋겠다.

우선 복지는 말 그대로 복지로 받아들이고 회사에서 직원들을 위해 특별히 제공하는 부가적인 혜택임을 명확히 이해했으면 한다. 그렇기 때문에 만일 이전에 있었던 복지혜택이 줄어들거나 없어진다고 하면 잠시 아쉬울 수는 있겠지만 덤덤하게 받아들이길 바란다. 왜냐면, 그건 월급과 달리 원래 내가 받아야 할 권리가 아니기 때문이다.

회사에서 경영상황 혹은 인사상 판단에 의해 복지를 조정한다고 하면 설사 내가 받을 항목들이 크게 없어진다고 해도 클레임 없이, 특히 같은 팀내 다른 동료들과 비난에 동참하지 말고 가만히 수긍하고 받아들였으면 한다.

이때 특히 '말'을 조심해야 한다.

속으로는 불합리하게 느껴지고 혹은 화가 날 수도 있지만 다른 사람들과 험담의 자리에 함께 하지 않아야 한다. 정 답답한 마음이 든다면 정중하게 인사팀에 예의를 갖춰서 문의하고 이야기를 나눠보자.

그리고 복지가 현재 상태 그대로 유지된다고 하더라도 일부 항목의 경우, 받을 수 있는 조건을 충족시키기 위해 매우 의도적으로 행동하지 말았으면 한다. 예를 들어 회사에서 의료비를 연간 100만 원까지 지원해준다는 복지가 있다고 하자. 그런데 나는 사실 특별히 아픈 곳이 없다. 그래서 병원에 가지 않으면 저 100만 원은 받을 일이 없게 되는데, 마치 그게 손해처럼 느껴져서 괜한 도수치료, 물리치료, 또는 과잉진단 등 조금만 문제가 있어도 병원을 가서 어떻게든

100만 원을 사용해야겠다고 행동한다면 이는 비성경적인 행동일 뿐만 아니라, 본인 회사에 있는 다른 크리스천들을 욕되게 하는 행동이 될 것이다.

그러니 복지에 대해 조금만 거리를 두고 생각하자.

원래 나의 것이 아니라고 생각하고, 받을 일이 생긴다면 감사히 받고 회사에도 고마워하고, 그런 회사를 다닐 수 있게끔 해주신 하나님께도 감사하며 겸손함을 유지해 보자. 주변에서 마치 미련한 사람처럼 여길지 모르지만, 정직한 마음으로 받게 된 조롱이라면 하늘에서의 특별한 복지가 놀랍게 쌓이고 있을 것이다.

"악인은 그의 마음의 욕심을 자랑하며 탐욕을 부리는 자는 여호와를 배반하여 멸시하나이다"(시편 10편 3절)

[E-24]
혹사

우리나라는 워낙 '열심히 일하는' 국가로 알려져 있다.

야근이 당연시되는 문화가 오랜 전통처럼 유지됐었는데 최근에는 워라밸 개념이 강하게 부각되면서 기업들이 불필요한 야근을 줄이기 시작했다. 최대한 직원들의 저녁있는 삶을 보장하기 위해 노력하고 있는 것이다.

하지만 여전히 사각지대는 존재한다.

대기업이든 중소기업이든, 업종에 관계없이 정말 '힘들게, 오랜 시간' 일을 하고 있는 곳이 많다. 그리고 필자도 정규근로시간을 훨씬 상회하는 업종에서 일을 하고 있는 중이다.

야근을 하고, 주말에 출근도 하면서 내가 맡은 일을 성실하게 수행하는 것 자체는 문제가 되지 않는데, 혹여나 그 과정에서 영적으로 둔해지거나, 하나님을 잠시 잊게 되는 일이 생기는 것이 가장 우려된다. '혹사'는 마치 질퍽한 늪을 건너는 일과 비슷해서 한 번 발을 들여놓으면 그 늪을 벗어나기 전까지는 일정 부분 발이 잠겨진 상태로 계속해서 힘들게 걸어가야 하기 때문에 조심해야 한다.

긴 늪을 걸어가다 보면 몸과 마음이 지쳐서 주일에 교회에서 예배를 드리더라도 몸만 왔다갔다 하는 수준이 될지 모르고, 또 어쩌면 간신히 얻은 휴식시간을 보내기 위해 예배를 불참하는 일까지 생길지 모른다. 무언가 잘못된 것이 분명하다.

나는 내가 해야할 일을 성실하게 최선을 다해서 하고 있는데 시간이 흐를수록 나의 영적상태는 희미해지고 있는 것이다. 혹사의 문제는 단지 예배, 영적상태에서의 이탈뿐만 아니라 이 세상의 것들에 내 마음이 완전히 빼앗겨 버리게 되어 돌이키기 힘든 길로 빠지게 만들기도 한다. 혹사를 겪고 있다면, 내가 지금 이 혹사를 견디며 참고 있는 이유는 무엇인지 진지하게 고민해 볼 필요가 있다. 가정의 경제적 수준 유지, 자녀 교육, 나의 자존심, 성격적 의무감, 회사의 네임밸류가 주는 안정감, 계속 버티게 되면 얻게 될 향후 연봉과 복지…. 대부분 이 카테고리 안에 해당될 것이다. 여러 표현으로 나열했지만 결국 종합해 보면, '이 땅에서 남들보다 잘먹고 잘살고 싶다'는 마음인 것이다. 결국 그 마음을 지키기 위해 현재 나의 시간과 체력, 건강 등을 온전히 쏟고 있는 것이다.

크리스천에게는 무언가 불편한 지점이다.

나의 욕심을 쌓아놓고 그것을 실현시키기 위해 물리적인 시간뿐만 아니라 내 마음까지 온전히 빼앗기는 것은 위험하다. "모든 지킬만한 것 중에 더욱 네 마음을 지키라 생명의 근원이 이에서 남이니라"(잠언 4장 23절) 라고 했던 하나님 말씀을 잊었는가. 마음을 뺏기면 모든 것을 뺏기는 것이다. 지금 혹사를 견디며 하나님에 대한 마음까지 무뎌진 크리스천이 있다면 빨리 돌아와야 한다. 완전히 굳어서 종교만 남은 껍데기가 되기 전에 빨리 영적으로 회복해야 한다.

그렇다면 혹사에 대처하는 방법은 무엇이 있을까? 단순히 지금 직장을 그만두는 것이 답일까. 물론 경우에 따라서는 이직을 하는 것이 가장 효과적인 방법일지도 모른다. 하지만 이직이란 최종 카드를 쓰기 전에 사용할 수 있는 방법은 없는지 현실적으로 고민해 보자.

첫째, 출퇴근 시간에 말씀을 읽는 루틴을 만들어 보자.

요즘은 모바일 성경도 워낙 잘 만들어져 있으니, 조금 피곤할 수는 있겠지만 오며 가며 인터넷이나 동영상 시청 대신 말씀을 읽어보자. 그리고 읽는 말씀 중에 마음에 와닿는 구절이 있다면 그 한 구절을 메모장에 적어 놓자. 적어 놓은 구절은 점심시간과 저녁시간에 잠깐잠깐 보면서 되뇌여 보자.

둘째, 짧은 기도를 자주해 보자.

아침에 일어나서, 회사에 도착해서 일을 시작할 때, 점심시간에 밥을 먹을 때, 오후 일과가 시작될 때, 미팅이 시작되기 전에, 회의 중 잠시 여유가 생겼을 때 "하나님, 지혜를 허락해 주시고 함께 일하는 사람들에게 하나님의 사랑과 축복이 전해질 수 있기를 소망합니다. 특히 제가 그 통로로 활용될 수 있었으면 좋겠습니다"와 같은 기도를 수시로 하면서 업무를 진행해 보자.

셋째, 매일 한 번 이상은 동료 또는 상사, 후배들에게 '섬김'을 실천해 보자.

일을 함에 있어 누군가 무엇을 맡아줘야 할 때, 또는 동료가 힘든 일을 처리하고 있을 때, 나도 바쁘긴 하지만 내가 특별히 헌신한다는 마음으로 그들에게 먼저 다가가서 그들의 일을 도와주자. 그리고 도움의 행동이 있은 후에는 하나님께 잠시 감사의 기도를 드리자.

위와 같은 세 가지 루틴을 만들어 보는 것은 어떨까.

많은 업무량 속에서도 위와 같은 작은 루틴들을 습관처럼 유지할 수 있다면 그 시간에도 성령님이 계속 함께 하시지 않을까. 그리고 나의 영적상태는 조금씩, 어쩌면 일시에 회복될 수도 있지 않을까. 만일 위와 같은 루틴을 유지했음에도 혹시나 혹사로 인해 가정에 불화가 생기거나, 나의 건강에 문제가 생겼을 때는 과감하게 이직을 생각해 보는 것도 좋을 것 같다. 더 중요한 것이 무엇인지 잊지 말아야 한다.

"너는 또 그것을 네 손목에 매어 기호를 삼으며 네 미간에 붙여 표로 삼고 또 네 집 문설주와 바깥문에 기록할지니라"(신명기 6장 8∼9절)

"두 손에 가득하고 수고하며 바람을 잡는 것보다 한 손에만 가득하고 평온함이 더 나으니라"(전도서 4장 6절)

[E-25]

술과 골프에 관하여

술과 골프.

이 두 가지는 우리나라 대부분의 기업들에서 빼놓을 수 없는 콘텐츠가 되고 말았다. 흔히 사회생활이라고 하는 것의 상당 비중은 술과 골프가 차지하고 있을 정도이다. 마치 공동체에 들어오겠다는 서명처럼 느껴지기도 한다.

시대가 변했고 세대가 달라졌다고는 하나 이상하게도 술문화와 골프문화는 쉽게 바뀌지 않는 것 같다. 아마 술과 골프가 우리나라 환경에서 가지고 있는 특수한 요소가 있기 때문이지 않을까 싶다.

술은 평소 회사에서 보여주는 가식의 모습을 벗고 솔직한 모습으로 함께하고 싶다는 목적이 있을 수도 있고, 허무함을 술로 마비시켜야 하는데 그 활동을 나혼자 하면 외로우니 같이 하면서 그 가운데 외로움을 달래기 위한 목적이 담겨 있을지도 모르겠다. 또 한편으로는 지금까지 견고하게 만들어 왔던 이 공동체의 울타리를 강하게 유지하기 위해 술을 사용해서 사람들을 묶기 위함일지도 모르겠다.

골프는 회사 안에서 하나의 자격증처럼 느껴진다.

일정 기간 강도 높은 레슨을 받아야 하고, 많은 돈을 들여 골프채를 사야하며, 평소 시간을 쪼개 틈틈이 연습을 해야지만 드디어 필드에서 무난한 플레이를 할 수 있게 된다. 그 수준에 도달하기까지 쉽지 않은 과정을 거쳐야 하기 때문에 더 친밀감과 동질감을 느끼게 되는 것 같다.

또한 대부분 주말을 이용해서 골프를 치고, 또 한 번 나가면 굉장히 오랜 시간이 소요되기 때문에 가정을 돌볼 시간이 부족하게 된다. 그리고 "사회생활하려면 어쩔 수 없어", "일하려면 어쩔 수가 없어", "다 우리 가족 잘 살게 만들려고 하는 일이야"라는 그럴듯한 명분도 가지고 있다. 그리고 이런 명분으로 자신까지 속인 후에 필드에 올라서서는 자신만의 플레이에 심취하고, 함께한 사람들과 즐거운 시간을 보내게 된다.

술은 공동체에 동참하겠다는 자발적 서명이고, 골프는 승진과 영업을 위해 따야 하는 자격증이라고 하면, 이 두 가지가 충족됐을 때 조직 내에서 안전하게 정착하고 성장할 수 있는 가능성도 높아지는 것은 어쩌면 당연한 이야기일 것이다.

그런데 크리스천들에게는 반대로 이 두 가지가 항시 조심해야 할 위험요소임을 명심해야 한다. 앞에서도 언급했듯이 술이라는 것은 '자발적 동의'를 상징하기 때문에 처음 몇 번 무비판적으로 동의하고 나면 그 후에는 돌이키기 쉽지 않고, 돌이킨다 하더라도 기존 공동체에서 애초부터 안 먹었던 사람보다 더 배제당할 가능성이 높다. 그때는 분명 본인 스스로 좋다고 동의해 놓고 이제와서 탈퇴를 한다는건 인정하기 어렵다는 의미일 것이다. 또한 술은 확실히 영적둔화 상태를 촉진시키는 매개체가 되기도 한다.

필자의 부족한 신앙으로는 확실히 설명하기 어렵지만, 술을 마시게 되면 확실히 영적으로 둔해지는 느낌이 있다. 그리고 모두가 잘 알겠지만 술은 중독성이 있다. 평소 내가 가지고 있던 고민이나 걱정들을 잠시 잊게 해주고, 의무감에 억눌렸던 마음이 해방되는 착각을 주기 때문에 계속해서 찾게 되는 것이다. 처음에는 공동체에 들어가기 위해 서명하는 정도로 시작했다가 어느 순간부터는 나 스스로가 술을 즐기고 있음을 보게 될 것이다.

그래서 되도록 초반에 승부를 봐야 한다.

서명을 하지 않는 것이 가장 좋다. 여러 핑계를 대도 좋다. 신앙적인 이유도 좋고, 건강을 핑계 삼아도 좋고, 가족을 언급해도 좋다. 어떤 방법도 좋으니 되도록 초반에 방어를 해보자. 동의한 후 거절하는 것보다 동의하지 않고 겉도는 것이 훨씬 좋을 것이다.

회사에서 술을 먹는 이유가 공동체에 대한 소속 여부를 가리기 위함이라면, 시간이 흐를수록 자연스럽게 보여주는 방법도 있다. 물론 최초 계약서에 사인을 하지는 않았지만 적지 않은 시간 동안 나의 행동으로 공동체에 대한 의지를 보여준다면 사람들은 어느 순간부터 안심하고 받아줄 것이다.

같은 부서 내 다른 사람의 일을 야근하면서까지 도와준다든지, 식사시간이나 티타임 때 다른 사람의 이야기에 적극 리액션을 해준다든지, 동료들이 했던 사소한 이야기들도 잘 기억해서 가끔씩 안부를 묻기도 한다든지 등 여러 방법이 있다. 내가 그들과 함께하고 있다는 진심을 전해주면 어느 시점부터는 그들도 마음의 문을 열 것이고, 그 마음의 문이 열린 후에는 술을 먹는 것이 꼭 공동체에 동의하는 서명은 아닐 수도 있다고 그들의 인식에 심어질지 모른다.

골프는 술과 달리 가치판단을 하기가 쉽지 않다.

술에 대해서는 성경 말씀에도 직접 언급이 되기 때문에 이를 절제하는 것에 큰 이견이 없겠지만, 골프의 경우에는 조금 다를 수 있다. 엄연히 스포츠, 취미활동의 하나이고 골프 자체를 해라, 하지마라 판단하는 것도 솔직히 어렵기 때문이다. 다만, 크리스천들에게는 세 가지 질문은 스스로에게 던져 볼 필요가 있다.

첫째, 내가 지금 골프를 치는 이유가 회사에서 윗사람에게 인정받기 위함인가?

둘째, 주말에 골프를 치는 시간 동안 나의 아내 또는 남편, 아이들의 마음을 힘들거나 외롭게 하고 있지는 않은가?

셋째, 골프를 치는 동안 말씀은 얼마나 머릿속에 떠올랐으며, 함께 치는 사람들에게 얼마나 말씀을 실천했는가?

이 세 가지 질문에 대해서 긍정적인 대답을 할 수 없다면 골프를 자제하길 권장하고 싶다. 자칫 골프가 하나님과 멀어지게 되는 하나의 계기가 될까 우려되기 때문이다. 특히 우리나라의 경우 골프가 고민이 되는 이유는 시간이 너무 오래 걸리고, 특히 가족과 함께해야 할 주말을 사용한다는 점이기 때문이다.

나의 보물이 있는 곳에 내 마음도 있다고 하지 않으셨던가.

아무 생각없이 휩쓸리지 않기를 바란다.

가장 좋은 것은 가족과 함께 하는 것이다. 골프가 가족들과 함께 누릴 수 있다면 가장 오붓한 시간이 될 것이다. 골프가 문제가 되는 지점은 '분리'와 '탐욕'이다. 하지만 본인이 합당하게 즐기기 위해 일부러 가족을 끌어 들이는건 옳지 않다. 그 마음의 중심은 하나님이 보고 계실 것이다.

"모든 것이 내게 가하나 다 유익한 것이 아니요 모든 것이 내게 가하나 내가 무엇에든지 얽매이지 아니하리라 음식은 배를 위하여 있고 배는 음식을 위하여 있으나 하나님은 이것 저것을 다 폐하시리라 몸은 음란을 위하여 있지 않고 오직 주를 위하여 있으며 주는 몸을 위하여 계시느니라"(고린도전서 6장 12~13절)

[E-26]
계획의 무의미함

우리나라도 이제는 예전처럼 평생직장의 개념이 점점 사라지고, 사람들의 이직이 활발해지면서 직장인들은 직간접적으로 많은 사례를 접하게 된다. 어떤 기업에 들어가서 어느 정도 경험을 쌓고, 어느 정도 연봉을 올려서 이직을 하고, 언제 대학원에 진학하는 등 경력개발이라고 하는 것에 많은 관심을 기울이게 되는 것이다.

게다가 데이터가 더 많이 쌓이게 되면 구체적으로 몇 년은 지금 직장에서 일하다가 다시 몇 년은 어떤 기업에서 일하는 등의 정확한 기간까지 계획을 세우는 사람들도 있다. 아무래도 고용시장에서 사람을 판단하는 기준을 여기저기서 듣다 보니 그중 가장 안전하고 정확한 방법을 택하고 싶을 것이다. 하지만 이는 크리스천들뿐만 아니라 믿지 않는 사람들도 마찬가지로 크게 도움이 되지 않는 계획이 될 수 있다. 적어도 필자의 경험과 생각에서는 그렇다.

이유는 두 가지다.

첫째, 내가 지금 다니고 있는 직장에서 겪게 될 이슈를 전혀 예측할 수 없다는 것이다.

보통 이직을 하는 이유는 사람과의 관계때문인 경우가 많다. 그다음은 아마도 보상과 관련된 처우, 그다음은 같은 기업 내 지사 발령이라든지 근무지, 직무 변경일 텐데 이중 내가 통제할 수 있는 것들이 없다는 것이 문제다. 내가 어떤 상사나 동료를 만나서 힘든 일을 겪게 될지, 어느 순간 경영상황이 어려워서 잘 나오던 성과급이 안 나오고 임금 인상도 안 된다든지, 또 어느 날 면담을 하자고 하시더니 해외 또는 지사 또는 다른 부서로 가는 게 어떻겠냐고 권유를 받는다든지 하는 일은 내가 예측할 수가 없는 일들이다. 그런데 내가 3년, 5년 계획을 세웠다고 해서 저런 변수들이 생겼을 때 그만큼 고통을 참고 다닐 것인가. 그렇지 않기 때문에 미리 경력개발을 위해 계획을 세운 효과가 크지 않을 수 있다.

둘째, '좋은 이직'의 타이밍 역시 내가 전혀 예측할 수 없다는 것이다.

고용시장은 굉장히 넓다. 물론 내가 지금 있는 기업의 산업군이 워낙 협소해 옮길 수 있는 회사의 후보군들이 많지 않을 수는 있겠지만 회사의 네임밸류만 조금 포기한다면 갈 수 있는 후보군들은 굉장히 넓어질 것이다. 그런데 대체 어느 시기에 나한테 적합한 회사, 직무, 연봉의 기회가 생길지 알 수 있다는 말인가.

내가 지금 회사에 다닌지 오래되지 않았고 적어도 3년 정도는 다닐 계획을 가지고 있었는데 1년도 안 된 타이밍에 좋은 기회가 생겼다고 하자. 그렇다면 어떻게 판단할 것인가. 3년의 계획이 있었으니 고사할 것인가. 그렇다면 3년이 지나면 그만큼 좋은 기회가 생길거라는 보장이 있는가.

이직뿐만 아니라 공부를 하기 위해 직장을 쉬는 타이밍 역시 마찬가지다. 휴식의 차원에서, 또는 학업에 대한 열망의 차원에서 공부를 하겠다는 건 정말 그 마음이 절실해져야 가능한데 그 시기를 우리는 미리 예상하기 어렵다.

그리고 크리스천들에게는 위와 같은 이유를 포함해서 계획이 무의미한 이유가 있다. 지금까지 내가 살아온 많은 과정들이 하나님의 전적인 은혜로 인도해 주심을 받아 왔다는 것을 알고 있기 때문이다. 물론 직장도 그중 하나의 부분일 뿐이겠지만, 직장 역시 내가 생각했던 대로 왔다기보다는 어떠한 인도하심과 도우심에 따라 길을 걸어왔음을 느낄 것이다.

내가 계획을 세우는 것은 마치 가나안 땅을 약속하신 하나님 앞에서 광야의 경로를 세우는 것과 크게 다르지 않을 수 있다. 짧은 길이 될지, 먼 길이 될지, 험한 길이 나올지 우리는 알 수 없다. 하지만 그 과정에서 때로는 우리를 훈계해 주시기 위해 거친 길을 허락해 주실 수도 있고, 또 어떤 시기는 평안한 휴식 같은 길을 허락해 주실 때도 있을 것이다.

직장, 일과 관련된 고민의 상황에 놓였을 때 어느 길로 가면 좋을지 하나님께 묻는 기도도 물론 할 수 있겠지만, 그보다는 "어느 길로 가던지 하나님이 원하시는 길이기를 소망합니다"라는 순종의 기도가 하나님을 더 기쁘시게 할 수 있지 않을까. 그러니 미리 계획에 너무 몰두하지 않았으면 한다. 나의 계획보다는 매일 하나님의 음성에 귀를 기울이는 자세가 더 완벽한 계획이 될 것이다.

"사람이 마음으로 자기의 길을 계획할지라도 그의 걸음을 인도하시는 이는 여호와시니라"(잠언 16장 9절)

[E-27]
부모에 대한 생각

"네 부모를 공경하라 그리하면 네 하나님 여호와가 네게 준 땅에서 네 생명이 길리라"(출애굽기 20장 12절)

모든 크리스천이 알고 있는 바로 십계명 중 하나의 말씀이다.

십계명에 자녀에 관한 말씀은 없어도 부모를 공경해야 된다는 말씀은 명확하게 쓰여 있다. 앞의 4계명은 하나님에 대한 계명이고, 뒤의 5계명은 이웃에 관한 계명인데 중간에 부모에 대한 계명이 자리잡고 있는 것도 무언가 의미가 있는 것은 아닐까.

필자가 생각한 의미는 이렇다.

하나님을 사랑하고 경외하는 마음은 이 땅에서 내가 부모님을 평소 어떻게 얼마나 생각하고, 어떻게 대하느냐와 맞닿아 있는 것은 아닐까하는 생각이었다. 즉, 부모를 공경하지 않고 하나님을 경외한다는 것은 거짓말이 될 수 있다는 것이다. 예수님도 비유를 들어 비슷한 의미로 말씀해 주셨다.

우리는 사실 부모님에게 가장 큰 사랑을 받았던 시절을 기억하지 못한다. 아마도 태어나서 3~4살, 길면 5~6살까지 아주 어렸을 때가 어쩌면 부모의 가장 큰 헌신과 희생, 노력과 사랑을 받았던 시기일 것이다. 하나님이 우리를 생각하시는 것처럼 1년 365일 24시간 우리를 보호하고 아끼면서 키워주신 시간이다. 그런데 공교롭게도 우리는 그 시절을 대부분 기억하지 못한다. 참 아이러니하다.

어쩌면 하나님께서 그렇게 창조하신 이유가 있지 않을까. 만약 우리가 그 시절을 기억한다면, 평생 부모에게 빚진 마음으로, 의무감으로 효도를 해야 한다고 얽매여 살아가게 될까 봐 일부러 기억을 못하게 하신 것이 아닐까라는 생각도 했다. 사랑과 효도는 어디까지나 자유를 바탕으로 자발적으로 행해야 하는 것이기 때문이다.

하지만 우리가 기억하지 못해도 그 사랑의 크기는 고스란히 우리 마음속을 채우고 있다. 평소에는 잘 인지하지 못하다가 부모님이 하늘나라로 가셨을 때 비로소 그 사랑의 크기만큼 빠져 나간 것을 깨닫고 아파하고 슬퍼하게 된다. 우리가 하나님이 창조하신 영적인 존재라는 가장 선명한 증거 중 하나가 이것이지 않을까. 눈에 전혀 보이지 않고 과학적으로 증명할 수도 없지만 모든 사람이 부모에게 받은 사랑의 크기를 느끼고 깨닫게 된다는 것이다.

하나님이 우리를 사랑하셔서 예수님을 보내주셨고 십자가의 보혈로 우리를 구원해 주신 그 사실을 필자는 직접 체감하지 못할 때가 많다.

만약 나와 가까운 누군가가 나를 위해 본인의 목숨을 희생했다고 생각해보자. 남은 삶을 살아가는 동안 그 사람과 그 사람의 가족에게 얼마나 감사하고 미안한 마음이 들까. 그렇지만 예수님에 대해서는 우리가 그만큼 직접적인 감사함과 죄송함을 가지고 살아갈까. 아마 예배의 시간, 기도의 시간에는 충분히 느낄 수도 있겠지만 그 감사함을 일상에서 직접 체감하며 살아가기는 어려울 수도 있다. 하지만 예수님은 분명 우리를 위해 돌아가셨고, 3일만에 부활하셨다.

부모의 사랑이 가장 컸던 시절을 우리가 기억 못하는 것처럼 예수님이 우리를 위해 십자가를 지신 사실을 우리는 기억하지 못할 수도 있다. 하지만 그 사랑의 크기는 우리 마음속에, 지금 현재 우리의 마음 속에 고스란히 자리잡고 있다. 시간이 너무 늦은 후에야 그 사랑의 크기를 깨닫는 사람도 있고, 어떤 사람은 빨리 깨달아서 하나님 나라에 이미 살고 있는 사람도 있을 것이다.

지금 만약 우리가 부모의 사랑을 깨닫고 공경과 효도의 자리로 나아갈 수 있다면, 그 마음과 태도가 있다면 예수님의 십자가 사랑에도 가까이 나아갈 수 있다고 믿는다. 하나님이 그렇게 창조하셨다고 믿는다. 그렇기 때문에 우리에게 부모라는 큰 사랑의 관계를 허락하셨고 일상에서 그 관계를 인식할 수 있도록 만드셨다고 믿는다.

부모와의 특별한 사연으로 인해 미움과 원망의 관계에 있을지도 모르겠다. 하지만 그럼에도 불구하고 부모를 공경하자. 때론 하나님이 우리와 함께 하시지 않는 것처럼 느껴지기도 하고, 또 어떨 때는 하나님이 원망스러울 때가 있을지도 모르겠다. 그렇다면 그때는 어떤 선택을 할 것인가. 하나님을 떠나거나 외면할 것인가. 아마 모든 크리스천들은 그렇지 않을 것이다. 이해할 수 없지만 기도의 자리로 나아갈 것이고, 계속 질문할 것이며, 하나님의 때를 기다릴 것이다. 부모에게도 그렇게 해보자. 내 육신의 생각으로는 이해할 수 없는 부모라고 하더라도 공경의 자리에서 벗어나지 말고 묵묵히 효도를 실천해 보자. 그랬을 때 하나님의 축복과 칭찬도 가득해 질 것이라고 믿는다.

"너희는 이르되 사람이 아버지에게나 어머니에게나 말하기를 내가 드려 유익하게 할 것이 고르반 곧 하나님께 드림이 되었다고 하기만 하면 그만이라 하고 자기 아버지나 어머니에게 다시 아무 것도 하여 드리기를 허락하지 아니하여 너희가 전한 전통으로 하나님의 말씀을 폐하며 또 이같은 일을 많이 행하느니라 하시고"(마가복음 7장 11~13절)

[E-28]

아내를 사랑, 남편에게 순종

크리스천 오너들이나 크리스천들에게 갑자기 '아내를 사랑하고, 남편에게 순종하라'라는 이야기를 꺼내는 것이 어색하게 보일 수도 있지만, 직장에서 일을 하는 크리스천들에게 직접적인 영향을 주는 요인이기 때문에 짚고 넘어가고 싶다. 가정에서 원만한 부부사이가 회사에서 얼마나 건강하고 집중력 있게 일할 수 있느냐를 결정할 수 있기 때문이다.

성경 말씀에 보면 결혼한 여성들에게 "남편에게 순종하라"(베드로전서 3장 1절)라는 구절이 있다. 믿지 않는 여성들에게는 불편하게 들릴지도 모르겠다. 또 말씀을 잘 모르는 크리스천 여성들 중에서도 이 말씀을 보면 약간의 거부감이 들지도 모르겠다. 마치 가부장적인 유교문화가 떠오르는 듯한 말씀처럼 들릴 수도 있기 때문이다.

하지만 하나님은 명확하게 말씀하셨다. "남편에게 순종하라." 그렇다면 과연 남편들에게는 어떤 말씀을 주셨을까. 우선 같은 베드로전서 3장에서 말씀하신 내용은 이렇다.

"남편들아 이와 같이 지식을 따라 너희 아내와 동거하고 그를 더 연약한 그릇이요 또 생명의 은혜를 함께 이어받을 자로 알아 귀히 여기라 이는 너희 기도가

막히지 아니하게 하려 함이라"(베드로전서 3장 7절)

생명의 은혜를 함께 이어받을 자로 귀히 여기라고 하셨고, 그렇지 않으면 기도가 막힌다고 말씀하셨다. 즉, 아내를 귀히 여기지 않는 자의 기도는 막히게 되어 있다는 말씀으로 해석된다. 아내를 귀히 여기지 않으면서 기도를 하는 자의 기도는 아마도 하나님께서 듣지 않으실 수도 있다는 의미로 여겨진다. 굉장히 무서운 이야기가 아닐 수 없다.

골로새서에서도 남편과 아내에 대한 말씀이 나온다.

골로새서에서는 보다 직접적인 표현으로 말씀을 하셨는데,

'아내들아 남편에게 복종하라 이는 주 안에서 마땅하니라'(골로새서 3장 18절)

베드로전서는 순종을 넘어 복종하라고 말씀하신다. 어떻게 보면 비슷한 의미로 보이기도 하지만 보다 강한 어조로 들린다. 남편에게 복종하는 것이 주 안에서 마땅하다고 말씀하셨다.

그럼 크리스천 아내들은 과연 이 말씀을 얼마나 지키고 있는가. 자신을 잠시 돌아봤으면 한다. 만일 이성적인 합리성에 근거해서 남편에게 순종하고 복종하지 못한 일이 있다면, 이는 이 땅에서 합리적인 행동과 판단은 했을 수 있지만, 하늘의 말씀은 어긴 것으로 볼 수 있다. 그러니 본인의 합리적인 판단보다 말씀을 더 앞에 두고 삶을 살아갔으면 하는 바람이다.

하지만 여기서 끝이 아니다.

그렇다면 남편은 아내에게 무엇을 해야 되는가? 같은 골로새서 말

씀에 바로 이어나오는 말씀은 이렇다.

"남편들아 아내를 사랑하며 괴롭게 하지 말라"(골로새서 3장 19절)

아내를 사랑하며, 괴롭게 하지 말아야 한다는 것이다. 과연 이 말씀에 또 자유로운 남편들은 얼마나 있을 것인가. 결국 부부에 대해 하나님이 말씀하신 진리는 "남편은 아내를 사랑하고, 아내는 남편에게 순종하라"인 것이다. 아내의 순종도 남편의 사랑이 전제되어야 하는 것이고, 남편의 사랑도 아내의 순종이 전제가 되어야 한다는 것이다.

이 시대의 많은 부부들이 다툼을 하고 갈등을 일으키는 본질적인 이유는 이 말씀을 지키지 못해서라고 생각한다. 필자 개인적으로는 아내의 불순종보다 남편의 아내 사랑이 부족한 것이 먼저인 경우가 더 많다고 생각한다. 즉, 많은 남편들이 아내를 매일 사랑해야 하는데 매일 사랑하지 못했기 때문에 아내의 순종도 이뤄지지 않았다고 생각한다. 본인은 아내를 매일 사랑하지 못했으면서 아내의 순종을 기대하는 어리석은 남편이 되어서는 안 되고, 또 반대로 남편은 아내를 매일 사랑하고 있는데 그런 남편에게 순종하지 못하는 아내가 되어서도 안 되겠다.

회사 일을 핑계로, 사회생활이라는 그럴듯한 명분으로, 돈을 더 많이 벌어온다는 교만으로, 별의별 갖은 명분을 다 갖다 붙이면서 아내 사랑하기를 게을리 하는 남편들이 많다. 크리스천 직장인들은 이것부터 먼저 다시 잡아야 한다. 돈을 많이 벌어오고, 그 돈으로 좋은 집에 살고, 자녀들에게 좋은 교육을 시키는 것이 아내를 사랑하는 것이 아니다. 그건 본인의 욕심이 더 많이 개입되어 있을 가능성이 높다. 그런 사랑말고, '아내를 사랑하라.'

그것이 핵심이다. 연애할 때, 결혼할 때, 그때를 기억하라. 하나님의 말씀이고 진리의 말씀이다. 그리고 아내도 평등, 합리, 공평이라는 기준을 먼저 내세우지 말고 하나님 말씀을 먼저 지키고 그다음에 합리적인 판단을 하길 바란다. 먼저 순종하라.

이 두 가지 말씀 중 한쪽이 어긋나게 되면 그때부터 부부사이는 균열이 생기고 다툼이 생길 것이다. 그리고 그 갈등은 직장생활로 이어질 것이고, 나의 마음을 훼손할 것이며, 결국 나의 신앙과 건강까지도 빼앗게 될지 모른다.

또한 사랑과 순종은 항상 유효기한이 하루, 1일임을 기억하자. 오늘의 사랑은 오늘로 끝나고, 내일은 다시 새로운 사랑이 이어져야 한다. 오늘 내가 상대방에게 큰 사랑을 전달했다고 해도 그 유효기간은 그날로 끝이다. 매일 사랑해야 하고, 매일 순종해야 한다. 그 어떤 사랑과 순종도 2일짜리, 한달짜리는 없다. 그것을 명심하고 매일을 영원처럼, 매일을 새롭게 사랑하고 순종하는 크리스천들이 되기를 소망한다.

"여호와 하나님이 이르시되 사람이 혼자 사는 것이 좋지 아니하니 내가 그를 위하여 돕는 배필을 지으리라 하시니라 (중략) 여호와 하나님이 아담에게서 취하신 그 갈빗대로 여자를 만드시고 그를 아담에게로 이끌어 오시니 아담이 이르되 이는 내 뼈 중의 뼈요 살 중의 살이라 이것을 남자에게서 취하였은즉 여자라 부르리라 하니라 이러므로 남자가 부모를 떠나 그의 아내와 합하여 둘이 한 몸을 이룰지로다"(창세기 2장 18절, 22~24절)

[E-29]
용서

　회사생활을 하다 보면 누군가에 대해 '미움'의 감정을 갖게 될 때가 종종 발생한다. 같은 팀 내 상사를 비롯한 동료일 때도 있고, 외부 고객일 때도 있다. 대부분 그들이 보여준 무례함에서 비롯된 경우가 많다. 1차원적인 무례함도 있지만 때로는 고마움을 모르는 행동들, 또는 미묘한 말투에 의해서도 미움이 발생하기도 한다. 그럴 때마다 우리는 사회생활이라는 대명제를 떠올리며 아무렇지 않은 척 감정을 드러내지 않고 참는다. 아니면 어떤 경우는 바로 그 무례함에 대응하는 경우도 있을 것이다.

　크리스천들이 보통 이야기하는 용서의 개념은 원수를 용서하거나, 아니면 나에게 큰 피해를 입힌 사람을 용서하거나, 또는 나에게 잘못을 시인하고 용서를 구하는 사람을 받아주는 차원의 용서로 생각할 때가 많은 것 같다. 하지만 필자가 이야기하고 싶은 용서의 개념은 그것보다 훨씬 작고 순간적인 미움에 관한 것이다. 상대방의 잠깐의 무례함, 거슬리는 말투, 고마움을 모르는 행동 등 회사생활 중 일상에서 스쳐 지나가듯이 발생하는 나의 마음에 주목해야 한다.

일과를 마치고 퇴근길에, 혹은 잠들기 전 기도시간에 오늘 하루를 떠올려 보자. 오늘 내가 만나고 이야기했던 사람들, 업무차 전화 통화하거나 메신저로 대화했던 사람들 중에 잠시라도 미움의 감정이 생겼던 사람은 없었는가. 만일 있었다면 그날 기도시간에 꼭 그 사람에 대해 용서하는 기도를 했으면 한다. 내 마음이 누군가를 미워했던 것 자체는 우리가 사람이기 때문에, 그리고 회사라는 곳에서는 자연히 발생할 수밖에 없는 일일 것이다. 다만 내가 그 사람을 용서했냐 안했냐는 신앙적으로 큰 차이가 있다고 생각한다.

하나님의 말씀도 씨앗으로 비유되지만, 미움 역시 하나의 씨앗처럼 내 마음에 심어진다고 생각한다. 그것을 다루지 않고 그대로 두면 어느 순간 수많은 잡초들처럼 내 마음 상태를 헤집어 정리하기 힘든 상태가 될지도 모른다.
그러니 즉각적으로 그 사람을 용서하자.
그 사람을 만나거나 연락해서 직접 손을 내밀지 않아도 좋다. 하지만 기도시간에 하나님 앞에서 용서해보자. 그렇게 했을 때 우리가 과거 언젠가 누군가에게 죄를 지었던 것들을 하나님께서 사하여 주실

거라고 믿는다.

주기도문에도 나와 있듯이 말이다.

"오늘날 우리에게 일용할 양식을 주옵시고, 우리가 우리에게 죄지은 자를 사하여 준 것 같이 우리 죄를 사하여 주옵시고…."

이 기도를 예수님께서 친히 우리에게 가르쳐 주신 이유가 있을 것이다. 용서는 그만큼 일상에서 우리가 중요하게 챙겨야 할 마음의 자세이기 때문이라고 생각한다. 힘들겠지만 도전해보자. 예수님 말씀을 직접 실천해보자.

"너희가 사람의 잘못을 용서하면 너희 하늘 아버지께서도 너희 잘못을 용서하시려니와 너희가 사람의 잘못을 용서하지 아니하면 너희 아버지께서도 너희 잘못을 용서하지 아니하시리라"(마태복음 6장 14~15절)

[E-30]
능력 없는 선배를 대하는 방법

직장인들을 힘들게 만드는 원인의 대부분은 상사나 선배, 즉 윗사람과의 관계에서 비롯된다. 나에게 일을 시키는 사람이 어떤 사람인지에 따라 회사생활의 대부분이 결정되기 때문이다. 아무리 좋은 연봉, 이름 좋은 회사라고 하더라도 내가 지금 함께하고 있는 윗사람이 나와 맞지 않으면 매일, 매순간이 괴로워진다.

게다가 그 상사나 선배가 능력이 있고 인정받는 사람이어서 내가 저항하거나 불만을 제기할 명분도 마땅치 않다면 더더욱 괴로움은 커질 것이다. 능력은 있으나 인격적으로 문제가 있는 상사, 선배가 가장 견디기 어려운 법이다. 하지만 영적으로 봤을 때, 특히 성경적인 삶을 살아가야 하는 크리스천 입장에서는 그런 선배보다 오히려 반대인 경우를 더 신경써야 한다.

바로 '능력없는 선배와 함께 일할 때'이다. 능력도 없는데 인격적으로도 문제가 있는 선배는 그야말로 분노와 경멸의 대상이 될 수 있고, 인격적으로는 괜찮은데 능력이 없는 선배는 알게 모르게 무시의 대상이 될 수 있다. 결국 경멸하거나 무시하거나 둘 중 하나일 가능성이 높다.

이 두 가지 케이스만 보더라도 능력없는 선배와 함께 일한다는건 내 마음 안에서 경멸과 무시라는 악과 싸우는 과정이 될 수 있다. 그렇기 때문에 크리스천들은 더욱 집중해서 이 문제를 다뤄야 한다.

첫째, 능력도 없고 인격적으로 문제가 있는 선배를 대하는 방법은 '철저하게 저자세로 예의있게' 대하는 것이 좋다.

대부분 그런 사람들은 자격지심이나 콤플렉스가 심한 사람들이기 때문에 그 지점을 건드리지 않는 것이 가장 부딪히지 않는 방법이다.

일부러 피하려고만 하지 말고, 그 사람 앞에서 약간 과하다 싶을 정도로 자기를 낮추고, 예의를 갖춰라. 아마 그렇게 하면 그 사람은 당신을 무시할 가능성이 높고, 더 함부로 대할 가능성도 있다. 하지만 계속 그렇게 유지하는 것이 낫다. 그 사람의 무시는 받을지언정 나를 직접 공격하는 일은 없을 것이기 때문이다. 꼭 예의를 갖춰야 한다.

둘째, 인격은 괜찮지만 능력이 없는 선배를 대하는 방법은 '열심히 먼저 도와줘야' 한다.

아마 그 사람은 미안한 마음에 많은 일들을 먼저 부탁하지 않을 것이고, 혼자 해결할 방법을 몰라 길을 헤메고 있을 것이다. 가만히 두면 그 사람은 혼자 저평가되고 다른 사람들에게 무시를 당하며 살아가겠지만, 먼저 다가가서 그 사람을 성실히 도와주게 되면 중간 정도의 수준까지는 올라올 수 있을 것이다. 굳이 내 시간을 할애해서 무능한 선배를 도와줘야 하는 것인지 의문을 가질 수도 있다. 말씀에서 이웃을 사랑하라고 하셨기 때문에 그렇게 해야 되는 것인가? 물론 그것도 맞다. 크리스천인 우리는 반드시 이웃을 사랑해야 되기 때문이다.

하지만 이웃을 사랑하는 것보다 더 현실적인 이유가 있다.

능력없는 선배를 도와주게 되면, 하늘의 상급이 쌓이는 것도 당연하지만 그 과정 자체가 회사 안에서 내 주변 사람들에게 강하게 전달되기 때문이다. 결과적으로 나에 대한 평판이 굉장히 좋아지는 효과를 거둘 수 있다.

기업은 점점 상사 중심의 평가자에서 동료, 후배들의 평가까지로 확장되고 있고, 앞으로 그 추세는 계속될 것이다. 그만큼 회사 내에서 다른 사람들의 평판이 곧 나에 대한 평가로 직결될 수 있다는 의미다. 내가 선의로 무능한 선배를 자진해서 열심히 도와줬더니, 실제 내가 내 일을 하는 것보다 더 좋은 평가를 받게 된다면 당신은 같은 시간에 어떤 것을 선택할 것인가? 당연히 더 많은 효과를 거둘 수 있는 옵션을 선택하지 않을까.

물론 그 의도와 목적만 가지고 선의를 베풀어야 된다는 뜻은 아니다. 다만, 그게 분명히 나의 시간적, 체력적 희생이 아니라 나 자신을 위한 현실적인 투자까지도 어이질 수 있기 때문에 절대적으로 손해가 아니라는 것이다.

점점 더 개인화되고 있는 지금 세상에서 남들이 전혀 생각하고 있지 않은 길로 간다는 것은 그만큼 주목받을 수 있는 일이다. 하나님은 사람의 마음속에 이웃을 사랑할 수 있도록 일정 부분 공간을 만들어 주셨다고 믿는다. 다만, 그것이 나의 욕심에 가려져 내가 인지하지 못할 뿐이다. 나의 그런 행동이 다른 사람들의 눈에 비쳤을 때, 즉 반사가 되었을 때 각 사람의 그 욕심에 가려졌던 이웃 사랑의 지점에 비칠 것이고, 그 순간 사람들은 의식적으로나 무의식적으로 가장 본질적인 가치를 깨닫게 될 것이다.

크리스천으로서 하나님 말씀도 지키면서 동시에 이 땅에서 나의 유익도 거둘 수 있는 방법이라면 당연히 실천해야 하지 않을까. 지금 주위에 무능하지만, 착한 선배를 떠올려 보고, 그 사람에게 무엇을 도와주면 좋을지 곰곰히 생각해 보자.

"보아스가 그에게 대답하여 이르되 네 남편이 죽은 후로 네가 시어머니에게 행한 모든 것과 네 부모와 고국을 떠나 전에 알지 못하던 백성에게로 온 일이 내게 분명히 알려졌느니라 여호와께서 네가 행한 일에 보답하시기를 원하며 이스라엘의 하나님 여호와께서 그의 날개 아래에 보호를 받으러 온 네게 온전한 상 주시기를 원하노라 하는지라"(룻기 2장 11~12절)

[E-31]
사죄

직장인들이 회사 내에서 다른 사람들에게 하는 잘못이라고 하면 보통 상급자가 후배들에게 막말을 하는 등의 인격적인 문제를 떠올릴 때가 많다. 요즘에는 '직장 내 괴롭힘'이라는 이슈로 법까지 만들어질 정도이니 그동안 회사 안에서 구성원 간의 정서적 폭력이 얼마나 쉽게 벌어졌는지 짐작할만하다.

그런데 크리스천들에게는 사실 그러한 폭력성 잘못을 논하기에는 조금 먼 이야기처럼 들리기도 한다. 물론 교회를 다니고, 기독교라는 종교를 가지고 있는 사람임에도 불구하고 누군가를 심리적으로 고통스럽게 하고, 비인격적인 행동과 말을 내뱉는 사람이 있을 수도 있다. 그 사람은 사실 크리스천이 아니다. 아마 그 사람에게 "당신은 크리스천인가요?"라고 물으면 맞다고 대답하지 않을 것이다. 교회를 다닌다고만 이야기 할 가능성이 높다. 교회를 다닌다고 크리스천은 아니기 때문이다. 이 정도는 대부분의 크리스천들이 이미 알고 있는 내용이다.

그렇다면 크리스천들이 직장 내에서 저지르는 잘못은 어떤 것들이 있을까. 누군가에게 반드시 '사죄'해야 할 만큼의 잘못을 저지르고 있다면 과연 어떤 잘못일까.

첫째, '남을 험담하거나, 험담하는 자리에 동참'하는 것이다.
회사에서는 구성원들끼리 소위 '뒷담화'를 끊임없이 한다. 회사 안에서 사람들끼리 사적으로 주고 받는 대화, 메신저 내용들을 모아보면 그 안에 누군가를 험담하거나 비난하는 내용이 굉장히 많은 비중을 차지하고 있을 것이다. 잠언에도 있지 않은가.
"남의 말하기를 좋아하는 자의 말은 별식과 같아서 뱃속 깊은 데로 내려가느니라"(잠언 18장 8절)

크리스천들 역시 회사생활이라는 명목으로 사람들의 뒷담화 자리에 동참하고, 호응하는 경우가 있을 것이다. 물론 그 자리에서 아예 빠지기는 쉽지 않을 것이다. 식사를 하거나 차 한 잔 하는 자리에서 누군가에 대한 험담이 나오기 시작했을 때 갑자기 자리를 박차고 일어나서 혼자 나오기는 힘들기 때문이다. 그런 물리적인 자리를 의미하는 것이 아니라 그 이야기에 나도 적극 참여하면서 말을 보태고 있는지가 문제다.

이것이 크리스천들이 하는 가장 첫 번째 잘못이다.

둘째도 비슷한 맥락으로 볼 수 있는데 바로 '무시'다.

첫 번째 잘못이 다른 사람들과 함께 누군가를 비난했던 잘못이라면 두 번째 잘못은 스스로 혼자 생각하는 마음의 잘못이다.

겉으로 드러나진 않지만 내가 누군가를 바라보며 속으로 드는 생각과 마음의 문제인 것이다. 일을 못하는 사람, 외모가 못생긴 사람, 옷을 이상하게 입는 사람, 학벌이 낮은 사람, 이전 경력이 부족해 보이는 사람, 가난해 보이는 사람 등 외적인 면이나 능력적인 면, 출신 등이 부족해 보이면 은근히 그런 사람을 무시하는 마음이 내 안에서 들 때가 있다.

표면적으로 확 드러나는 마음은 아니어도 은연중에 내가 그 사람을 무시하고 있을 때가 있다. 직장 동료가 아닐 때도 있다. 회사 안에서 경비를 담당하시거나 청소를 하시는 분, 또는 그 외 정비나 관리를 해주시는 분들을 바라보는 시선과 마음이 내가 속한 조직의 팀장이나 임원을 바라보는 시선과 근본적으로 다른 것이다. 마치 계급처

럼 사람을 판단하는 그 마음의 자세가 크리스천들이 할 수 있는 두
번째 잘못이다.

셋째, '남의 불행에 은근히 안도하는 마음'이다.

사람들은 워낙 다른 사람들의 삶에 관심이 많다 보니 각자의 가정
사, 또는 부동산, 주식 등 투자와 관련된 일들, 자녀와 관련된 일 등
여러 이야기들을 주고 받게 된다. 그런 일들 중에 누군가가 좋지 않
은 일을 경험하게 되면 이야기를 떠벌리기 좋아하는 몇몇 사람들이
순식간에 많은 사람들에게 알린다. 그리고 그러한 이야기는 크리스
천들의 귀에도 전해지기 마련이다. 그런데 누군가의 어려운 이야기를
들었을 때 나의 마음 깊숙이, 가장 중심에는 어떤 것들이 떠오르고
있는가. 겉으로는 걱정하고 위로하는 말로 표현하면서 속마음은 그
렇지 않을 때가 있지 않은가.

돈이 많던 사람의 경제적 실패, 평소 인격적으로 문제가 많았던 사
람의 가족에게 발생한 슬픈 일 등 남의 불행에 대해 공감하기보다
은근히 통쾌함을 느끼거나 안도감을 느낀 적은 없는가. 없다면 아주
다행이고 바람직하다. 하지만 본인 스스로는 알 것이다. 내가 남의 불
행에 대해 어떤 마음을 가지고 있었는지. 혹여나 안도감까지는 아니
어도 겉으로만 공감하고 위로하는 척하고 속마음은 전혀 걱정하지
않았던 위선의 자세를 보인 적은 없었는지. 그 역시 하나님 앞에서는
옳지 못한 태도일 것이다.

위의 세 가지 잘못 중에 혹시 지금 떠오르는 기억이 있다면, 그 사람을 위해 기도를 하기 바란다. 하나님께도 당연히 회개의 기도를 해야 하고, 그 사람에게도 미안함의 기도를 하길 바란다. 그리고 앞으로는 절대 그런 잘못을 저지르지 않길 바란다.

이것이 크리스천이라면 회사 안에서 반드시 주의해야 하는 태도이고 마음이라고 생각한다. 어쩌면 너무나 쉽게 무비판적으로 저지를 수 있는 죄고, 잘못이기 때문에 마치 습관처럼 해오고 있었을지도 모른다. 하지만 노력하고, 또 고쳐가야 한다.

그런 행동들이 반복되고 오래 쌓이게 되면 회사가 아니라 나의 일상적인 삶에서도 이웃을 사랑하기가 힘들고, 또 언젠가 직장생활을 은퇴하고 남은 노년의 삶을 보낼 때도 역시 이웃을 사랑하기가 힘들어서 결국 하나님의 가장 큰 계명 중 하나를 끝까지 지키지 못하고 예수님 앞 심판대에 설지도 모른다.

그렇다고 반드시 그 사람한테 가서 나의 과거 죄를 자백하고 사죄할 필요까지는 없을 것이다. 대신 그 사람이 아직도 직장 안에서 나와 가까운 곳에 있다면 특별하게 잘 대하는 것도 방법일 것이다. 보다 따뜻하고 친절하게 대하고, 말도 먼저 걸어보고, 관심도 가져보고, 어려운 일이 있다면 도와주고…. 그렇게 그 사람에 대한 사랑을 조금씩 실천하는 것도 과거의 내 죄를 갚는 길일지도 모른다.

"그러므로 예물을 제단에 드리려다가 거기서 네 형제에게 원망들을 만한 일

이 있는 것이 생각나거든 예물을 제단 앞에 두고 먼저 가서 형제와 화목하고 그
후에 와서 예물을 드리라"(마태복음 5장 23~24절)

[E-32]
세대 간의 갈등

회사 안에서나 사회적으로나 세대 차이, 세대간 갈등은 항상 이슈
가 되어 왔다. 이는 역사적으로 계속 되풀이 되어 온 현상 중 하나가
아닐까 싶다. 선배 세대들이 살아왔던 방식과 문화를 후배들에게도
기대하는 마음과, 후배 세대들이 생각하는 합리적인 방식과 문화가
충돌하면서 발생하는 문제인 것이다.

대체로 크리스천들이라고 하면 세대간 이슈를 인내와 사랑으로
극복하는 경우가 많을 것이다. 순간순간 이해하기 힘든 상황을 직면
하더라도 그것을 직접적으로 문제제기 하지 않고 온화하게 넘기는
경우가 많을 것이라고 생각한다. 그것이 선이고 이웃을 사랑하는 마
음이라고 생각하기 때문일 것이다.

당연히 맞다. 믿지 않는 수많은 주위 사람들이 그런 후배들을 뒤
에서 비난하고 무시하고, 때로는 그들에게 직접적으로 부정적인 말

과 행동을 쏟아내는 것보다는 훨씬 더 나은 모습이다. 그런데 크리스천에게는 단지 표면적인 행동뿐만 아니라 몇 가지가 더 필요하다.

첫째, 선배 입장에서 우선 후배들을 '긍휼히' 여겨야 한다.

대부분 후배들은 선배들보다 가능성이 적은 미래를 바라보고 살아왔다. 물론 시대적 흐름에 따라 간혹 반대인 케이스도 존재하지만 대부분은 후배 세대의 미래 기회가 선배들보다 줄어들 때가 많다. 경쟁 자체의 치열함은 어느 세대나 비슷하겠지만 그 경쟁을 통해서 얻을 수 있는 미래가치는 차이가 있다는 것이다.

예를 들어, 예전에는 아무리 가난하고 힘들어도 열심히 공부해서 사법고시에 합격하면 삶이 크게 달라질 수 있었지만 지금은 서울대 로스쿨을 수석으로 졸업한다고 해서 인생이 크게 달라지지는 않는다.

이런 예는 사회 곳곳에서, 그리고 기업이라는 생태계 내에서도 마찬가지다. 그만큼 밝은 미래라고 하는 것이 나의 그 시절보다는 줄어든 형태로 살아왔고, 앞으로 살아갈 사람들이 바로 후배 세대들이다. 그렇기 때문에 1차적으로 '집중도, 몰입도'가 다를 수밖에 없다. 그러니 그들과의 그러한 차이를 이해하고 긍휼히 여기는 마음을 먼저 가져야 하는 것이다. 똑같이 노력하고, 또 심지어 선배 세대들 보다 더 많은 지식과 기술을 가졌음에도 더 작은 미래를 꿈꿀 수밖에 없다는 것이 그들 입장에서는 불합리하고 씁쓸하게 느껴질 것이기 때문이다.

둘째, 크리스천들이 보여야 하는 태도는 '섬김'이다.

직장은 구조적으로 윗사람들을 섬기게끔 만들어져 있다. 윗사람을 섬기는 것이 곧 일이고, 회사생활이며, 나의 안정적인 고용을 보장해 준다고 생각하기 때문이다. 하지만 크리스천들은 그런 것을 당연하다고 생각하지 말아야 하고, 사람에게 구원이 있다고 생각하지 말아야 하며, 사람을 두려워 하지도 말아야 한다. 물론 윗사람을 섬길 때도 '주께 하듯' 하는 거라면 말씀을 실천하는 것이니 얼마든지 좋다. 하지만 본인의 솔직한 마음이 스스로의 영달을 위해서 섬기는 마음이었다면 크리스천으로서 옳지 않다. 대신 후배를 섬겨야 한다.

작은 자를 섬겨야 하고, 내가 윗자리에 앉지 말고 아래로 내려와서 앉아야 한다. 직장인들의 쳇바퀴 같은 일상에서 작은 자를 섬길 수 있는 기회가 대체 얼마나 있겠는가? 회사-지인/친구-가정으로 반복되는 관계 속에서 나보다 낮은 자를 섬길 수 있는 기회는 회사가 거의 유일하다.

회사에서는 나의 고집과 나의 지위, 인정만 실컷 생각하고 누리다가 퇴근 이후 봉사활동 자리에 가서 낮은 자를 섬기는 것은 무언가 모순이고 위선 같아 보이지 않는가. 회사에서 먼저 실천해 보자. 하나님께서 다 만들어 주신 인연이다. 그렇게 만나게 해주신 사람들이니 말씀을 실천해 보자.

셋째, 후배 크리스천들이 선배를 대하는 방법을 말하자면, '내가 그들을 생각하고 대하는 태도 그대로 나중에 내가 똑같이 돌려받을 것이다'라는 것을 항상 잊지 말아야 한다.

지금은 아마도 이렇게 생각할 것이다. '어휴. 나는 나중에 절대 저런 선배가 되지 말아야지'라고. 물론 그것도 좋은 태도다. 악습을 물려주지 않겠다는 선한 의지도 좋고, 보상심리에서 추후 후배들에게 똑같이 갚아주는 행동보다는 훨씬 낫다. 하지만 그런 마음을 가지면서 현재 내가 선배를 대하고 있는 태도는 어떤지 잘 돌이켜 봐야 한다.

그저 피하는 데만 급급하고 있지는 않았는지. 앞에서는 웃으며 뒤에서 동료들과 욕을 하고 있지는 않았는지.

크리스천들은 그러지 않았으면 한다. 크리스천들이 말씀 안에서 살아가는 사람들이라고 하면, 나중에 본인이 선배가 됐을 때 아무리 그들에게 잘해주고, 선배가 보여준 악한 관행을 끊었다 하더라도 과거에 본인이 선배들에게 했던 태도에 문제가 있었다면 본인 역시 고스란히 돌려 받을 것이다. 그게 하나님의 공의라고 생각하고 성경 말씀은 그렇게 기록되어 있다. 그러니 힘들더라도 지금 본인의 선배에게 진심으로 대하고 섬겨야 한다. 하나님은 그런 모습에 기뻐하실 것이다.

"너희가 비판하는 그 비판으로 너희가 비판을 받을 것이요 너희가 헤아리는 그 헤아림으로 너희가 헤아림을 받을 것이니라"(마태복음 7장 2절)

[E-33]
나를 힘들게 하는 후배를 대하는 방법

어느 정도 직장생활을 하다 보면 선배보다 후배를 대하는 게 더 어려워지는 시기가 온다. 윗사람에게 어떻게 행동해야 되는지는 고민하지 않아도 몸이 먼저 반응하기 때문에 어렵지 않은데 후배를 대하는 방법은 익숙하지도 않고, 또 세대변화에 따라 사고방식, 가치관, 직장관 등이 달라지기 때문에 그들을 온전히 이해하기도 어려운 실정이다.

특히 직장이라는 곳은 회사마다 암묵적으로 정해진 행동양식들이 있다. 회사마다 차이도 있고, 더 구체적으로는 조직마다 차이가 있다. 각 조직별 리더가 다르기 때문이다. 해당 조직의 리더 성향에 따라 조직의 행동양식, 문화가 결정되는 경우가 많다.

그런데 만일 후배 직원이 기존 우리 조직에서 기대하는 행동양식이나 태도를 지키지 않고 본인 스타일대로 행동할 경우 선배 눈에 거슬리게 되고, 그 행동이 반복되거나 일 자체에도 영향을 주기 시작하면 큰 고민거리가 되기 시작한다. 보통 직장인들은 윗사람들 눈치 보느라 스트레스를 받는데 요즘에는 오히려 후배들 눈치보느라 더 스트레스를 받는 경우가 많아지고 있다.

크리스천들이 이런 상황에 직면하게 되면 더 힘들어질 수 있다. 내 눈에 거슬리고, 우리 조직에서 당연히 지켜야 할 기본 태도를 지키지 않았을 때 마음속에서 화가 올라올 수도 있고, 더 쌓이게 되면 큰 미움과 원망으로 굳어질 수 있기 때문이다. 이웃을 사랑해야 한다는, 그리고 섬겨야 하고, 자기 자신을 부인해야 한다는 성경 말씀을 생각하면 우선 참고, 온유하게 대해야 한다는 것은 알겠는데 막상 나의 마음이 복잡하게 되고, 답답하게 되면 그 말씀을 실천하는 것이 굉장히 어려운 일이 된다. 이런 상황에 직면했을 때 크리스천이라면 몇 가지 생각해 볼 포인트가 있다.

우선 그 후배 직원이 보였던 행동이나 업무적인 역량 관련해서 내가 거슬렸던 부분을 솔직하게 이야기하지 말자. 물론 정도를 넘어선, 규정을 벗어난 행동에 대해서는 선배로서 이야기하는게 당연히 맞지만, 여기서 이야기하는 선배들의 고민은 그러한 위법적인 사항을 말하는 것이 아니라, '예전처럼 더 집중하지 못하고, 자기 일에 더 오너십을 갖지 못하고, 철저히 개인주의적이고 자기이익 중심으로 행동하는' 이슈에서 비롯된 문제이기 때문에 먼저 대화로 접근하는 것은 위험할 수 있다.

내가 만들어 놓은 '자기 의'를 상대방에게 강요하는 꼴이 될 수도 있기 때문이다. 나 때처럼 열심히 하지 않는다고, 나의 그 시절 만큼 능력을 보여주지 못한다고 해서 그것을 지적하는 것은 역으로 나의 이기심에서 비롯된 접근일지 모른다.

포장은 쉽다.

회사를 위해서, 우리 조직을 위해서, 일을 위해서라고 말할 수 있지만 더 솔직하게 마음 중심을 들여다 보면 결국 내가 더 편해지기 위해서, 내가 인정받기 위해서, 내가 욕먹기 싫어서인 경우가 더 많을지도 모른다. 그렇기 때문에 이런 고민에 놓여 있는 크리스천들은 우선 후배에게 이야기하지 말고 잠잠히 생각부터 정리할 필요가 있다. 내가 불편함을 느끼는 근본적인 이유가 무엇인지 내 마음부터 조용히 살펴보아야 한다.

생각이 정리됐으면 그다음에 할 수 있는 방법은 해당 후배 직원이 '자발적으로 변화할 수 있도록 기회를 줘야' 한다. 태도와 행동의 변화는 스스로의 납득에서 출발한다. 개인주의, 자기중심주의가 점점 심해지고 있는 사회적 흐름을 봤을 때도 변화의 시작은 자기납득, 자기동의에서 비롯되어야 한다.

사실 선배들의 눈에는 후배들이 왜 그런 태도를 보이고 있는지, 왜 그만큼 밖에 일을 못하는지 잘 보인다. 그리고 그 원인이 때로는 불순해 보이고, 그 후배의 이기심에서 비롯됐다고 판단되면 이해하기가 더 어려워진다. 하지만 그렇더라도 우선 그들이 자발적으로 변화할 수 있는 방법을 고민해야 한다.

「후배들을 자발적으로 변화시킬 수 있는 세 가지 팁」이 있다.
❶ 솔선수범 ❷ 친절함 ❸ 상세한 업무 피드백이다.

첫째, 선배 본인이 얼마나 자기 역할을 열심히 잘하고 있는지 솔선수
  범해야 한다.

태도적인 면이나, 일적인 면 모두 포함해서 말이다.

둘째, 후배들에게 항상, 언제나 친절해야 한다.

내 눈에 거슬리는 사람이 있다고 해서 그 사람에게는 친절하지 않
고, 마음에 드는 후배에게만 친절하게 대하면 안 보일 것 같아도 그
들에게 선명하게 전달된다. 그리고 그런 편애가 후배들의 자발적 변
화를 가로막는다.

셋째, 일적으로 디테일하게 피드백을 주는 것이 필요하다.

너무 상세하면 후배들이 부담을 느끼거나 상심할지도 모른다고 생
각할 수도 있는데, 만약 그런 점이 우려된다면 메일이나 메신저를 통
해서 글로 표현해도 좋다. 세밀하게 피드백을 주는 것 자체가 후배
직원도 현재 우리 조직에서 함께 일하고 있는 사람이고, 본인이 하고
있는 일에 대해서 선배인 내가 관심을 가지고 있고, 그렇게 우리는
같은 일을 하고 있는 사람이다라는 점을 전달하는 메시지가 되기 때
문에 중요하다.

이 세 가지 방법을 잘 지켜서 행한다면 어느새 지적하지도 않았던
그들의 행동에 변화가 있을 것이다.

**또한 크리스천들이 후배들을 대할 때 조금 더 신경 써야 하는 부분
은 믿음의 자녀인지를 확인하는 것이다.**

그 후배 직원이 신앙을 가진 사람인지 먼저 확인해야 하고, 신앙이
없다고 하더라도 혹시 그 부모님이나 가족은 신앙을 가진 분이 없는

지 확인해야 하며, 가족의 신앙까지 확인할 방법이 없다면 믿음의 가정에서 자란 사람일지도 모른다고 가정하는 것이 좋을 것이다.

크리스천들은 알고 있다. 믿음을 가진 부모님들이 자녀에 대해 어떤 기도를 하고 있는지를. 아마 태어날 때부터 성인이 된 지금까지 매일 빠지지 않고 기도 제목에 자녀의 이름이 포함되지 않았을까 싶다. 따라서 지금 당장 그 후배의 모습이 크게 거슬리고, 또 그 후배 자체는 신앙이 없는 사람이라고 하더라도 만일 그 가족이, 특히 부모님이 믿는 분이라면 그 후배는 하나님이 나에게 보내신 사람이라고 생각해야 맞다.

그 부모님이 매일 기도 가운데 자녀의 직장생활을 위해서 기도하실 텐데 그렇지 않겠는가. 하나님이 그 기도를 들으셨다면 크리스천인 나에게 보내지 않으셨을까. 그 후배 자체는 문제가 있고 부족한 사람일지 모르지만, 하나님이 나에게 연결시켜 주셔서 나를 통해 하나님의 사랑과 축복이 흘러갈 수 있도록 만들어 주시지 않았을까. 나는 나의 힘듦과 억울함에 대해 매일 기도 드릴 수 있지만, 지금 다른 곳에서는 그 후배의 부모님 기도가 더 간절히 드려지고 있을지도 모른다. 그러나 하나님이 보내주신 인연이라고 생각하고 더 인내하고, 온유하게 대하자. 그것이 오늘 나에게 기대하시는 하나님 뜻에 대한 순종이라고 생각한다.

"우리가 선을 행하되 낙심하지 말지니 포기하지 아니하면 때가 이르매 거두리라 그러므로 우리는 기회 있는 대로 모든 이에게 착한 일을 하되 더욱 믿음의 가정들에게 할지니라"(갈라디아서 6장 10절)

[E-34]
80억 분의 1

80억 4,500만여 명. 2023년 전 세계 인구다.

70억이라고 했던 적이 얼마 되지 않은 것 같은데 벌써 80억을 넘어서다니, 출산율이 매우 낮은 우리나라 입장에서는 실감이 나지 않는 숫자다. 우리 각자도 이 지구 전체로 놓고 보면 80억 분의 1만큼 비중을 차지하고 있는 존재라고 볼 수 있는데 워낙 숫자가 크다 보니 그 비중이 잘 체감되지는 않는다.

신앙생활을 하면서 가끔씩 스스로 의문이 들 때가 있었다.

'세상에 이렇게 사람이 많은데 하나님은 나라는 존재 한 명에 대해서 얼마나 관심을 가질 수 있을까? 국가나 민족 단위로는 충분히 주관하시겠지만 '나'라는 이 작은 한 명의 일상에 대해서도 일일이 챙겨주실 수 있는걸까'라는 생각이었다. 물론 성경 말씀에 주무시지도 아니하고 눈동자같이 우리를 지키신다고 했고, 우리의 머리털까지도 세고 계신다고 말씀하셨지만 워낙 우리 눈에 보이는 사람들이 많다 보니 나 스스로가 직접 체감되지 않을 때가 있었던 것이다.

이런 의문을 갖고 있었을 때 어느날 문득 마음에 떠오른 비유가 있었는데 그것은 바로 '우주'와 '지구'였다. 요즘은 워낙 과학기술이 발달하다 보니 예전에 비해서 훨씬 더 우주를 선명하게 관찰할 수 있게 됐고, 새롭게 알게 된 지식도 많아졌다. 모두가 알다시피 우주에는 수많은 별들이 있지만, 지금까지 관찰된 수많은 별들 중에서 아직까지 지구와 같은 별은 발견되지 않았다.

하나님의 관점에서 보면 이 광활한 우주에서 우리가 살고 있는 이 작은 별이 얼마나 작게 보이실까. 물리적인 비교로 하면 우리가 눈으로 볼 수 있는 아주 작은 먼지 한 톨 정도 되지 않을까. 그래서 필자는 우주의 수많은 별과 지구를 생각하면서 나를 바라보는 하나님의 관심과 시선을 확신할 수 있게 되었다.

하나님의 관점에서는 아주 많고 넓은 것 중 지극히 작은 것 하나가 우주 전체보다 더 소중할 수 있다는 의미다. 만일 지구가 없어지고 다른 우주는 그대로 유지된다고 생각해 보자. 과연 그것이 무슨 의미가 있겠는가. 먼지 한 톨이 끝도 없는 광활한 우주보다 더 중요할 수도 있다는 뜻이지 않겠는가.

그리고 또 한 가지가 있었다.

과연 나에 대해 얼마나 잘 아시고 관심이 있으실까 하는 의문에 뚱딴지같이 떠오른 비유는 바로 '알고리즘'이었다. 지금은 IT기술이 워낙 고도화됐고, SNS를 비롯한 매체 기술도 빠르게 발전하다 보니 거의 모든 플랫폼과 매체들이 '개인 맞춤화'되어 가고 있다. 실제로 유튜브나 인스타그램, 페이스북 등 주요 SNS들은 '나'라는 사람의 모든 데이터를 활용해서 나에게 맞춤형 서비스를 제공해 주고 있다.

생각해 보자. 인스타그램과 유튜브를 전 세계 80억 인구가 모두 사용하고 있다고 하면, 그 숫자가 너무 많기 때문에 80억 각 사람에게 맞춤형 알고리즘을 적용할 수 없을까? 아니다. 아주 쉽게 될 것이다.

우리가 생각할 수조차 없던 무슨 혁명적인 기술도 아니고 어느 정도 생각할 수 있는 범위에서 개발된 알고리즘이라는 기술도 80억 명의 데이터를 모두 계산해서 각자에 맞게 커스터마이징Customizing, (주문 제작)을 할 수 있는데, 이 세상을 창조하신 하나님께 우리 한 명의 모든 일상과 삶은 너무나 쉽게 관찰되고 이끌어 주실 수 있지 않을까. '알고리즘도 되는데 하나님이 못하실리가 없지'라는 생각에 더 이상 의심은 사라졌었다.

하지만 하나님은 그렇게 하실 수 있으면서도 우리 각자의 인격과 자유를 존중해 주신다. 알고리즘처럼 일방적인 강요가 없다. 우리의 마음과 믿음이 작동했을 때 비로소 우리 한 명 한 명에게 따뜻한 사랑과 관심을 가져주신다. 얼마나 감사한 일인가.

사랑의 가장 본질적인 속성인 '자발성'에 대해서 존중해 주고 계신 것이다. 하나님은 사랑이시기 때문이다. 지금 이 순간에도 홀로된 느낌에 외로움을 갖고 있는 크리스천이 있다면 더이상 외로워하지 않아도 될 것 같다. 당신이 하나님을 찾고 믿고 싶은 마음이 있다면, 손에 든 스마트폰 세상에서 위로 받는 것보다 훨씬 더 크고, 강력하고,

따뜻하고, 사랑이 가득한 능력으로 당신 삶을 아름답고 풍요롭게 해주실 것이기 때문이다.

"명절 끝날 곧 큰 날에 예수께서 서서 외쳐 이르시되 누구든지 목마르거든 내게로 와서 마시라 나를 믿는 자는 성경에 이름과 같이 그 배에서 생수의 강이 흘러나오리라 하시니"(요한복음 7장 37~38절)

[E-35]
조직에 적응하는 방법

많은 크리스천들의 고민 중 하나가 바로 조직적응일 것이다.

회사는 교회처럼 믿는 사람들의 공동체도 아니고, 워낙 세상적인 기준과 생각들로 가득찬 공간이기 때문에 순간순간 가치판단을 하기가 어렵고, 또 어느새 나도 모르게 그 세계에 완전히 적응한 듯한 느낌이 들 때도 있다. 그러니 주 5일 혹은 6일 동안 회사라는 곳에서 온전히 세상적으로 살다가 주일에 예배를 드리러 오면 성경 말씀도, 목사님 설교도 비현실적으로 들리거나 익숙한 종교적 소리로 들리고 마는 것이다.

분명 하나님은 이 세대를 본받지 말고, 이 땅에 있는 것들을 사랑하지 말라고 했고, 미혹되지 말라고 했는데 이런 말씀에 대한 우리의 예민함은 사라지고 심지어 이 말씀을 듣고 있는 순간조차 회사를 생각하고 있을지도 모른다. 그렇기 때문에 크리스천들에게 회사라는 조직에 적응하는 방법은 매우 중요하다.

우선 『크리스천들이 조직에 적응하는 방법』에 대해 몇 가지 생각해 보았다.

첫째, '거절'이다.

모든 문제는 거절하지 못함에서 시작할 때가 많다. 술의 권유, 주일 골프의 권유, 토~일 여행의 권유, 사주/점 등 귀신에 대한 권유, 부동산/주식 등 돈과 탐욕의 권유, 남의 뒷담화에 대한 동참 권유 등 수많은 권유들이 일상에서 벌어지는 곳이 회사다. 그렇기 때문에 크리스천들은 거절부터 해야 된다. 항상 '나는 위와 같은 일들이 벌어질 때 아무 생각하지 않고 거절부터 하겠다'라는 굳은 의지를 가지고 있어야 한다. 그래야만 악으로부터 자신을 지킬 수 있다.

광야에서 예수님을 유혹하려고 했던 사탄의 권유를 생각하라.

우리에게도 사탄이 회사라는 아주 좋은 판에서 믿는 자들을 쓰러트리기 위해 매일 활발히 돌아다니고 있다는 것을 잊지 않았으면 좋겠다.

둘째로 필요한 것은 '업무적 헌신'이다.

일을 피하려고 하지 말아야 한다. 어떤 일이 생겼을 때, 특히 남들이 부담스러워서 피하고 싶은 일들이 생긴다면 적극적으로 나서서 본인이 하겠다고 하라. 비록 그 일로 인해 야근이 많아지고 생활의 자유가 없어진다고 해도 우선 해보자. 그 일을 한다고 해서 나의 평가나 보상이 나아지지 않는다고 해도 좋다. 오히려 그런 일이면 대가 없이 헌신하는 것이니 더 좋다.

그렇게 업무적인 적극성이 필요하다. 본래 본인 일을 열심히 하는 것은 조직 적응과는 별로 관계가 없다. 우리 조직에 벌어지는, 생기는 일들 중 남들이 기피하는 일을 적극 나서서 담당해라. 그것이 크리스천들이 조직에 잘 적응할 수 있는 길이다.

셋째, '인사와 안부'다.

같은 조직의 사람들에게는 당연히 그래야 하고, 그 외에도 눈에 보이는 주변 조직의 사람들이나 오며 가며 마주치는 회사 사람들에게 항상 밝게 인사하는 것을 잊지 말라. 그리고 기회가 된다면 간단한 안부를 물어라. 안부를 묻기 위해선 그들과 나눴던 과거의 대화나 그들의 상황을 기억해야 하는데 그것이 곧 진정성있는 관심이다. 인사의 힘은 생각보다 굉장히 파워풀하다. 점점 개인화되고 있는 시대에 남을 향한 인사의 표현은 사람의 마음을 녹이는 힘이 있다.

넷째, 같은 조직 내 사람들의 '모든 경조사에 직접 참석'하는 것이다.

경조사를 겪어본 사람들은 알고 있다. 나와 나의 가족을 위해 그들의 쉬는 시간을 할애해 준다는 것이 얼마나 큰 일인지 알고 있다. 그렇기 때문에 회사 안에서 다른 사람들에게 사랑을 실천하는 좋은 방법이 바로 경조사에 참석하는 것이다. 단지 돈을 보내는 것은 큰 의미가 없다.

돈을 많이 보내는 것보다 직접 찾아가서 축하 또는 위로의 마음을 전하는 것이 진짜다. 왜냐하면 나의 소중한 시간을 전하는 것만큼 확실한 진심은 없기 때문이다. 가서 인사만 하고 오지 말고, 충분한 시간 동안 그들과 함께해 보자. 아마 술자리 1000번, 골프약속 100번보다 훨씬 더 조직 적응에 힘을 실어줄 것이다.

이 외에도 크리스천들이 조직에 적응할 수 있는 방법들은 여러가지가 있겠지만, 위 네 가지 사항들만 빠짐없이 지킨다면 이 세상에 지지 않고, 미혹되지 않고 충분히 당신의 조직에 연착륙하고 평안하게 적응할 수 있을 것이다. 세상에 속하지 않고도 충분히 적응할 수 있으니 걱정하지 않아도 좋다.

"간수장은 그의 손에 맡긴 것을 무엇이든지 살펴보지 아니하였으니 이는 여호와께서 요셉과 함께 하심이라 여호와께서 그를 범사에 형통하게 하셨더라"(창세기 39장 23절)

영적 전쟁터

직장생활을 하다 보면 수많은 '불만족'과 마주하게 된다. 가장 대표적으로 연봉이나 복지에 대한 불만족부터 시작해서 회사의 네임 밸류, 물리적 위치, 사무공간 및 인테리어, 상사, 동료, 유관부서 담당자 등 많은 요소들이 불만족으로 작용한다. 더 구체적으로 업무를 예로 들면, 진행 중인 일이 잘 안 풀리거나 어려울 때가 특히 불만의 정도가 커질 것이다.

맡은 업무를 잘하고 싶은데 주변에 도와주는 사람도 마땅치 않고, 일 자체도 난이도가 높아서 도무지 진도가 잘 나가지 않다 보니 점점 피하고 싶어지고 급기야 일이 싫어지게 되는 지경에까지 이르게 된다. 그리고 관계적인 문제든, 처우문제이든, 일적인 문제이든 내가 체감하는 심각함의 정도가 커지기 시작하면 어느 순간부터 그 문제가 나를 완전히 잡아 먹게 된다. 퇴근을 해도 그 문제가 머리에서 떠나질 않고, 주말에 쉬고 있는 중에도 그 문제가 순간순간 떠올라서 나의 마음을 무겁게 짓누르게 되는 것이다.

대한민국의 많은 직장인들은 보통 실무 선임자 또는 실무 책임자 위치에 있기 시작할 때부터 이런 고민들을 하기 시작한다. 지금까지는 그저 나한테 주어진 일만 열심히 하면 됐는데 이제는 내가 그 일을 책임지고 끌고 나가야 하는 사람이 되다 보니 잘해야 한다는 압박도 클뿐더러 잘하지 못했을 때 받게 될 사람들의 시선과 평가가 두려운 것이다.

크리스천들도 이런 고민들을 쉽게 마주하게 된다.

대체로 위와 같은 문제는 '타이밍의 이슈'이기 때문에 누구나 그 위치가 되면 이전과는 다른 형태의 문제를 경험하게 된다. 기업의 규모마다 그리고 업종마다 조금씩 편차는 있겠지만 대부분 비슷한 패턴을 보이기 때문에 크리스천이라고 피할 수 있는 문제는 아니다.

크리스천들은 위와 같은 고민이나 문제가 생겼을 때 당연히 하나님께 기도를 드릴 것이다. 지금 어떤 점이 힘들고, 부담되고, 걱정인지 솔직하게 하나님 앞에서 털어놓는 것은 바람직한 기도라고 알고 있다. 하나님 앞에서 숨기거나 아닌 척을 하는 것보다 있는 그대로 솔직한 마음을 고백하는 것은 당연하다고 생각한다.

그런데 필자는 위와 같은 상황을 마주했을 때 가끔 마음속에 불편함을 느낄 때가 있다. '지금 이 문제가 내 인생에 정말로 심각한 건가?'라는 의문이 들면서 내가 하나님께 기도드렸던 주제들 중 몇 가지가 조금씩 거슬렸다.

비유로 표현하자면 크리스천들이 자기도 모르게 걸리는 '덫'과 같은 개념이다. 크리스천들이 덫에 걸리기 쉽다는 의미는 사탄에게 미혹된다는 의미이기도 하고, 이 세상에 굴복하고 만다는 패배의 의미이기도 하다.

필자는 가끔 어려운 문제로 고민하고 걱정하고 있을 때 이런 생각을 해본다. '이 문제로 이렇게 심각하게 있을 게 아니라 지금 내가 회사에 있다는 것만으로 감사한 거 아닌가?', '두발로 걸어서 회사에 나온 것만으로 감사한 거 아닌가?', '두 눈을 뜨고, 양손을 사용해서 일을 하고 있다는 것만으로 충분히 감사한 거 아닌가?', '회사에 나와서 다른 사람들과 업무 이야기를 나누고 있다는 것만으로 감사한 거 아닌가?'와 같은 아주 본질적이고 근본적인 감사의 조건들을 떠올리곤 한다.

이와 같은 가장 기초적인 영역이 곧 '감사의 영역'으로 볼 수 있고, 그 외에 나머지 모든 영역은 '영적 전쟁터'라고 생각한다. 나머지 영역에서 내가 가지고 있는 불만과 고민과 아쉬움들은 모두 영적 전쟁터에서 벌어지고 있는 싸움인 것이다. 겉으로 보이는 결과는 중요하지 않다. 내가 연봉을 많이 받을 수도 있고, 적게 받을 수도 있고. 또는 하고 있는 일이 잘 진행돼서 성과가 좋을 수도 있고, 반대로 일을 망쳐서 많은 비난과 따가운 시선을 받을 수도 있다.

이름 좋은 대기업으로 이직할 수도 있고, 이름을 잘 모르는 작은 회사에 들어갈 수도 있다. 눈에 보이는 결과가 어떻게 나오는지는 중요하지 않다. 문제는 내가 여러 갈등과 고민의 자리에 있을 때 그 자리가 바로 영적 전쟁터인지 자각할 수 있는지가 중요하다. 그리고 어떤 결과가 나오든지 간에 나의 영적 상태가 둔해지거나 오염되거나 훼손되지는 않았는지 살펴보는 것이 중요하다.

누군가를 미워했던 적은 없었는지, 일이 잘 풀릴 때 교만하지 않았는지, 돈이 부족해서 빚이 쌓이는게 아니라 더 벌지 못해서, 더 많이 모으지 못해서 아쉬워하고 걱정하지는 않았는지. 비슷한 동료보다 먼저 승진하지 못해서 또는 비슷하게 승진하지 못해서 좌절하지는 않았는지. 그 지점에서는 수많은 양상으로 영적 전쟁이 벌어지고 있다.

오늘 나의 걱정과 고민거리는 무엇인가?
오늘을 먹고 살 수 있는 양식은 있는데 곳간에 쌓아 놓지를 못해서 불안한가. 추진 중인 일이 깔끔하게 잘 마무리 되어야 하는데 잘 풀리지 않아서 머리가 지끈 아프고 예민해지는가. 그렇다면 당신은 지금 영적 전쟁터에서 패배하고 있는 중일 것이다. 사탄이 가장 미혹하기 쉬운 공간에서 휘두르는 대로 맞고 쓰러지고 있을 가능성이 높다.

전쟁에서는 이길 때도 있고, 질 때도 있다.
다만, 크리스천들이 질 때보다는 이길 때가 훨씬 더 많았으면 좋겠다. 가장 기본적인 것만으로도 충분히 감사할 일이고, 그 외의 모든 영역은 영적 전쟁터임을 꼭 기억하길 바란다. 정신을 똑바로 차리고 마음을 지키지 못하면 순식간에 휩쓸려 가서 패배를 맛볼 것이고, 그 패배는 당신이 패배했다는 사실조차 인식하지 못하도록 영적 감각을 마비시킬 것이다. 깨어 있길 바란다. 그리고 내일도 승리하길 바란다.

"근신하라 깨어라 너희 대적 마귀가 우는 사자 같이 두루 다니며 삼킬 자를 찾나니 너희는 믿음을 굳건하게 하여 그를 대적하라 이는 세상에 있는 너희 형제들도 동일한 고난을 당하는 줄을 앎이라"(베드로전서 5장 8~9절)

[E-37]
악인들의 꾀, 진인들의 길

회사에는 악한 일이 참 많다.

회사에서의 악한 일은 대부분 '속이거나', '음해하는' 일이다. 대부분의 회사에서 그렇듯이 회사는 보고를 위한 보고를 할 때가 많은데, 우리나라 기업들은 관료주의적인 조직체계가 아직도 많이 남아 있어서 대기업일수록 더욱 보고체계가 견고히 유지되고 있다. 그런데 보고를 위한 보고를 하다 보면 보고를 받는 상사의 눈치를 볼 수밖에 없기 때문에 상사의 입맛에 맞도록 보고서가 구성된다. 그렇지 않으면 마음에 들 때까지 수정과 보완이 반복된다. 데이터 자체를 거짓으로 속이지 않더라도 보고서의 문맥과 흐름을 윗사람이 듣기 편하도록 절묘하게 구성한다.

그렇게 스토리와 표현이 가공되다 보면 어느 순간 '진짜 현실'이 아닌 진짜 현실 중 윗사람이 듣고 싶어하는 부분만 발췌해서 보고하게 되는 '부분 현실'로 둔갑하게 된다. 그리고 그 부분 현실이 마치 현실의 전부인 양 보고되는 상황이 연출된다. 이런 편집과 가공을 잘하는 직원이 상사에게 인정받고, 일을 잘하는 사람으로 평가받게 돼서 승진도 빠르고, 당연히 연봉이나 성과급도 빨리, 많이 받게 된다.

어떠한가.

위 내용이 그저 회사생활에서 벌어지는 일상이라고 느껴지는가. 어쩔 수 없는 현실이라고 생각되는가. 그렇게 생각된다면 당신은 적어도 회사에서는 크리스천으로 살아가고 있지 않다. 하나님이 주신 좋은 머리와 능력을 정직한 곳에 사용하지 않고 정교하게 속이는 일에 사용하고 있기 때문이다. 악인들의 꾀를 가장 탁월하게 부리고 있는 것이 지금 당신이 하고 있는 일이다. 회사라는 곳이 워낙 큰 조직이고, 나 혼자 정직하게 일한다고 해서 어떻게 할 수가 없다고 말하고 싶은가.

물론 그 말도 맞다.

제 아무리 혼자 열심히 진실을 이야기한다고 해도 이상한 사람 취급을 받을지도 모른다. 그런데 중요한건 '시도는 해봤는지' 여부다. 각색된 거짓이 옳지 않다고 한 번이라도 상사에게 이야기 해봤는가. 이렇게 재구성된 내용이 눈가리고 아웅하는 조작된 현실이라고 단 한 번이라도 이야기 해봤는가. 상사에게 이야기하기 힘들다면, 주위 동료들에게는 이야기 해봤는가.

한 번이라도 이를 이야기 해봤다면 그래도 크리스천으로서 최소한의 양심은 지켰다고 생각한다. 다만, 아무런 갈등이나 고민 없이 그저 그렇게 일하는 것이 당연한 것처럼 무비판적으로 조작에 가담했다면 당신은 하나님이 주신 달란트를 악을 위해 쓰고 있는 것이다. 부디 이제부터라도 악인의 꾀를 부리는 것을 멈추길 바란다.

속이는 일 못지않게 '음해하는' 죄에도 수없이 동참하게 되는 것이 직장인들의 일상이다. 흔히 '회사는 정치적인 곳'이라고들 이야기한다. 특정 임원부터 시작되는 비공식 친분관계는 마치 하나의 정당처럼 집단을 형성하게 된다. 그리고 해당 임원과 적대관계에 있는 다른 임원의 집단과 은근한 긴장을 형성하게 된다. 마치 정치세계의 정당 간 관계와 비슷하다. 그리고 꼭 특정 임원을 필두로 한 정치적 관계 외에도 기타 정당들이 많이 존재한다.

공채 동기들, 남성과 여성, 근속기간 오래된 특정 집단, 경력직 모임, 학교동문 등 비공식 친분관계에 의한 집단들이 많이 존재하는데, 이런 집단들 안에서는 특히 더 자유롭게 많은 이야기들이 오고간다.

회사의 정책과 사업의 방향, 일의 진행 등 업무적인 주제로 비판하고 의견을 나누는 것은 얼마든지 좋겠지만 문제는 사람에 대한 비난과 은근한 이간질이다. 특정 누군가를 비난하면서 동일 집단에 있는 사람들의 동의를 구하고자 할 때, 또는 누군가의 잘못된 행동을 알게 되면 함께 그 사람을 비판하자고 누군가 제안할 때가 종종 있다. 이때 동참하지 않으면 그 집단의 일원으로 인정받지 못하게 될까 봐 비난에 같이 참여하거나, 가볍게 동의를 하는 경우가 있다. 이 역시 크리스천의 모습은 아니다. 죄인들의 길에 함께 서있는 것이다. 모른 척 해야 한다.

눈을 돌리고 귀를 막아야 한다.

듣게 되면 흘려 버리고, 동의를 구하는 제안이 들어오면 단호하게 "나는 잘 모르겠다"라고 대답하자. 나도 모르게 그들과 누군가에 대한 비난의 자리에 함께 있는 것은 예수님을 부인한 베드로와 같은 모습이지 않을까. 그 비난의 자리에 예수님이 바로 내 옆에 있다면 당신은 어떻게 행동할 것인가.

예수님이 안 보고 계실거라고 생각하기 때문에 쉽게 음해의 자리에 동석하고 있는 건 아닌가. 조금 더 집중해야 한다. 회사는 마치 지하철 노선도처럼 죄인들의 길이 빽빽하게 펼쳐져 있는 곳이다. 내가 집중하지 않으면 나도 모르게 휩쓸려 죄인들의 노선에 함께 타게 되는 것이다.

겁낼 필요 없다.

악인들의 꾀를 부리지 않고 죄인들의 길에 서지 않아서 당신이 받게 될 안 좋은 결과는 그저 '재미없는 사람', '고지식한 사람', '혼자 잘

난 사람' 정도의 평판일 것이다.

이 땅에서 그 정도의 평판을 받는 대신 당신은 하늘에서 '복 있는 사람'으로 큰 칭찬과 축복을 받게 될 것이다.

"복 있는 사람은 악인들의 꾀를 따르지 아니하며 죄인들의 길에 서지 아니하며 오만한 자들의 자리에 앉지 아니하고 오직 여호와의 율법을 즐거워하여 그의 율법을 주야로 묵상하는도다"(시편 1편 1~2절)

[E-38]
경력개발의 함정

업계마다 조금씩 차이는 있지만 해당 업계마다 통용되는 경력개발의 경로가 있다. 더 좋은 연봉에 더 빠른 승진이 가능한 트랙을 의미한다.

직장생활의 스타트는 어느 정도 이상의 네임밸류가 있는 회사에서 일을 시작하다가 4~5년쯤 지나서 실무가 숙달된 시점에 네임밸류가 좋은 상위 회사로 이직을 한다. 물론 더 좋은 연봉을 받고. 이후에는 유학을 가거나 국내에서 석박사 학위를 취득하기도 하고, 또는 유관 직무로 경험을 확장해서 본인 전문성의 포트폴리오를 만들어 간다.

그렇게 어느 정도 준비가 되었다 싶으면 동종업계 다른 회사의 더 높은 자리로 이직을 시도하거나, 또는 회사는 조금 더 작더라도 상위 임원급으로 이동하는 트랙을 타려고 시도하기도 한다.

필자는 이전에 임원 채용을 담당했던 적이 있는데 임원 후보군으로 지원하는 사람들의 이력서를 보면 상당수의 사람들이 위와 같은 패턴의 경력개발을 해왔음을 확인할 수 있었다.

신앙과 관련된 내용은 아니지만 많은 크리스천 직장인들에게 작은 Tip을 드리고 싶은 마음에서 몇 가지 적어보고자 한다. 물론 위에 예로 든 이력은 회사에서 봤을 때 충분히 매력적이다. 그리고 실제로 원하는 회사에 합격할 확률도 높아질 것이다.

다만 문제는 '실력'에 있다. 모든 사람이 그렇다고는 말할 수 없지만, 대체로 경향을 보면 큰 회사, 소위 네임밸류가 좋은 회사에서 일을 경험한 사람일수록 잘 갖춰진 시스템에서 똑똑한 사람들의 조력을 받아 본인의 업무를 부분적, 분절적으로 수행한 경우가 많다. 큰 회사일수록 한 사람이 담당하는 업무가 모듈화되어 있거나 한정적이기 때문이다. 즉, 회사의 일이라는 것이 조직 전체적으로, 마치 유기체처럼 진행되기 때문에 그 안에서 본인이 담당하는 역할은 제한되기 마련이다.

그렇기 때문에 크고 좋은 회사의 경력을 가진 사람은 해당 회사가 운영하는 방식, 사례는 소개해 줄 수 있어도 사업을 직접 기획하거나 리딩하는 경험, 문제를 해결하기 위해 아이디어를 내고 추진하는 경험, 치열한 사업 현장에서 영업을 해내는 개인기 등은 부족할 가능성이 높다. 아이러니하지만 회사 경력이 좋아 보일수록 해당 개인이 습득한 역량과 경험은 제한적일 수 있다는 의미다.

또한 아무리 동종업계 1위 기업이라 하더라도 그 회사의 업무환경은 그 회사만의 특수한 환경일 뿐이다. 해당 회사의 오너가 누구인지, CEO를 비롯한 경영진 및 임원들이 어떤 사람들인지, 해당 회사의 조직문화나 일하는 방식이 어떠한지에 따라 그 안에서 일하는 사람의 경험도 축적되는 것이다. 그렇기 때문에 그 경험을 다른 회사에서 유의미하게 사용할 수 있는지는 장담할 수 없다.

학력도 마찬가지다. 아무리 좋은 학교의 업무 관련 전공을 했다고 해서, 심지어 좋은 성적으로 졸업했다고 해서 업무현장에 얼마나 활용할 수 있겠는가. 관계적인 측면에서 해당 학위를 비슷하게 경험한 상위 임원, 동료들과의 유대감에만 도움될 때가 많다. 실제 업무적 실력과는 또 다른 이야기라는 것이다.

요약해 보면, 우리가 보기에 좋아 보이는 경력개발 이력이 실제 실력과는 큰 관계가 없을 수 있다는 의미고, 이제 우리나라도 이러한 시행착오를 많이 겪었기 때문에 단순히 이력서가 탄탄해 보인다고 해서 그 사람의 가치를 높게 평가하지 않는 경우가 많다. 그런 경력에 많은 거품과 허상이 있다는 것을 회사도 깨달았다는 의미다.

실력을 키울 수 있는 경력개발에 더 많은 관심과 노력을 기울여야 한다. 그것이 회사생활을 더욱 건강하고 안정적으로 할 수 있는 방법이다.

회사의 네임밸류가, 나의 학력이 나의 성공을 보장해 준다고 믿지말았으면 한다. 그 역시 하나의 우상숭배일지도 모른다. 하나님께만 의지하고, 내 실력을 키울 수 있는 방법을 하나님께 구해보자. 차라리 겉으로는 별볼일 없어 보이는 경력과 이력서지만 능력없는 나를 도우셔서 일도 잘 진행할 수 있게 해주시고, 때로는 힘든 훈련의 시간을 허락해 주셔서 내 역량이 향상될 수 있도록 만들어 주시는 하나님과 동행하는 것이 훨씬 더 익사이팅하고 은혜롭지 않겠는가. 그리고 직장 생활을 마무리할 때쯤 뒤돌아 봤을 때 과연 누구의 경력이 더 풍요로울지는 아마 모든 크리스천들이 알고 있을 것이다.

"너는 이것을 알라 말세에 고통하는 때가 이르러 사람들이 자기를 사랑하며 돈을 사랑하며 자랑하며 교만하며 비방하며 부모를 거역하며 감사하지 아니하며 거룩하지 아니하며 무정하며 원통함을 풀지 아니하며 모함하며 절제하지 못하며 사나우며 선한 것을 좋아하지 아니하며 배신하며 조급하며 자만하며 쾌락을 사랑하기를 하나님 사랑하는 것보다 더하며 경건의 모양은 있으나 경건의 능력은 부인하니 이같은 자들에게서 네가 돌아서라"(디모데후서 3장 1~5절)

[E-39]
성실한 저성과자

크리스천 직장인들 중에서도 소위 고성과자라고 하는 '일을 잘하는 사람들'이 많이 있을 것이다. 아직은 우리나라가 집단중심적인 문화, 형평중심의 문화가 많이 자리잡고 있기 때문에 고성과자에게 파격적인 보상을 하는 경우는 많지 않다.

그래도 '인정'이라는 측면에서 고성과자를 대하는 정서적 분위기가 있기 때문에 그 안에서 성취감과 보람을 느끼고, 자신의 존재감을 확인하면서 더욱 열심히 일하게 된다. 다만 문제가 되는 것은 고성과자들의 마음 속에는 '항상 잘해야 한다'는 생각이 점차 굳어지게 된다는 것이다. 그 지점에 들어서기 시작하면 발을 빼기가 쉽지 않다.

인정받은 사람은 계속해서 잘해야 한다는 압박을 은근히 받게 되고, 실무자로 있을 때는 그나마 낫지만 경력이 쌓이고 중간관리자가 되고 팀장이 되면서부터는 부담의 무게가 점점 커지게 된다. 그리고 이미 그때는 돌이키기 힘들 정도로 고성과를 내는 것을 당연하게 받아들이게 된다. 야근도 당연한 것이고, 주말에 일을 하는 것도 당연한 것이 된다. 아래 후배들에게 도전적인 일을 부여하는 것도 당연하고, 잘못했을 때 가혹한 피드백을 주는 것도 당연한 일이 된다. 어느덧 본인이 서있는 위치가 회사에서 마련해 준 단독 무대처럼 되어 버린다.

크리스천들에게 이러한 고성과자의 트랙이 가진 위험성이 있다. 회사에서 일을 잘하고 인정받고 성취감을 느끼고 조금 더 많은 보상을 받는 과정들이 하나님이 주신 축복이고 은혜라고 생각할 수도 있겠지만, 그 뒷면에는 '우상'이라고 하는 교묘하고 무서운 덫이 놓여 있다는 것을 알아야 한다. 그리고 그 우상은 고성과자 자신을 계속해서 강조한다.

'네가 해야 돼', '너밖에 없어', '너니까 할 수 있는 거야' 등의 속삭임이 계속된다. 자꾸 시선이 '나'로 향하도록 끊임없이 시험하고 유혹을 한다. 그렇기 때문에 고성과자가 자칫 실수를 하거나 작은 실패라도 하게 되면 굉장히 민감하게 생각하고 좌절감도 커지게 된다. '내가 어떻게 이럴 수가 있지'라는 생각으로 이어지는 것이다.

그런데 생각해보자.

크리스천들은 이미 알고 있다. 나에게 주신 이 달란트는 내가 가진 것이 아니라 온전히 하나님이 은혜로 주신 것이라는 것을. 그리고 이러한 능력을 주신 이유가 분명히 있다는 것을 알고 있다. 나의 욕심과 나의 성공을 위해 주시지 않은 것이라는 것을 이미 알고 있다. 그리고 매일 기도 가운데 항상 반복되는 표현도 '일이 잘 되게 해주셔서 감사합니다. 모든 영광 하나님께 올려 드립니다'와 비슷한 감사를 많이 한다.

그런데 왜 내가 일을 잘못했거나 실패를 했을 때 좌절하고 낙담하는 것인가. 원래 내 것이 아니었는데 왜 마치 내 것이었던 것처럼 권리를 주장하기 시작하는 것인가. 마치 나는 원래 잘해야 하는 사람인데 이렇게 실패했다는 것이 받아들여지지 않는 것처럼 생각한다. 지금까지 드렸던 모든 기도와 묵상은 마치 위선이고 거짓이었던 것처럼 행동한다. 그래서 이 지점이 크리스천들에게 굉장히 위험하다. 특히 일을 잘하는 능력 많은 고성과자 크리스천들이 더 조심해야 하는 지점이다.

단적으로 이야기하면 일을 잘하는 당신은 회사와 일과 성공과 인정, 그리고 본인 자신을 우상으로 삼고 살아왔다는 명확한 증거인 셈이다. 만일 지금 그 상태로 있는 크리스천들이 있다면 빨리 돌이켜야 한다. 내가 해왔고, 할 수 있는 것들은 원래부터 내 것이 아니라 하나님이 주신, 하나님의 것이라는 것을 고백하고 인정해야 한다. 그렇기 때문에 일이 잘 되든 실패를 하든 관계없다. 어차피 내 것이 아니었기 때문에 그 결과가 어떻더라도 내 마음이 들뜨거나 좌절할 필요가 없는 것이다.

오히려 중요한 것은 그 일을 수행함에 있어 얼마나 말씀을 지켰는지에 있다. 함께 일하는 사람을 미워하거나 정죄하지는 않았는지, 내 눈앞에 없는 다른 사람을 비방하지는 않았는지, 가족들에게 짜증을 내거나 예민하게 굴지는 않았는지, 자녀를 노엽게 하지는 않았는지. 이런 과정들이 크리스천들에게는 훨씬 더 중요하다.

하나님이 무엇을 고성과로 보시겠는지 생각해 보자.

일의 결과라고 생각하는가? 그렇지 않다. 만약 당신이 말씀에 순종하느라 일을 그르치거나 실패를 했다고 하자. 그래서 회사에서도 밀려나고 그만두게 됐다고 하자. 그렇다 해도 피할 길을 내주시고, 더 좋은 것을 주시는 분이 하나님이시라는 것을 믿어야 한다. 그게 크리스천들이 가야할 좁은 길이라고 생각한다. 예수님이 좁은 길을 말씀하신 이유가 분명히 있을 것이다.

그래서 크리스천들에게 필요한 자세가 바로 '성실한 저성과자'로 살아가는 것이다. 크리스천들은 스스로 본인이 성실한 저성과자가 되는 것이 안전하다. 나는 주어진 일을 성실하고 정직하게 할 뿐이고, 그 결과가 고성과로 나오든 저성과로 나오든 그것은 내가 관여할 일이 아니라는 것이다. 나에게 주신 능력도, 혹시나 나에게 허락된 실패도 모두 하나님이 주신 것이기 때문에 나 자체만 놓고 보면 내 능력으로 할 수 있는 것은 없다. 그렇기 때문에 나는 저성과자고, 능력이 없는 사람이다.

너무 자기비하처럼 들리는가? 능력 주시는 자 안에서 내가 무엇이든 할 수 있다고 말씀하신 하나님의 말씀과 배치된다고 생각되는가. 그렇지 않다. **'능력 주시는 자 안에서'**라고 말씀 역시 분명하게 보여주고 계신다.

하나님이 주시면 가능한 것이고, 주시지 않으면 못하는 것이다.

간단하다. 내 것이라고 생각하는 것 자체가 문제의 핵심인 것이다. 우리는 본래 능력이 없는 사람이다. 내 것이 아닌데 내 것처럼 주장하면 안 된다. 그것이 지금 이 시대를 살아가고 있는 수많은 크리스천 직장인들, 특히 일을 잘해서 좋은 평가를 받고 있는 고성과자 크리스천들이 조심해야 할 부분이다. 회사도 일도 인정도 나도 우상이 될 수 있다는 것을 잊지 않기를 바란다.

"이스라엘 족속과 이스라엘 가운데에 거류하는 외국인 중에 누구든지 나를 떠나고 자기 우상을 마음에 들이며 죄악의 걸림돌을 자기 앞에 두고 자기를 위하여 내게 묻고자 하여 선지자에게 가는 모든 자에게는 나 여호와가 친히 응답하여 그 사람을 대적하여 그들을 놀라움과 표징과 속담거리가 되게 하여 내 백성 가운데에서 끊으리니 내가 여호와인 줄을 너희가 알리라"(에스겔 14장 7~8절)

[E-40]
반대상황을 가정한 감사

크리스천들에게 일상의 감사란 마치 당연한 일처럼 여겨진다. 성경 말씀을 많이 읽지 않은 사람들도 "항상 기뻐하라 쉬지 말고 기도하라 범사에 감사하라 이것이 그리스도 예수 안에서 너희를 향하신 하나님의 뜻이니라"(데살로니가전서 5장 16~18절)라는 말씀은 대부분 알고 있는 것처럼 말이다. 대부분의 크리스천들이 이미 알고 있는 말씀이지만 나이가 들고 사회생활을 하면 할수록 굉장히 지키기 어려워지는 말씀이기도 하다.

특히 직장을 다니고 있는 크리스천이라면 더욱 지키기 어려운 말씀이다. 어쩌면 이웃을 사랑하라는 말씀보다 더 지키기 어려운 말씀일지도 모른다. 기뻐하는 것도 항상이고, 기도 역시 쉬지 말아야 하며, 감사는 범사에 감사해야 한다니 기준 자체가 쉽지 않다.

회사 생활의 일상을 지켜보면 기뻐할 일은 거의 찾아보기 힘들고, 일에 치이고 집중하다 보면 기도는 아침과 자기 전, 식사 중에나 잠깐 할 때가 대부분이고, 범사보다는 일이 잘 풀렸을 때, 어려운 일을 해냈을 때 비로소 감사할 때가 많다.

말씀의 순서로 보면 기쁨과 기도, 그리고 이어서 감사가 나왔지만 필자는 범사에 감사하는 것이 기쁨과 기도로 이어질 수 있는 시작이 되지 않을까 생각한다. 특히 직장인들이라고 하면 범사에 감사하는 것이 그 무엇보다 기초가 되어야 비로소 기쁨과 기도로 잘 연결될 수 있다고 생각한다.

그렇다면 직장인들에게 범사에 감사하는 것은 과연 어떤 의미를 담고 있고, 구체적으로 어떤 상황에서 감사해야 하는 것일까? 복잡하게 생각할 것 없이 단순하게 보면 그저 '모든 상황에서 감사'하는 것이다. 좋은 일이 있든, 나쁜 일이 있든 관계 없이 항상 감사하는 것이 범사에 감사하는 길이다. 아마 성령에 감동되어 영적으로 강건한 삶을 살아가고 있는 크리스천들이라면 그 어떤 상황에서도 감사할 수 있을 것이다.

다만, 그 상태까지 이르지 못한 사람들은 범사에 감사하는 마음을 지키기 쉽지 않다. 어쩌면 아예 망각하고 지낼 때가 더 많을지도 모른다. 하지만 이 글을 읽고 있는 크리스천들이라면 이제부터라도 범사에 감사하는 태도로 돌아가야 한다. 그랬던 적이 없었다면 이제부터라도 바로 시작해야 한다.

감사는 흔히 '보호해 주심'과 '인도해 주심', '준비해 주심' 등의 하나님의 긍휼과 인자하심에 대해 이루어질 때가 많다. 직장 자체를 선택하는 문제에 있어서도 그렇고, 직장 내에서 부서나 직무를 옮길 때도 그렇고, 어려운 상사와의 관계나 동료와의 관계, 그리고 어려운 프로젝트를 진행할 때 등 직장인들이 마주하는 여러 어려움들에 있어서 기도를 드리고, 그 기도의 결과 나의 문제가 해결되었을 때 큰 감동과 감사를 느끼게 된다.

이러한 종류의 감사는 어떻게 보면 자연스럽게 이루어지는 감사다. 굳이 내가 의지적으로 노력하지 않아도 마음속에서 자연스럽게 발현되는 감사이기 때문에 어렵지 않다. 그래서 크리스천들에게는 이러한 종류의 감사를 드릴 때 꼭 해봐야 하는 가정, 시뮬레이션이 필요하다. 그것은 바로 '지금 내가 경험한 감사의 결과가 정반대로 나왔을 때 내 마음은 어땠을까'이다.

상사와의 관계가 어려워서 기도를 드렸더니 어느 순간 한 번에 해결되는 경험을 해서 나의 마음도 기쁘고 감사가 나왔을 때, 그 순간 나는 반대의 상황을 가정해 보는 것이다. 지금 이렇게 잘 해결된 결과가 아니라 정반대로 관계가 더 악화됐다면 어땠을까라고 생각해 보는 것이다. 어려운 과제를 담당하게 돼서 매일 불안한 마음에 야근하며 지냈는데 결과적으로 마무리가 잘 되었을 때 감사의 기도를 하는 그 순간, 만약 이 과제가 엉망으로 끝났으면 어땠을까 하고 생각해 보는 것이다.

그리고 그렇게 정반대의 상황을 떠올렸을 때 나는 지금처럼 감사할 수 있을지 잠시 묵상해 보자. 아마 솔직한 마음은 감사가 쉽게 나오기 힘들 것이다. 끔찍한 상황들이 떠오르기 때문이다. 이미 많이 힘들어서 기도드렸고, 그 결과 문제가 해결되었는데 갑자기 그 문제가 더 심각해지는 것을 상상해 보고 그것에 대해서 감사를 해보라니. 참 쉽지 않은 일이다. 그리고 왜 그렇게까지 생각해 봐야 하는지 동의가 되지 않는 크리스천들도 많을 것이다.

하지만 그것이 진짜 감사일지 모른다. 범사에 감사하라는 하나님의 말씀은 그런 상황에서 감사하는 마음을 가지라는 뜻으로 주셨다고 생각한다. 그렇기 때문에 '범사'라는 말을 감사에 붙여주시지 않았을까.

우리의 습관적인 감사도 역시 마찬가지다.

매일 기도를 드리는 크리스천들은 일상에 대해서 감사할 때가 많다. 오늘 하루도 이렇게 소중한 시간을 허락해 주셔서 감사하고, 건강하게 보낼 수 있도록 해주셔서 감사하고, 평안을 주셔서 감사하고 등의 일상에 대한 감사가 자연스럽게 나온다.

이러한 감사를 범사에 감사하는 것으로 한정하기보다 내가 지금 입술로 고백한 그 상황이 반대로 됐을 때 나의 감사 기도는 어떻게 달라질 것인지를 스스로 떠올려 보는 것이 어떨까. 오늘 이렇게 아팠지만 살아 있음에 감사하고, 비록 경제적인 어려움에 많이 불안하고 낙담되지만 일용할 양식으로 배고픔을 면하게 해주셔서 감사하고 등의 반대상황을 가정한 감사도 연습해 보면 어떨까.

특히 직장생활에서 반대상황을 가정한 감사가 필요한 이유는 직장생활 자체가 힘들고 어렵기 때문이다. 누구에게나 쉬운 직장은 없다. 그 자체만으로 어렵고 힘든 과정이기 때문에 우리는 그 어려움을 벗어나게 해달라고 기도할 때가 많고, 그 순간들이 극복되고 해결되었을 때 감사와 영광을 돌릴 때가 많다. 하지만 크리스천들에게는 한 가지 감사가 더 필요하다.

이렇게 일을 할 수 있게 해주신 것만으로도 이미 충분히 감사한 일 아닌가. 그것이 너무 당연하게 여겨져서 감사를 잊어버린 것은 아닌가. 처음 입사했을 때 드렸던 기도와 마음을 잊지는 않았는가. 마치 애굽에서 벗어나 광야에서 불평과 낙담에 빠진 이스라엘 백성들처럼 감사를 잊어버린 것은 아닌지 잘 떠올려 볼 필요가 있다.

좋은 일이 생겼을 때 그 순간 꼭 그 반대의 상황을 가정해서 하나님께 감사를 드릴 수 있는지 훈련해 보자. 그 훈련이 쌓이고 쌓이게 되면 어느 순간 당신은 영적으로 강건해질 수 있을 것이다. 그리고 그때 비로소 "범사에 감사하라 이것이 그리스도 예수 안에서 너희를 향하신 하나님의 뜻이니라"의 말씀을 정확히 이해할 수 있을 것이다. 하나님의 뜻이라고 말씀하시지 않았는가. 하나님의 뜻이 과연 무엇이었는지 꼭 알게 되는 크리스천들이 되었으면 좋겠다.

"아무 것도 염려하지 말고 다만 모든 일에 기도와 간구로, 너희 구할 것을 감사함으로 하나님께 아뢰라 그리하면 모든 지각에 뛰어난 하나님의 평강이 그리스도 예수 안에서 너희 마음과 생각을 지키시리라"(빌립보서 4장 6~7절)

[E-41]
말씀과 이 세상의 크기 차이

우리는 보통 말씀이라고 하면 성경 말씀을 떠올린다.

성경책이라는 눈에 보이는 사물 안에 쓰여져 있는 진리의 말씀이라고 생각하기도 하고, 또 말씀을 깊이 묵상하다 보면 살아 있는 말씀이고, 운동력이 있는 말씀이라는 것도 알게 된다. 골수를 찔러 쪼

개기까지 하는 놀라운 능력의 말씀이다.

그렇지만 여전히 상당수 크리스천들은 이 세상을 살아가는 방법론으로 말씀을 받아들이고 있지는 않을까. 내가 이 세상을 어떻게 하면 잘 살아갈 수 있을까에서 출발한 하나의 진리 교습책으로 말씀을 받아들이고 있지는 않을까. 필자의 짧은 신앙으로도 이 의미 자체가 틀리지 않았다는 것은 알고 있다.

당연히 이 세상을 살아가기 위한 진리의 말씀인 것은 맞다.

그리고 우리가 매일 일상에서 어떻게 살아가야 하는지 방향을 제시해 주고 있는 말씀인 것도 맞다. 하지만 우리가 말씀을 이 세상 안에 가두고, 이 세상 안에 있는 말씀으로 한정하고 있지는 않은지 돌아볼 필요는 있다.

말씀은 이 세상이 만들어지기 전부터 있었다.

말씀을 통해서 이 세상이 만들어졌기 때문에 이 세상보다 당연히 큰 개념이다. 그렇기 때문에 우리가 이 세상을 살아가면서 여러 현상을 관찰하고 경험할 때 말씀에 빗대어 해석하면 뭔가 이해가 잘 되지 않는 부분이 생길 수밖에 없는 것이다.

믿지 않는 지식인들이 이 세상의 여러 현상들을 관찰하면서, 말씀을 빗대어 맞는지 안 맞는지 따지고 하는 행동들은 당연히 그럴 수 있다.

믿지 않는 사람들에게는 말씀이 가려져 있기 때문에 그럴 수 있다. 하지만 믿고 있는 크리스천들도 삶을 살아가면서 이 세상에 일어나는 많은 현상들을 보며 말씀이 맞는지 안 맞는지 의심하고 불안해하는 경우가 있다면 그것은 말씀의 본래 크기를 착각해서일지도 모른다.

말씀이 이 세상보다 훨씬 큰 개념이라는 것을 잊지 말아야 한다. 과학과 우주의 원리부터 시작해서 도덕과 윤리, 선인과 악인들의 삶 등 우리는 이성을 가지고 끊임없이 무엇이 맞는 것인지 해석하려고 한다. 그리고 본인 판단이 납득되면 그것이 진리고 옳은 것이라고 받아들인다. 그래야 마음이 편해지기 때문이다. 즉, 내가 판단해서 맞다고 인정되어야만 그것이 진리가 된다는 의미다.

하지만 말씀은 그렇지 않다고 생각한다. 말씀이 이 모든 것을 만들어 내셨다. 과학의 원리도, 우주의 원리도, 인간의 선과 악, 그리고 도덕과 윤리 등 우리가 인지할 수 있는 모든 현상과 원리 자체를 말씀이 만들어 내신 것이기 때문에 우리는 말씀을 더 앞선 개념으로 받아들이는 것이 맞다.

예를 들어, 노아의 때 일어난 홍수와 모세의 때 나타난 홍해의 갈라짐 등은 지금 이 세상의 원리로 보면 이해하기 힘든 현상이다. 어쩌면 그 자체가 비현실적인 일이라고 은근히 우리 마음에 깔려 있을지도 모르겠다. 하지만 앞에서도 이야기했듯이 말씀이 더 큰 개념이고 우선이기 때문에 과학과 자연의 원리로 말씀을 해석하고 이해하려는 것은 순서가 바뀐 것이다.

말씀은 지금 이 순간 바로 이 세상 자체를 없앨 수도 있는 것이다. 우리가 현재 이 세상의 원리로 확인한 끝없고 광활한 우주조차도 말씀 하나면 갑자기 아무 것도 없는 것처럼 없어질 수 있다는 것이다. 그만큼 말씀은 훨씬 더 큰 개념이다. 말씀을 읽고 묵상하면서 잘 이해가 되지 않는 부분이 있을 때, 도저히 받아들이기 쉽지 않은 부분이 있을 때 우리의 마음은 불편해진다.

'내가 아는 하나님은 이런 분이 아니셨는데 어떻게 이렇게 하실 수가 있지'부터 시작해서 '이런 현상이 실제로 일어날리가 없어. 무언가 비유를 통해 말씀을 주시려고 하는 하나의 이야기를 만들어 내신 걸 거야'라는 식의 생각을 할지도 모른다.

그렇다면 모든 크리스천들이 알고 있는 이 말씀은 어떻게 들리는가.

"태초에 하나님이 천지를 창조하시니라"(창세기 1장 1절)

이 말씀은 바로 믿어지는가. 이 말씀이 믿어진다면 창세기 1장 2절부터 요한계시록 22장 21절까지의 모든 말씀들이 이보다는 작은 개념이지 않은가.

필자는 창세기 1장 1절의 말씀에 분명히 큰 의미가 담겨져 있다고 믿는다. 믿음의 시작이기도 하고, 말씀이 무엇인지 그 정체성을 분명히 보여주시는 것이라고 생각한다.

창세기 1장 1절을 믿고 넘어간다면 나머지 요한계시록까지의 모든 말씀을 다 받아들이고 믿을 수 있는, 하나님의 뜻이 담겨져 있는 말씀이라고 생각한다.

말씀이 우리의 일상을 비춰주는 빛이고 길잡이이기도 하지만 그런 수단으로 한정되지 않는다는 것을 다시 한번 깨달았으면 좋겠다. 말씀은 훨씬 크다. 그 크기를 우리는 알지 못한다. 우리의 인식 안으로 말씀을 한정지으려는 자세를 잠시 멈추고, 말씀 그 자체를 높이 올려 드리는 것은 어떨까.

"만물을 그의 발 아래에 두셨다 하셨으니 만물을 아래에 둔다 말씀하실 때에 만물을 그의 아래에 두신 이가 그 중에 들지 아니한 것이 분명하도다"(고린도전서 15장 27절)

[E-42]
오픈소스(창조 원리)

오픈소스Open source (어떤 소프트웨어 프로그램을 개발하는 과정에 필요한 소스 코드나 설계도를 누구나 접근해서 열람할 수 있도록 공개하는 것).

오픈 소스는 무언가를 만들었을 때 만든 과정과 방법을 모두에게 공개하는 것을 말한다.

필자는 20세기 이후 과학기술의 발전을 바라보며 문득 이 오픈소스라는 말이 떠올랐다. 우리는 과학기술 덕분에 이전에는 알지 못했던 새로운 자원도 발견했고, 인간을 비롯해 자연환경의 원리도 알 수 있게 되었고 심지어 우주까지 경험하게 되면서 이 세상에 대한 해석력이 엄청나게 증가했다.

불과 100년 남짓한 사이에 우리가 새롭게 알게 된 이 세상의 원리들이 얼마나 많은가. 그런데 문득 오픈소스라는 개념이 떠올랐던 것은 과학의 발전을 통해 알게 된 많은 사실들이 한편으로 보면 하나님이 우리에게 보여주신 오픈소스이지 않을까 하는 생각도 들었다.

예를 들어, 생명이 잉태되고 자라나는 과정을 보자. 정말 눈에 보이지 않는 아주 작은 세포 하나가 우리 각자처럼 장성한 사람이 되어 갈 수 있다는 것을 보여주셨고, 그 신기하고 경이로울 수밖에 없는 과정을 보여주시면서 이 원리가 아무 것도 없는 무(無)에서 자연스럽게 생겨난 원리가 될 수 없다는 것을 친절하게 가르쳐 주셨다.

우주는 또 어떠한가. 아마 우주를 보여주셨을 때 하나님은 기대감이 크셨을지도 모른다. 지금까지는 이 땅에서 바라보는 하늘과 공간만 경험하다가 밖으로 나가서 이 땅, 지구라는 별을 바라보면 그때는 '아, 우리가 사는 이 땅은 하나님이 창조하신 게 맞구나'라는 것을 깨닫고 경외심과 감사함이 더 충만해질 것으로 기대하셨을지도 모르겠다. 망망대해같고 끝이 보이지 않는 우주라는 공간에서 아주 정교한 밸런스로 지구라는 별이 떠있는 모습을 보면 창조주 하나님을 알게 되지 않을까 생각하셨을지도 모른다.

하지만 사람들은 그렇게 반응하지 않았던 것 같다. 물론 믿음이 있는 사람들은 하나님의 창조하심을 더 직접적으로 느꼈겠지만, 믿지 않았던 사람들이 하나님을 마음에 두게 된 계기가 됐을지는 잘 모르겠다. 왜냐하면 그 오픈소스는 여전히 유효하게 모든 사람에게 공개되고 있지만 그로 인해 하나님을 믿게 된 사람은 많지 않기 때문이다.

이제는 지구뿐만 아니라 아주 먼 우주까지도 관찰할 수 있게 됐다. 그 광활한 우주 가운데 지구만이 유일하게 완벽한 균형을 갖춰 사람이 살아갈 수 있는 환경인데 사람들은 아직도 '그렇지 않을 가능성'에 더 무게를 두고 있는 것 같다. 우주는 너무 넓기 때문에 지구와 같은 별, 우리가 알지 못하는 새로운 생명체가 살아가고 있는 별이 있을 것이라고 믿는 것이다.

이건 마치 인간에게 선악과를 주신 것과 비슷한 맥락이지 않을까라는 생각도 들었다. 선악과를 만드신 이유가 하나님은 인간에게 '자유'를 주셨다는 명확한 증거였던 것처럼 우주와 지구에 대한 수많은 오픈소스를 공개하시면서 어떤 것을 믿을지 우리에게 선택할 기회를 주신 것과 같지 않을까. 대체 어느 우주까지, 어느 정도의 별을 보여주면 하나님이 이 지구를 창조하셨고, 인간을 창조하셨고, 만물을 창조하셨다는 사실을 믿을 것인지 묵묵히 기다리고 계실지도 모른다.

하나님은 오픈소스를 어려운 언어로 공개하지 않으셨다. 인간이 충분히 이해할 수 있도록 인간의 언어, 과학이라는 언어, 이성을 통해 확인할 수 있는 논리적 언어로 창조 원리들을 계속해서 보여주고 계신다. 하지만 어리석은 인간은 여전히 그 언어에만 사로잡혀서 언어로만 해석을 하고 이해하고 있다. 그 언어를 만드신 분은 생각하지 못하고, 또 그 언어 자체가 만들어지게 된 근원에 대해서도 특별히 궁금해하지 않는다.

직접 보고 믿는 것보다 보지 않고 믿는 믿음이 더 크다고 말씀하셨는데, 지금 이 세상은 수많은 오픈소스를 직접 보고도 믿지 못하는 시대로 가고 있는 것 같아 안타깝고 쓸쓸하다.

"믿음은 바라는 것들의 실상이요 보이지 않는 것들의 증거니 선진들이 이로써 증거를 얻었느니라 믿음으로 모든 세계가 하나님의 말씀으로 지어진 줄을 우리가 아나니 보이는 것은 나타난 것으로 말미암아 된 것이 아니니라"(히브리서 11장 1~3절)

[E-43]

우리나라에 풍요를 허락하신 이유

필자가 신앙을 갖게 된 후로 관점의 변화가 생겼던 것 중 하나가 바로 '우리나라의 성장'이다. 6.25전쟁 이후 세계에서 가장 가난한 나라였던 대한민국이 이렇게 빨리 성장할 수 있었던 것은 과연 무엇 때문이었을까.

신앙이 없던 시절에는 과거 산업화 과정, 전 국민이 헌신하고 노력해 왔던 과정, 돈을 벌기 위해, 그리고 나라를 살리기 위해 연고도 없는 해외로 무작정 나가서 일을 했던 수많은 사람들의 희생들. 그런 역사적인 사실들이 모아져서 우리나라가 부유해지고 강해질 수 있었다고 생각했다. 그런데 신앙을 갖게 된 후에는 이런 현상들의 이면에 하나님의 섭리가 있지 않았을까라는 생각을 하게 됐다.

역사적으로 다른 나라에서도 어렵지 않게 발견됐던 사례라면 그러려니 하겠는데 우리나라처럼 이렇게 아무 기반도 없는 가장 가난한 나라에서 이만큼 빠르게 성장한 경우가 없기 때문에 그 배경에 분명 무엇인가가 있다고 믿게 되었다. 필자는 분명 하나님의 계획하심이 있었다고 믿는다.

그렇다면 이제 다시 궁금해지기 시작했다. 과연 하나님은 어떤 목적을 갖고 우리나라를 부강하게 만드셨을까. 왜 우리에게 이러한 풍요를 허락하신 것일까. 성경 말씀으로만 보면 돈을 사랑하는 것이 일만 악의 뿌리라고 하셨고, 부자가 천국에 들어가는 것은 낙타가 바늘귀에 들어가는 것보다 어렵다고 예수님께서도 직접 말씀하셨는데, 그런 위험요소가 있음에도 불구하고 왜 우리에게 풍요를 허락하셨을지 곰곰히 생각해 보았다.

비단 이는 우리나라의 경제적 수준뿐만 아니라 교회도 마찬가지다. 우리나라의 신앙적 부흥을 이끌었던 교회들의 규모가 매우 커지면서 소위 '대형교회'라고 하는 타이틀로 불리기도 하고, 믿지 않는 사람들도 다 알 정도로 유명해지기까지 했다.

그렇다면 교회의 성장을 허락하신 이유는 또 무엇일까. 교회에 돈이 들어오기 시작하면 영적으로 위험해질 가능성이 높다는 것을 하나님은 분명히 보고 계셨을텐데 왜 용인해 주셨을까. 필자는 우리나라의 성장과 교회의 성장 모두 하나님의 뚜렷한 계획하심이 있다고 생각한다. 이는 필자의 개인적인 생각이니 혹여나 지나친 관점으로 보인다면 너그럽게 이해해 주시기를 바란다.

필자는 이 풍요를 허락하신 이유는 단 한 가지라고 생각한다. 우리가 기도를 열심히 해서도 아니고, 성령충만해서도 아니며, 우리에게 복을 주시기 위해 허락하신 것도 아니라고 생각한다. 그러한 이유들은 성경 말씀에 비추어 보면 잘 연결이 되지 않기 때문이다. 단 한 가지 이유는 바로 '선교'라고 생각한다.

'선교'. 우리나라와 교회에 풍요를 허락하신 이유는 선교다. 우리가 타락하고, 영적으로 침체되고, 사탄의 유혹에 쉽게 넘어지며, 이 세상에 무릎꿇고 말지도 모르는 그 큰 위험요인에도 불구하고 풍요를 허락하신건 선교 외에는 없다고 믿는다. 부활하신 예수님께서 하늘에 올라가시기 전 이 땅에서 하신 마지막 말씀이다.

"그러므로 너희는 가서 모든 민족을 제자로 삼아 아버지와 아들과 성령의 이름으로 세례(침례)를 베풀고 내가 너희에게 분부한 모든 것을 가르쳐 지키게 하라 볼지어다 내가 세상 끝날까지 너희와 항상 함께 있으리라"(마태복음 28장 19~20절)

이 말씀을 이루시기 위한 목적으로 우리나라와 우리 민족을 사용하셨다고 생각한다. 죄 많은 우리이기에 풍요가 시작되면 하나님을 잊고 자신의 탐욕에 눈이 가리워지기 쉽다. 그리고 실제로 많은 부정과 부패, 죄들이 우리나라 기업, 일터, 교회에 들어왔다. 사회적으로 지탄도 많이 받았고, 복음 전파에 걸림돌이 되기도 했다. 하지만 그럼에도 불구하고 풍요를 허락하신 이유는 선교때문이지 않았을까. 사마리아와 땅끝까지 이르러 예수 그리스도를 전하는 지상명령을 이루시기 위함일지 모른다.

우리가 우리를 위한 욕심에 사용하도록 재물의 복과 안전의 복을 허락하신 것이 아니다. 만약 우리의 욕심을 위해 복을 주신 것이라면 그것은 아마도 사탄의 시험일 가능성이 높다. 믿지 않는 사람들의 동의는 얻지 못할 것이다. 하지만 적어도 믿음이 있는 우리나라 사람이라면 지금의 풍요가 어떤 목적으로 허락하신 것인지 잘 돌아볼 필요가 있다.

하나님은 보셨을 것 같다. 이 가난하고 아무 것도 없는 약한 민족을 사용해서 하나님 나라와 뜻을 이루어 가실 수 있다는 것을. 만일 필자의 가정이 맞다면, 우리가 선교에 더 이상 예전처럼 힘을 쓰지 않고 우리가 우리를 위한 복을 위해서만 부를 사용하게 될 때, 하루 아침에 이를 거두어 가실지도 모른다. 그러니 지금 우리가 기업을 경영하고, 일을 하고, 돈을 버는 등의 모든 활동들의 근간에는 예수 그리스도를 전파하는 선교의 목적이 담겨져 있다고 생각해 보는 것이 어떨까.

우리 교회의 선교사분들이 누구신지 다시 한번 관심을 가져보고, 그분들에게 필요한 것이 무엇일지 생각해보며, 줄 수 있는 도움을 드리고 기도도 해보자. 그리고 우리 교회뿐만 아니라 내가 알지 못하는 수많은 선교사분들을 위해 무엇을 할 수 있을지도 고민하면 좋겠다. 지금 우리는 너무 우리의 욕심에만 사로잡혀 있다. 선교가 없으면 우리의 욕심따위 먼지처럼 사라져 버릴지도 모른다.

"또 비유로 그들에게 말하여 이르시되 한 부자가 그 밭에 소출이 풍성하매 심중에 생각하여 이르되 내가 곡식 쌓아 둘 곳이 없으니 어찌할까 하고 또 이르되 내가 이렇게 하리라 내 곳간을 헐고 더 크게 짓고 내 모든 곡식과 물건을 거기 쌓아 두리라 또 내가 내 영혼에게 이르되 영혼아 여러 해 쓸 물건을 많이 쌓아 두었으니 평안히 쉬고 먹고 마시고 즐거워하자 하리라 하되 하나님은 이르시되 어리석은 자여 오늘 밤에 네 영혼을 도로 찾으리니 그러면 네 준비한 것이 누구의 것이 되겠느냐 하셨으니 자기를 위하여 재물을 쌓아 두고 하나님께 대하여 부요하지 못한 자가 이와 같으니라"(누가복음 12장 16~21절)

[E-44]
불의한 일에 대처

회사 생활을 하다 보면 불의한 일이 참 많다.

기본적으로 기업의 생리는 이윤 추구이고, 이윤 추구라는 것은 소위 '돈이 되는 것인가'라는 대명제를 근거로 이루어지기 때문에 돈이 된다고만 하면 그것이 의로운 방법인지, 불의한 방법인지 민감하게 고려하지 않을 때도 많다.

흔히 "시장이라는 곳은 어쩔 수 없어", "장사라는 것이 다 그런거야"라는 말로 일부 벌어지는 불의함에 대해서 쉽게 용인하기도 한다. 크리스천이라고 해서 이 불의함에 대처하기가 쉬운 것만도 아니다. 기업을 경영하는 오너라고 하면, 또는 상위 임원 레벨이라고 하면 이를 판단하고 의사결정할 수 있겠지만 일반 직원들 입장에서는 불의한 면을 발견하더라도 직접 행동을 취하기가 쉽지 않다. 그저 그것은 회사의 일이고, 예전부터 관행대로 해왔기 때문에 나도 주어진 내 일을 할 뿐이라는 생각으로 접근할 때가 많을 것이다.

사실 그렇다. 일이라는 것은 오랜 기간 이해관계자들 간에 협업으로 만들어진 하나의 규칙이고 관행이기 때문에 그 안에서 일부 프로세스를 담당하고 있는 내가 그 전체의 판을 이래라 저래라 하기는 힘들다. 다만, 크리스천들이 일을 하면서 어떤 불의한 점을 발견했는데 이를 모른 척 넘어가기가 양심에 걸릴 뿐이다.

흔히 발생하는 불의한 관행들을 보면, 리베이트, 접대, 일감 몰아주기, 단가 부풀리기, 무리한 끼워팔기, 형식적인 안전성 검사 등 사업이나 일마다 그 종류가 다양하다. 그나마 이런 불의한 일들을 알고 있더라도 직접 담당자가 아닌 경우에는 양심의 가책이 덜할 수 있는데, 본인이 직접 담당자라고 하면 알면서도 모른 척 넘어가야 할 때가 가장 괴로운 순간이 된다.

특히 크리스천이라면 이 순간에 가치판단을 하기가 매우 어려워질 수 있고, 아무리 고민을 하더라도 특별한 답을 얻기가 어려울 수 있다. 불의함을 알고도 모른 척하는 것조차도 문제인데, 내가 그 불의한 일에 직접 참여하고 있다는 사실은 견디기 어려운 일이다. 그렇다고 무작정 회사를 그만두는 것도 쉽지 않고, 이직을 한다고 해도 지금까지 내가 해왔던 업무는 다른 회사를 가도 비슷한 상황일테니 이직도 답이 아니다. 그렇다면 크리스천들은 이때 어떻게 대응하는 것이 좋을까. 하나님이 보시기에는 어떻게 행동하는 것이 옳다고 보실까.

무작정 정직하게 이의제기를 하고, 불의한 관행을 끊어내겠다고 나서기보다는 이런 때야말로 뱀같이 지혜롭게 행동할 필요가 있다. 불의한 관행을 구조적으로 끊어낼 수 있는 새로운 방법을 고민해야 된다는 뜻이다. "이렇게 하는 것은 잘못되었습니다"라고 말하기 보다는 "기존에 이 방법은 앞으로 이렇게 바꿔보면 어떨까요? 만약 방법을 바꾸게 되면 이전에 얻을 수 있는 효과도 유지하면서 추가로 얻을 수 있는 가치가 있습니다"라고 제안을 해보는 것이다.

그렇다. 크리스천들이 할 수 있는 가장 지혜로운 방법은 새로운 제안이다. 물론 그 새로운 제안이라는 것이 현실적으로 도입하기 어려운 방법일 수도 있다. 하지만 시도해 보는 것이다. 생각을 정리해서 팀장이 됐든, 위에 임원이 됐든, 아니면 선배나 동료 직원이 됐든 누구도 좋다. 불의한 관행을 전환시킬 수 있는 새로운 아이디어를 제시하는 것만으로도 충분하다고 생각한다. 답은 '시도'에 있다고 본다. 시도라는 것은 곧 나의 마음이고 진심이다. 마음의 중심을 보시는 하나님께서는 이를 기뻐하시지 않을까. 불의함을 인식하고, 그것을 개선하고 싶다는 나의 마음과 의지를 더 중요하게 보시지 않을까.

맥락상 비유의 목적은 다르지만, 누가복음에서 예수님이 말씀하셨던 강도 만난 사람의 이웃에 대한 내용이 떠오른다. 못 본 척 지나가는 제사장과 레위인보다 가까이 가서 부축하고 쉴 수 있는 곳으로 데려다주었던 그 사마리아인을 진짜 이웃이라고 말씀하셨던 것처럼 불의한 일을 마주했을 때 모른 척 지나가지 않고 이를 개선해 보고자 마음과 시간을 사용했던 것을 높게 보시지 않을까. 결국 그 강도 만난 사람이 건강을 회복했을지 못했을지는 알 수 없다. 하지만 그 상황을 마주했을 때 대응하는 우리의 태도에 대해서는 분명하게 말씀하셨다. 그러니 지금 만일 불의한 상황 가운데서 갈등하고 있는 크리스천들이 있다면 어려운 마음은 잠시 접어두고, 이를 개선하기 위한 새로운 방법은 없을지 고민을 해보자.

　이상적인 이야기라도 좋다.

　그 이상적인 이야기를 회사의 주변 사람들과 나누어 보자. 그렇게 나눈 것만으로도 하나님은 기뻐하실거라고 믿는다. 그리고 필자는 그렇게 나눈 말 한마디 한마디가 작은 씨앗이 돼서 전해진 사람의 마음에도 심기어 질 것이라고 생각한다. 물론 그 각자의 마음 밭이 어떤 상태이냐에 따라서 금세 사라져 버릴 씨앗이 될지도 모르겠지만 그것은 그 사람 밭의 문제일 뿐이다. 죄책감은 그만 던져 버리고 새롭게 '시도'해 보는 크리스천들이 되기를 응원한다.

　"불의를 행하는 자는 그대로 불의를 행하고 더러운 자는 그대로 더럽고 의로운 자는 그대로 의를 행하고 거룩한 자는 그대로 거룩하게 하라 보라 내가 속히 오리니 내가 줄 상이 내게 있어 각 사람에게 그가 행한 대로 갚아 주리라"(요한계시록 22장 11~12절)

[E-45]
초보운전을 용납하지 않는 시대

과거 우리나라 주요 기업들은 '공채'라는 시스템을 통해 신입직원들을 선발했다. 공채는 공개채용의 줄임말로 매년 또는 반기 별로 사람을 뽑은 후에 각 계열사나 직무로 배치시키는 방법이다. 그러다 보니 자연스레 '기수'라는 개념이 생겼고, 동기문화라는 것도 만들어졌다.

이 공채 시스템이 갖는 특징 중의 하나가 '신입', '막내' 등 서열의 개념이었는데 매년 공채로 들어온 신입들이 각 부서에 배치가 되면 자연스레 막내가 되고, 막내가 해야 할 역할도 주어지게 된다. 마치 군대에서 이등병이 담당해야 하는 역할처럼 말이다. 그리고 그 신입은 일정 기간 동안 비숙련자로 지낼 수 있는 특권도 얻게 된다. 일을 잘 못해도, 실수를 해도 어느 정도는 용인될 수 있었다. 아직 뭘 모르는 시기이기 때문이다.

그런데 이제 시대가 변했다. 더 이상 막내라는 개념은 유효하지 않다. 업무에 필요한 기본적인 스킬은 상당 수준 갖추고 들어와야 하며 입사 후에도 바로 업무 인수인계가 이루어져서 짧은 시간 안에 독립적으로 업무를 수행할 수 있어야 한다.

이는 신입사원에만 해당되는 이야기가 아니다. 경력직이나 팀장, 임원급들도 마찬가지다. 직장을 옮기다 보면 새로운 곳에 가서 적응할 수 있는 시간이 주어져야 하는데 이제는 가자마자 바로 무대 위에 올려 놓고 '얼마나 잘하는지 보자'라는 식으로 시험대에 놓이게 된다. 아무리 뒤에 초보운전이라고 써 붙여놓아도 쉽사리 끼어들게 허락하지 않는다.

속도를 충분히 내지 않으면 공격적으로 경적을 울린다. 이렇게 초보운전을 허락하지 않는 직장환경에서 크리스천들도 살아가게 되었다. 여유도 배려도 부족한 사회에서 크리스천들은 어떻게 직장생활을 해나가야 할까. 초보인 본인이 적응을 하는 방법은 그저 열심히 노력하는 수밖에 없을 것이다. 더 많이 준비하고, 일과 외 시간을 활용해서 공부하고, 업무시간에 더 집중하고, 질책과 무시를 잘 인내하면서 그 시간을 견뎌내는 것이 초보자로서 크리스천들이 감당해야 할 자세라고 생각한다.

다만 크리스천들이 특히 신경써야 하는 부분은 바로 '초보 이웃'을 대하는 태도일 것이다. 우리 주변에는 여전히 초보자가 많다. 신입일 수도 있고, 경력직일 수도 있고, 때로는 나보다 윗사람인 팀장이나 임원일 수도 있다. 그들을 내가 어떻게 대하고 도울 수 있는지가 가장 중요한 지점이다.

주변 사람들이 그 초보자에 대해 어떻게 이야기를 하고 판단하더라도 나만은 거기에 동조하거나 휩쓸리지 말고, 내가 그 사람이 잘 적응할 수 있도록 무엇을 해줘야 할지 고민하는 태도가 필요하다.

아마 관심을 갖고 조금만 지켜보면 지금 특히 그 사람에게 부족한 것이 무엇인지 발견할 수 있을 것이다. 관계 형성에 어려움을 겪고 있는지, 아니면 회사 시스템이나 절차, 규정 등에 대해 어려움을 갖고 있는지, 자료나 데이터의 공유 문제인지, 아니면 실제로 업무능력 자체의 문제가 있을지도 모르겠다. 많은 시간을 들이지 않아도 된다. 평소 관찰이 가능한 거리에 있는 사람이라고 하면 길어야 일주일, 짧으면 2~3일만 관심을 갖고 지켜보면 무엇이 부족하고 필요한지 알게 될 것이다.

만일 그 정도 시간을 투자해서 지켜봤는데도 무엇이 필요한지 도무지 알 수 없다면, 본인 스스로의 자기중심성이 지나치게 강해서이거나 상대방이 다행히 초보자가 아니기 때문일 것이다. 무엇이 필요한지까지는 알게 되었는데 모른 척 지나가고 싶거나 굳이 내가 그렇게까지 다가가야 할까 생각이 들어서 행동으로 옮기지 않았다면 당신 안에 아직 사랑이 충분치 않다는 의미일지도 모른다. 그렇다면 당신은 회사에서 숙련자일지 몰라도 아직 크리스천으로서는 초보자일지도 또는 크리스천이 아닐 수도 있다.

우리가 일터에서 믿음을 실천하는 방법의 첫 번째가 바로 이 초보자를 대하는 태도라고 생각한다. 이웃을 사랑하라고 하셨던 하나님의 말씀이 있었고, 긍휼히 여기는 자는 복이 있다고 하셨고, 강도 만난 사람을 그냥 지나치지 않는 사마리아인이 진정한 친구라고 하셨는데 초보자의 부족함을 알고도 나의 편의를 따라 못본 척 지나치는 당신은 말씀 바깥에서 살고 있는 것은 아닐까. 그리고 초보자에게 손을 내밀지도 못하면서 다른 어떤 행동을 하거나, 마음을 가졌을 때 이웃을 사랑한다고 이야기할 수 있을까.

지금 시대는 우리도 인식하지 못할 정도로 큰 흐름에 따라 흘러가고 있다. 그중 하나가 바로 초보자를 용납하지 않는 흐름이다. 이 흐름을 거슬러 가야 한다. 아무 생각 없이 남들이 하는 것처럼 비슷하게 맞춰 살아간다는 것은 세상에 굴복하고, 지는 방향으로 휩쓸릴 가능성이 높다는 것도 의미한다. 그러므로 크리스천들은 초보자에게 한걸음 다가가는 것으로 그 흐름에 맞서보는 것은 어떨까. 그 다가감의 결과로 만들어질 하늘의 보화를 경험할 수 있길 바란다. 그 시간에 성령님이 함께 하실 것이다.

"새 계명을 너희에게 주노니 서로 사랑하라 내가 너희를 사랑한 것 같이 너희도 서로 사랑하라"(요한복음 13장 34절)

[E-46]

소망과 실망 – 가인의 제사

일을 하다 보면 힘든 순간들을 마주하게 된다.

때로는 사람과의 관계 때문이기도 하고, 또 어떨 때는 일 자체가 어렵고 많아서 힘들어질 때도 있다. 대부분은 관계, 업무량, 업무난이도, 이 세 가지가 주된 이유일 것이다.

크리스천들은 이 어려움을 마주했을 때 당연히 기도의 자리로 나아간다. 문제를 해결해 주시기를 간구하며 기도하기도 하고, 해결할 수 있는 능력을 구하는 기도도 한다. 그럴 때 하나님은 즉각 응답해 주시기도 하고, 응답을 안 해주실 때도 있다. 아니, 응답을 안 해주신다기보다 응답이 없는 것처럼 느껴진다고 하는게 더 정확한 표현일 것 같다. 응답을 받고 돌파를 할 수 있으면 문제가 되지 않지만, 응답이 없는 것처럼 아무 변화가 일어나지 않고, 심지어 나는 최선을 다하고 있고, 기도도 열심히 하고 있는데 문제가 해결되지 않으면 그때부터는 조금씩 믿음도 흔들리게 된다.

소망을 갖고 기도를 드렸음에도 불구하고 달라지는 것이 없다면 굉장한 무력감을 느끼게 된다. 어쩌면 간혹 우울감까지 찾아올지도 모르겠다. 이 문제를 하나님 앞에 가지고 나아가서 진실된 마음으로 기도를 드렸는데도 해결되지 않고, 심지어 나는 내가 할 수 있는 최선을 다해서 열심히 했는데도 문제가 해결되지 않을 때 마음도 점점 지쳐가게 된다. 그런 순간까지 이르렀을 때 보통 우리가 하는 반응은 '퇴사할까?'이다. 하나님께서 이렇게까지 반응이 없으신 것을 보면 이게 혹시 회사를 그만두라는 뜻은 아닐까하고 생각하기 쉽다.

그 상황에서 퇴사를 결심해서 실제 행동으로 옮기고 안 옮기고는 사실 중요하지 않다. 하나님의 뜻이 정말 맞다면 퇴사를 하지 않으려고 해도 결국 회사를 나오게 만드실 것이기 때문이다. 중요한 것은 그 상황에서 하나님에 대한 나의 믿음과 신뢰가 어떻게 변화했는지가 가장 중요하다. 혹시 응답 없음에 내 마음이 상하지는 않았는지, 하나님에 대한 불신으로 이어지지는 않았는지, 그러한 나 자신의 마음의 변화가 가장 중요하다. 소망이 실망으로 바뀌어 가고, 실망한 마음은 곧 나의 육적인 생각과 행동으로 이어지게 돼서 영적 침체까지 연결될 수 있기 때문이다. 결국 가인의 제사를 드리게 되는 것이다.

내 생각, 내가 원하는 대로 이루어지지 않았을 때 느끼는 실망감이 바로 가인의 제사다. 내가 생각할 때 분명히 옳은 방향으로 열심히 했음에도 불구하고 그 결과가 좋지 않았을 때 실망하는 마음이 바로 가인의 제사인 것이다.

나의 기도에 응답이 없으신 것 같을 때에는 여쭤봐야 한다.
"하나님, 혹시 왜 제 기도에 응답이 없으신지 그 이유를 알 수 있을까요?"라고 묻는 것이 먼저다.

"이 괴로움과 고통의 시간이 계속돼서 많이 힘들지만, 혹시 이 고난을 통해 하나님께서 계획하신 일이 이루어질 수 있기를 소망합니다"의 기도도 좋을 것이다.

또는 "하나님, 저를 불쌍히 여겨 주세요. 열심히 노력했는데도 해결이 되지 않아 너무 힘이 듭니다. 저를 불쌍히 여겨 주세요"도 맞는 반응 중 하나일 것이다.

이렇게 기도 드렸을 때 반드시 하나님은 응답해 주실 것이다.

내가 지금 상황에 대해서 모든 것을 내려놓고 하나님께 겸손하게 여쭤봤을 때 그때는 반드시 응답해 주신다. 응답의 형태는 다양하겠지만, 본인이 확실히 알 수밖에 없는 분명한 방법으로 말씀해 주실 것이다. 크리스천들이라면 어떤 말인지 이해할 것이다.

하지만 직장인들이 회사를 다니며 어려움을 겪는 세 가지 주된 이유인 관계, 업무량, 업무난이도는 참 놀랍게도 우상숭배와 관련된 경우가 많다.

우상숭배는 하나님께서 가장 싫어하시는 첫 번째이자 십계명의 첫 계명이기도 하다. 우리가 위의 세 가지 이유로 힘든 이유는 '사람'과 '일'에 나의 구원이 있다고 믿기 때문이다. 그것을 통해 안정적인 돈을 벌 수가 있고, 돈이 많아지면 나와 가족의 삶이 윤택해질 수 있고, 일을 잘하면 사람들에게 인정을 받아서 명예롭게 되고, 일을 잘하면 경쟁에서 이길 가능성이 높아지니 앞으로 승진에도 문제가 없을 것이고 등의 생각들이 굉장히 단단하게 내 마음과 머릿속을 지배

하고 있기 때문에 발생하는 문제이기도 하다.

그렇기 때문에 혹시 나의 기도와 소망이 나의 우상을 위해서는 아니었는지 잠잠히 살펴볼 필요가 있다. 나의 기도가 우상을 위한 것이었는지 아니었는지를 확인해 볼 수 있는 방법이 있다. 만약 지금 내가 회사에서 겪고 있는 어려움을 하나님께서 단번에 해결해 주셨다고 하자. 그리고 해결된 다음 달에 지금 회사를 그만두고, 이름도 없는 회사에, 연봉도 지금보다 절반 정도 되는 수준으로 가라고 말씀하시면 당신은 어떻게 할 것인가?

기적처럼 나의 기도에 바로 응답해 주셔서 그 어려운 문제를 단번에 해결해 주셨던 하나님이시니, 이 또한 하나님의 계획이라고 굳게 믿고 아브라함처럼 바로 떠날 수 있을 것인가. 아마 여기서 많이 망설여진다면, 그리고 그렇게는 못하겠다고 현실적인 이유를 대며 변명을 하는 경우라면 당신은 우상을 위해 기도를 했을 가능성이 높다. 사실은 하나님보다 나의 인정, 나의 돈, 나의 평안이 더 앞서 있었을지도 모른다.

모든 이유가 그렇지는 않겠지만, 회사와 일 관련된 어려움으로 기도를 열심히 드렸는데도 응답받지 못한 것처럼 느껴질 때는 그 시간이 바로 나의 우상을 하나님이 직접 깨버리고 계신 시간일지도 모른다. 아니, 필자는 그렇다고 믿는다. 우리를 징계하시기 위함도 아니고, 연단하시기 위함도 아닐 수 있다. 하나님께서 우리를 사랑하셔서 직접 우리의 우상을 깨주고 계신 것이다.

　우리가 스스로 버리지 못하는 그것. 입술로는 우상을 섬기지 않겠다고 다짐하면서도 정작 뿌리를 뽑지 못하는 그 어려움을 아시고 하나님께서 직접 돕고 계신 것이다. 이 역시 확인할 수 있는 방법이 있다. 내가 나의 우상숭배를 자백하고, 하나님 앞에 진심으로 그 우상을 깨어 주시기를 간구해 보는 것이다. 그랬을 때 만약 그 이후부터 문제가 하나둘 해결되기 시작한다면, 그것은 본인이 그동안 우상을 섬기고 있었다는 뜻이 될 수 있다.

　오늘날 직장인들은 회사라는 곳에서 본인도 모르게 우상을 만들고, 섬기게 되기 쉽다. 대부분의 사람들이 그렇게 살고 있기 때문에 자각하기가 힘들다. 그래서 그 환경을 당연한 것으로 여기고 나도 모르게 하나님을 그 우상으로 끌어오기까지 하는 것이다. 주의해야 한다. 그리고 우상을 빨리 깼으면 한다. 회사, 일, 돈, 인정, 사람관계. 이런 것들은 당신을 구원해 주지 못한다. 우상을 빨리 깨버리고 하나님만을 바라보며 사는 크리스천들이 되기를 바라고, 그 대전환의 과정에서 하나님이 어떻게 역사하시고 나의 길을 인도해 주실지 설레는 마음으로 하루하루를 살아갔으면 하는 바람이다.

　"나는 여호와이니 이는 내 이름이라 나는 내 영광을 다른 자에게, 내 찬송을 우상에게 주지 아니하리라"(이사야 42장 8절)
　"내가 네가 새긴 우상과 주상을 너희 가운데에서 멸절하리니 네가 네 손으로 만든 것을 다시는 섬기지 아니하리라"(미가 5장 13절)

나중 온 이 사람에게도

예수님이 하신 말씀 중에 세상의 원리로 쉽게 이해하기 어려운 말씀이 있다. 마태복음 20장 1절부터 나오는 천국 비유의 말씀이다.

주인이 시간차를 두고 포도원에 가서 일하게끔 했는데, 아침 일찍 온 사람과 오후 늦게 일을 시작한 사람 모두 한 데나리온씩 받게 된 바로 그 말씀이다. 일찍 와서 하루 종일 일한 사람이 주인을 원망하며 "어떻게 하루 종일 일한 나와 한 시간밖에 일하지 않은 저 사람이 같은 돈을 받을 수 있냐"라고 따지듯이 물었는데, 그때 주인이 "네 것이나 가지고 가라. 나중 온 이 사람에게 너와 같이 주는 것이 내 뜻이니라"라고 말씀하신다.

이는 마치 신앙생활을 길게 한 사람과 짧게 한 사람 모두 하늘나라의 상은 동일하다는 말씀처럼 들리기도 했다. 언뜻 생각하면 오래 헌신하고 믿음생활을 지켜 온 사람에게 억울한 기준처럼 보이기도 한다. 하지만 이 말씀이 전혀 억울하지 않은 기준임을 깨닫는 방법이 있다.

바로 '믿지 않는 가족'을 둔 사람은 알 수 있다. 평생 기도하고 복음을 전하려고 노력했음에도 불구하고 믿음이 생기지 않는 가족이 있는가. 그렇다면 그 부모님, 남편, 아내, 자녀가 거의 평생을 믿지 않고 세월을 보냈다고 하자.

그런데 후에 노인이 돼서 삶이 얼마 남지 않았을 때 예수님을 믿게 되었다면 어떨까. 너무 감격하지 않겠는가. 그리고 그 믿지 않았던 가족도 내가 나중에 하늘나라에 갔을 때 천국에서 기쁘게 만나게 되길 기대하지 않겠는가. 만약 늦게 믿었다고 해서 천국에서 등급이 나눠지거나, 만날 수 없는 곳에 있다면 슬프지 않겠는가. 아마 그런 가족을 둔 크리스천들이라면 다 공감할 것이다.

그 가족이 믿음을 갖게 된 사실이 너무나도 기뻐서 이제는 생을 다해도 기쁘게 하나님 앞으로 갈 수 있을 것 같다고 생각이 들지 모른다. 그때서야 비로소 99마리 양과 잃어버린 1마리 양의 비유, 그리고 위에서 언급한 나중 온 사람에게도 같은 한 데나리온을 주셨던 예수님의 말씀도 모두 선명하게 이해될 것이다. 믿지 않은 내 가족을 예로 들면 분명하게 이해될 말씀이니, 가족이 아닌 다른 이웃에 대해서도 같은 원리로 이해하면 좋을 것 같다.

그리고 이 천국의 비유는 회사생활을 하는 크리스천 직장인들에게도 시사하는 바가 있다. 회사를 천국에 비유하는 것은 당연히 말이 안 되지만, 나중 온 사람이 나와 같은 처우를 받게 되었을 때 내가 할 수 있는 '반응'에 대해서는 참고할 만한 부분이 있다.

국내 대부분의 기업에서 통용되는 특징적인 현상이 한 가지 있는데, 그것은 바로 '서열'이다.

직급으로부터 시작해서 경력연차, 나이까지 보통 이 세 가지를 가지고 서열을 매긴다. 몇 년 전부터 우리나라도 스타트업이나 IT플랫폼, 게임업이 발전하면서 이런 전통적인 질서는 상당 부분 깨졌다고들 하지만 여전히 회사 안에는 중요한 판단 기준으로 사람들의 마음속에 자리잡고 있다.

나보다 경력이 짧은 사람, 나보다 나이가 어린 사람인데 나보다 높은 직급이나 직책을 맡고 있으면 왠지 모르게 조금 불편한 마음이 들고, 또 나보다 연봉이 높을 때도 괜한 시기심이 들기도 한다.

내가 오래 일했으면 그만큼의 합리적인 대우를 받아야 한다고 생각하기 때문이다. 회사가 다르면 그래도 괜찮은데, 같은 회사 안에서는 받아들이기가 쉽지 않다.

하지만 크리스천들은 이러한 상황을 마주했을 때 불만을 가지거나, 시기하지 않았으면 한다. 심지어 같은 회사에서 후배였던 사람이 나보다 직급을 앞지르거나 연봉을 앞지른다고 해서 낙심하지 않았으면 한다. 회사에서 인사정책을 변경한다고 하는데 아무리 봐도 내가 손해를 볼 것 같은 느낌이 들어도 불만을 표출하거나 무작정 반대하지 않기를 바란다. 다른 이유 때문이라면 모르겠지만 '나의 손해, 나의 억울함'이 원인이라면 생각을 바꿨으면 하는 바람이다.

그 사람에게 하나님의 다른 계획이 있을지 어떻게 알겠는가. 또는 나의 억울한 마음을 통해 내가 그동안 나도 모르게 섬겨왔던 내 우상을 알려주고 계시는 과정일지 어떻게 알겠는가. 나에게는 지금 이 정도 수준, 저 사람에게는 저 정도 수준으로 다 각자의 계획과 삶이 있을 뿐 그것을 나의 권리로 인식해서 불만을 표출하는 것은 크리스천답지 않은 모습으로 보인다.

지금 직장도, 지금 내가 일할 수 있는 능력도, 지금 내 연봉도 모두 하나님이 주신 것인데 왜 갑자기 내 것인 것처럼 행세를 하는가. 하나님이 주신 선물이고 축복이니, 그에 대한 합당한 반응은 감사만 있을 뿐이다. 그리고 그 감사에 대한 나의 반응은 성실하게 일하는 것이다.

얼굴을 붉히지도, 마음을 쓰지도 않길 바란다.

그 대신에 내가 오늘 회사에서 다른 사람에게 했던 말과 행동에 대해서 돌이켜 보고, 회개할 일이 없는지 생각해 보는 것이 좋지 않을까. 물론 쉽지 않을 것이다. 쉽지 않은 좁은 길이기 때문에 확실히 크리스천의 길이 맞지 않을까. 우리가 앉아 있고, 서 있는 지금 이 자리가 예수님의 사랑이 반사되고 있는 빛의 자리가 되기를 간절히 소망한다.

"예수께서 사두개인들로 대답할 수 없게 하셨다 함을 바리새인들이 듣고 모였는데 그 중의 한 율법사가 예수를 시험하여 묻되 선생님 율법 중에서 어느 계명이 크니이까 예수께서 이르시되 네 마음을 다하고 목숨을 다하고 뜻을 다하여 주 너의 하나님을 사랑하라 하셨으니 이것이 크고 첫째 되는 계명이요 둘째도 그와 같으니 네 이웃을 네 자신 같이 사랑하라 하셨으니 이 두 계명이 온 율법과 선지자의 강령이니라"(마태복음 22장 34~40절)

성경적/역사적/신학적/과학적 방법을
동시에 사용하여 성경 개요를 한 눈에 파악할 수 있도록 하여,
성경의 흐름을 많은 도표와 그림을 통해 시각화 한 책!

윌밍턴

본문중심
성경연구
(구약/신약)

리버티대학교 헤롤드 L. 윌밍턴 박사 지음

성경전서 책별/주제별 연구를 위한 책!
설교를 준비하는데 필요한 자료의 책!
성경을 차근차근 공부하고 싶은 분을 위한 책!

핵심성경연구
1권 2권 3권

워런 W. 위어스비 박사 지음

성경 전서를
체계적으로 차근차근
가르치고 싶은 분 –
배우고 싶은분을 위한 책 –

망망한 바다 한가운데서 배 한 척이 침몰하게 되었습니다.
모두들 구명보트에 옮겨 탔지만 한 사람이 보이지 않았습니다.
절박한 표정으로 안절부절 못하던 성난 무리 앞에 급히 달려 나온 그 선원이
꼭 쥐고 있던 손바닥을 펴 보이며 말했습니다.
"모두들 나침반을 잊고 나왔기에… "
분명, 나침반이 없었다면 그들은 끝없이 바다 위를 표류할 수 밖에 없을 것입니다.

우리는 삶의 바다를 항해하는 모든 이들을 위하여
그 나침반의 역할을 하고 싶습니다.
우리를 구원하신 위대한 주 예수 그리스도를 널리 전하고 싶습니다.

"하나님은 모든 사람이 구원을 받으며
진리를 아는 데에 이르기를 원하시느니라"
(디모데전서 2장 4절)

크리스천 경영인과 직장인
Christian Owner & Employee

지은이 | 조영준
발행인 | 김용호
발행처 | 나침반출판사

제1판 발행 | 2024년 2월 1일

등   록 | 1980년 3월 18일 / 제 2-32호
본   사 | 07547 서울특별시 강서구 양천로 583
           블루나인 비즈니스센터 B동 1607호
전   화 | 본사 (02) 2279-6321 / 영업부 (031) 932-3205
팩   스 | 본사 (02) 2275-6003 / 영업부 (031) 932-3207
홈   피 | www.nabook.net
이   멜 | nabook365@hanmail.net

일러스트 제공 | 게티이미지뱅크

ISBN 978-89-318-1660-0 13230
책번호 차-1002

값은 뒤표지에 있습니다.